AF354167

JOHANN GOTTLIEB FICHTE

Rechtslehre

Vorgetragen von Ostern bis Michaelis 1812

Auf der Grundlage der Ausgabe von
HANS SCHULZ

herausgegeben und
mit einer Einleitung versehen von
RICHARD SCHOTTKY

FELIX MEINER VERLAG
HAMBURG

PHILOSOPHISCHE BIBLIOTHEK BAND 326

Bibliographische Information der Deutschen Nationalbibliothek: Die Deutsche Nationalbibliothek verzeichnet diese Publikation in der Deutschen Nationalbibliographie; detaillierte bibliographische Daten sind im Internet über *portal.dnb.de* abrufbar.
ISBN 978-3-7873-4828-2
ISBN eBook 978-3-7873-3216-8

Kontaktadresse nach EU-Produktsicherheitsverordnung:
Felix Meiner Verlag GmbH
Richardstraße 47, 22081 Hamburg
info@meiner.de

Inhalt

Einleitung. Von Richard Schottky VII
  I. Recht und Staat VIII
 II. Recht und Sittlichkeit XI
III. Wirtschaftssystem XVIII
IV. Konstitution XXIX
 V. Zur Textgestaltung (Aus dem Vorwort zur Ausgabe von 1920, von Hans Schulz) XXXV
VI. Verzeichnis der Abkürzungen für die in den Anmerkungen (zur Einleitung und zum Text) zitierten Schriften Fichtes XXXVII
VII. Anmerkungen XXXVIII
Bibliographische Hinweise XLIII

Johann Gottlieb Fichte
Rechtslehre

[Erster Teil. Begriff des Rechtsverhältnisses] 1
  [1. Kapitel. Bedingungen des Rechtsgesetzes] 7
    [Grenzen seiner Gültigkeit] 9
  [2. Kapitel. Körper und Eigentum] 10
   3. Kapitel. [Realisation des Rechtsbegriffs] 11
   4. Kapitel. Fortsetzung der Analyse 15
    [Von den persönlichen Rechten des Menschen] . . 18
    [Entstehung der Staatsgewalt] 20
[Zweiter Teil] 27
  [1. Kapitel.] Vom Vertrage überhaupt, als Einleitung in die beiden Hauptabschnitte [vom Eigentums- und Bürgerrechtsvertrage] und von seiner Verbindlichkeit nach dem Rechtsgesetze 27

2. Kapitel. Über das persönliche Recht (formaliter, [und] ohne Beschränkung) 33
3. Kapitel 38
  1. Abschnitt. [Vom Eigentumsvertrage] 38
    [Anwendung des Gesagten auf das] Besondre 53
    Deduktion des Eigentumsrechts des Land-
    bauern 58
    [Recapitulation] 75
    [Grund]erfordernisse [des Geldes] 84
    [Vom Metallgelde] 88
    [Vom Kapital] 93
    [Vom Zins] 96
    [Von den operariis oder Lohnarbeitern] 98
    [Von dem] Handel mit dem Auslande 102
     [Allgemeine] Grundsätze ihn zu beurteilen . 103
     Maßstab des Werts des Geldes 106
    [Vom Hause] 107
    [Vom Rechte der persönlichen Sicherheit und
    Unverletzlichkeit] 109
    [Von der Selbstverteidigung] 111
    [Vom Notrechte] 114
    [Über] Acquisition [und Dereliction des Eigen-
    tums] 116
    [2. Schenkung] 118
    [3. Lehre vom] Erbe 118
[Dritter Teil] 123
 [Über den] Staatsbürgervertrag 123
  [Vom] Strafgesetz 123
 [2. Abschnitt.] [Über die] Konstitution 147
  Absolute Begründung des Rechts in der Wirklichkeit 147
 Völkerrecht 157
  Deduktion 157
 [Vom] Weltbürgerrecht 172

Anmerkungen des Herausgebers 175
Sachregister (bezogen auf den Text Fichtes) 200

Einleitung

Fichtes ‚Rechtslehre' von 1812 ist ein fragmentarisches, z. T. nur stichwortartig formuliertes Vorlesungs-Manuskript. So bleiben manche Passagen unbestimmt, lassen nicht eindeutig erkennen, was Fichte sagen wollte. Andererseits verweist das Manuskript für manche Themen einfach auf des Autors seit 1796/ 97 vorliegende „Grundlage des Naturrechts nach Principien der Wissenschaftslehre" und läßt schon dadurch vermuten, was sich bei genauerem Vergleich bestätigt: daß es sich nicht um einen ursprünglichen Neuentwurf handelt, sondern um eine neue Darstellung der schon in Jena konzipierten Rechtsphilosophie. Aber die Identität in entscheidenden Grundzügen schließt natürlich Entwicklung und Wandlung in wesentlichen Teilbeständen nicht aus; und ebensowenig schließt sie aus, daß alte Gedanken eine neue Akzentuierung und — von Fichtes weiterentwickelter Gesamtphilosophie her — eine neue Beleuchtung erfahren. So ist der vorliegende Text keineswegs nur der historischen Vollständigkeit wegen wichtig: manche systematisch höchst bedeutsamen Zusammenhänge von Fichtes Rechtsphilosophie läßt dieses Manuskript mit sonst nirgends erreichter Prägnanz hervortreten, Schwächen, die die Konzeption in ihrer ersten Ausgestaltung belasten, macht es zum Gegenstand scharfsichtiger neuer Erörterung, sucht es durch neue Wendungen des Gedankenganges — die freilich neue Schwierigkeiten mit sich bringen — zu überwinden oder auszugleichen.

I. Recht und Staat

Unübertrefflich klar arbeitet die ‚Rechtslehre' das Verhältnis zwischen Recht und Staat heraus, dessen Aufhellung eine imponierende Leistung Fichtes ist. Die Diskussion der Aufklärungsdenker hatte sich trotz allen Variantenreichtums doch immer wieder in die Alternative Naturrecht oder Positivismus verbissen. Bindung des Staates an per se gültige Rechtsprinzipien schien da nur denkbar, wenn es ein auch unabhängig von aller Staatlichkeit strikt verbindliches Naturrechtssystem gab, das letztlich auch einen unstaatlichen Rechtszustand möglich erscheinen ließ. Diese Konfiguration findet sich z. B. bei John Locke und seiner weit verzweigten Schule[1]. Sah man andererseits, wie Hobbes und die auf ihn sich berufenden Denker des 18. Jahrhunderts, illusionslos, daß unstaatliches Leben im Prinzip Krieg aller gegen alle und also Rechtlosigkeit bedeuten müsse, dann glaubte man das Recht, weil es nur im Staat Vollgültigkeit und normierende Kraft gegenüber der gesellschaftlichen Wirklichkeit bekommen kann, auch inhaltlich dem unkontrollierbaren Ermessen des Staates bzw. seines Souveräns ausliefern zu müssen[2]. Fichte nun überwölbt diese Alternative durch eine Konstruktion, die Staatlichkeit als notwendige Form des Rechtszustandes erweist, damit die Unmöglichkeit „vorstaatlich" vollgültigen Rechts bestätigt, zugleich aber den Staat in seiner gesamten Tätigkeit an die in ihm sich verkörpernden, inhaltlich der Ermessensfreiheit des Souveräns entzogenen Rechtsprinzipien bindet.

„Alles Recht ist reines Vernunftrecht" (S. 5), sagt unser Text. Diese Verankerung der Rechtsgültigkeit in einer aller politischen Willensentscheidung entzogenen, rein geistigen Struktur verbindet Fichte mit den Vertretern eines aus sich selbst heraus gültigen Naturrechts. Das in der zitierten These beschlossene Postulat, jeder Rechtssatz müsse seine Verbindlichkeit letztlich aus reiner Vernunft legitimieren können, entspricht dem transzendentalphilosophischen Ansatz, steht in Korrelation zu dem Grundgedanken, der Rechtsbegriff sei ein denknotwendiger, ein von allen empirischen Zufälligkeiten unabhängiger, ein „aporiorischer" Begriff, ohne den das „System des Wissens", in dem die Vernunft manifest wird, unvollständig wäre (S. 5, 6).

Gründlicherer Verständnisbemühung bedarf das andere Moment der Synthese: „Außer dem Staate ist kein Recht ... Es gibt kein Naturrecht, sondern nur ein Staatsrecht" (S. 23, vgl. S. 6). Warum zieht Fichte aus der Apriorität des Rechtsbegriffs (seinem Inhalt wie seiner Sollensqualität nach) nicht die Konsequenz, daß Recht als pure ideelle Norm schon per se strikte Verbindlichkeit habe, daß es also auf Herrschaft und politische Institutionen nicht angewiesen sei? Er kann das deshalb nicht, weil er zweierlei sieht: Der Rechtsbegriff setzt einerseits nicht nur individuelle Subjekte in Mehrzahl, sondern auch die Möglichkeit gegenseitiger Störung des individuellen Freiheitsgebrauchs voraus. Und der Rechtsbegriff ist andererseits Begriff eines Gesamtzustandes[3], der sich niemals im bloßen begriffsgemäßen Handeln Einzelner verwirklichen kann, sondern ausschließlich durch Einigung aller auf einem Territorium Zusammenlebenden realisierbar ist (S. 5 f.). Insofern es sich hier um ein Sollen handelt, gehört die Rechtslehre der praktischen Philosophie an; insofern das Sollen kein Gebot an den Einzelnen als Einzelnen sein kann, ist sie „kein Teil der Sittenlehre" (S. 4). Insofern der Rechtszustand erst dann vollkommen dem Rechtsbegriff entspräche, wenn den Individuen die Störung der Freiheit ihrer Mitmenschen ebenso unmöglich wäre wie den Naturdingen die Durchbrechung der Naturgesetze (S. 3, 123 f.), kann Fichte das Recht als „eine Vereinigung der Natur und der Freiheit", als „Mittelglied" (S. 4) zwischen beidem bezeichnen[4]. Im Rechtsfrieden als dem Realzustand, der dem Rechtsbegriff entspricht, muß Freiheit auf solche Weise begrenzt, hinsichtlich ihrer äußeren Wirkungsmöglichkeit so gebunden sein, als sei die Schranke, die alle effektive Störung der Freiheit des einen durch die des anderen ausschließt, ein Naturgesetz. Da aber Freiheit Determination durch ein Naturgesetz gerade negiert, muß an dessen Stelle das Zwangsgesetz einer übermächtigen Herrschaftsinstanz treten (S. 124 ff.), und das heißt: Nur als

Staat kann das Recht wirklich sein, nur in der Form des Rechtsstaates kann das dem Rechtsbegriff entsprechende „Phänomen"
zur Gegebenheit kommen (S. 19 f., 21 ff.). Das heißt aber weiter: Nur durch eine solche Unterwerfung unter den Staat, vermittels derer der Einzelne zugleich einen positiven Beitrag zur
Konstituierung einer (die Kräfte aller Individuen und Gruppen
auf dem Staats-Territorium übersteigenden) Staats-Macht leistet,
kann dieser Einzelne Rechtssubjekt im juridischen Sinne werden: „Niemand hat Recht, denn ein Staatsbürger" (S. 23, vgl.
S. 135).

Bedeutsam ist an diesem Gedankengang noch zweierlei: Einmal, daß Fichte diese Unterwerfung sich 1812 wie 1796/97 in
einem „Vertrag aller" (S. 23) vollziehen läßt, obwohl er nach
1800 den Gedanken des staatsbegründenden Vertrages aus seinem Denken verbannt zu haben schien[5]. Zum anderen, daß
Fichte 1812 den Begriff „Unterwerfung" ausdrücklich und
ohne Einschränkung thematisiert (S. 33, 124, 22), während er
ihn 1796/97 aus dem normalen Verhältnis des Bürgers zum Staat
zu eliminieren bzw. fernzuhalten versuchte[6], um den freiheit-
lichen Charakter seiner Verfassungskonzeption keinem Zweifel
auszusetzen. Wenn Fichte in der „Rechtslehre" den Staat von
neuem auf einen contrat social gründet, so liegt der Grund dafür
wohl in der spezifisch juridischen Perspektive, für die notwendig die formale Freiheit des Einzelmenschen zentrale Bedeutung
hat. Im Vertragsbegriff stellt sich das Moment der *freien* Einwilligung aller Bürger dar, in gerade diesem konkreten Staat zu-
sammenzuleben, miteinander gerade *dieses* konkrete politische
Institutionengefüge zu konstituieren (S. 21 f., vgl. S. 5 f.)[7]. Daß
aber nur durch einen Unterwerfungskontrakt (also durch das
auf Gegenseitigkeit hin erfolgende Versprechen jedes Einzelnen, der konstituierten Herrschaftsinstanz nicht nur einen von
vornherein vertraglich festgelegten Beitrag, sondern strikte Erfüllung aller von Fall zu Fall ergehenden Anforderungen zu leisten) die notwendigen Voraussetzungen für die Verwirklichung
des Rechtszustandes geschaffen werden, mit dieser hier unmiß-
verständlicher als 1796/97 herausgestellten These trägt Fichte

nun ohne Einschränkung der Einsicht Rechnung, die ihn über den eigenen ersten Ansatz in den politischen Jugendschriften von 1793 so weit hinausführte: daß die Gültigkeit eines positiven Rechtssystems nicht nur davon abhängt, wieweit es dem vernunftnotwendigen Freiheitsanspruch des Individuums Erfüllung garantiert, sondern ebenso davon, wieweit es hinreichend machtvolle, hinreichend stabile und hinreichend handlungsfähige Herrschaftsinstitutionen in sich beschließt, die das gesetzeskonforme Verhalten aller Einzelnen und aller Gruppen im Staat notfalls erzwingen können.

II. Recht und Sittlichkeit

Die eben skizzierte Bestimmung des Verhältnisses zwischen Recht und Staat, die Fichte als „ein Eigentümliches unserer Bearbeitung" (S. 6) akzentuiert, hat eine zentrale Stellung in seiner Konzeption, sie steht in ebenso genauer Korrelation mit seiner Auffassung vom Verhältnis zwischen Recht und Sittlichkeit wie mit seiner inhaltlichen Ausgestaltung des idealen Staats- und Rechtssystems, also des wahren Rechtsstaates.

Gerade und vor allem der Einsicht, daß ein realer, sich selbst garantierender Rechtszustand nur als Staat, also als ein sozialer Mechanismus denkbar ist, in dem das normgerechte Verhalten aller Teile durch ein Zwangsgesetz, konkret letztlich durch die geregelte legitime Androhung und Ausübung von Brachialgewalt gesichert wird — gerade dieser Einsicht entspringt ja wohl (obgleich Fichte das nirgends eindeutig gesagt hat)[8] die scharfe Unterscheidung zwischen Ethik und Rechtslehre, die radikale Verselbständigung des Rechts gegenüber der Sittlichkeit, mit der Fichte 1796 fundamentale Vorstellungen seiner eigenen politischen Jugendschriften negierte und überholte. Daß es überhaupt ein ‚Recht zum Zwang' geben kann, wird 1812 wie schon 1796 aus dem Gegenseitigkeitscharakter aller juridischen Verbindlichkeiten abgeleitet: Da der Rechtszustand nur zustandekommt, wenn alle Zusammenlebenden wechselseitig die äußeren Freiheitssphären der anderen respektieren, kann das Rechts-Verbot, den Mitmenschen gewaltsam zu behandeln, nie gegen-über dem Rechtsbrecher gültig sein; denn der Rechtsbrecher kann, in streng juridischer Perspektive, gar keine subjektiven Rechte haben (s. o. S. IX), durch den Rechtsbruch verwirkt er sie total (S. 13 f., 135). Folglich ist es rechtens, ihn durch Gewaltanwendung in die Rechtsordnung zurückzuzwingen. Freilich darf das nicht der einzelne Rechtsgenosse — solche Selbsthilfe müßte erst recht in den chaotischen Krieg aller gegen alle führen — sondern nur der Staat als Verkörperung des allen gemeinsamen Willens zum Recht.

Dieser herschende Wille hat aber natürlich auch vorbeugend, durch Strafgesetze, vom Rechtsbruch abzuschrecken; erst damit ist ja die vom Rechtsbegriff geforderte unverbrüchliche — natur-gesetzlich determinierter Unveränderlichkeit analoge — Sicher-heit des Rechtszustandes in der gesellschaftlichen Realität (an-nähernd) herstellbar (vgl. S. 123—130). Mit dem Strafgesetz werden die Individuen genötigt, selbst den etwa in ihnen sich regenden Willen zum Rechtsbruch zu unterdrücken — der zu erwartenden schlimmen Folgen für die eigene Freiheit und das eigene Wohlsein wegen. Ihr effektives, unmittelbar das Handeln hervorbringendes Wollen (ihr „Beschließen" nennt Fichte es auf S. 125) ist also im Idealfall von der unpersönlichen Zwangsnorm total determiniert; es ist insofern von der eigenen sittlichen oder unsittlichen Gesinnung des Subjekts, von dessen freier innerlicher Entscheidung zum Guten oder gegen das Gute, ab-gekoppelt. Der Staat hat das Recht, ja die rechtliche Verbind-lichkeit, das äußere Handeln seiner Glieder auf solche Weise zu bestimmen; vom ethischen Gesichtspunkt her beurteilt, wäre aber dieses selbe Determinieren, als Handeln eines Einzelnen, durchaus widersittlich. Denn sittliches Verhalten bedeutet nach Fichte in erster Linie: sich um die Versittlichung der Mitmen-schen bemühen (S. 144). Versittlichung aber ist nach ihm nur in demjenigen Interpersonalverhältnis möglich, in dem der eine dem anderen die volle Freiheit der Entscheidung läßt, in dem er also weder das Wollen noch das äußere Tun des Mitmenschen auf andere Weise zu beeinflussen sucht als durch die Vermittlung der freien Einsicht in das Gute und durch die Weckung der freien Liebe zum Guten[9]. Daß zu dieser hochgespannten Freiheits- und Liebesethik das — nach Fichtes illusionsloser Erkenntnis — unausweichlich auf Zwang angewiesene Rechts- und Staatssystem in starker Spannung steht, ist offensichtlich. So wird denn auch 1812 die notwendige Trennung zwischen Ethik und Rechtslehre von neuem betont (S. 4, 8, 25 f., 126 f., 143).

Ganz anders als das Sittengesetz ergibt sich das Rechtsgesetz (seinem Inhalt wie seiner Verbindlichkeit nach) für jeden, der von der formalen Freiheit seiner Mitmenschen weiß (und ohne dies Wissen könnte er kein Ich sein), „durch den bloßen Satz vom Widerspruch" (S. 9). Daß die Gültigkeit des Rechtsgesetzes so nichts anderes als „praktische Gültigkeit des Syllogismus" sei, das übernimmt Fichte aus der 1796 dargestellten Deduktion des Rechtsbegriffs[10]. Schon in diesem Gültigkeitsmodus liegt eine tiefe Andersartigkeit des Rechts gegenüber der Sittlichkeit begründet.

Weiterhin schärft Fichte auch 1812 wieder den alten Satz ein, daß vollendete Sittlichkeit aller Staat und Recht überflüssig machen werde (S. 8)[11]. Und gerade in dieser Hinsicht öffnet sich hier die Kluft zwischen Recht und Sittlichkeit noch weiter als in den Schriften der neunziger Jahre: Im ‚System der Sittenlehre' (1798) hielt Fichte auch für das Zusammenleben einer total versittlichten Menschheit rechtsförmige Abgrenzung getrennter Eigentums- (= Freiheits-)sphären (nur dann ohne schützenden Zwangs-Mechanismus) für notwendig[12]. 1812 aber behauptet er, das Sittengesetz selbst verhindere — auch ohne künstliche Vereinbarung sich gegenseitig begrenzender äußerer Handlungssphären — für den Vollendungszustand jede Kollision der verschiedenen individuellen Freiheiten, indem es jedem einzelnen Subjekt einen je besonderen Pflichtenkreis und einen je besonderen, streng individuellen Weg der Pflichterfüllung gebiete, so daß alle Überschneidung und gegenseitige Störung der je individuellen freien Handlungen ausgeschlossen sei[13].

Aber natürlich muß Fichte auch einen positiven Bezug zwischen Recht und Sittlichkeit herstellen; er muß das schon deshalb, weil die Sittlichkeit ja in der Hierarchie seines Systems auf ganz hoher Ebene angesiedelt ist, so daß ein Phänomen wie das Recht ohne volle Integration in das System überhaupt bliebe, wenn es nicht in positiven Sinnzusammenhang mit der sittlichen Vernunft gebracht würde. Schon 1796 hat Fichte gesagt, das Recht erhalte durch das Sittengesetz eine „zusätzliche Sanktion"; 1798 hat er die Pflicht, sich einer Rechtsordnung einzufügen und einen Rechtsstaat mitzukonstituieren, ausdrücklich aus dem sittlichen Gebot abgeleitet (ohne damit die Selbständigkeit, die unabhängige Verwurzelung des Rechts in der Vernunft überhaupt, negieren zu wollen)[14]. 1812 nun arbeitet er die innere Zugehörigkeit des Rechts zur sittlichen Wertrichtung im weiteren Sinne noch prägnanter und differenzierter heraus: Recht ist notwendige Bedingung für das (unendliche) *Werden* eines Zustandes der Menschheit, in dem das gesamte Handeln aller Subjekte ausschließlich vom Sittengesetz bestimmt ist. So ist Recht notwendige Stufe in der geschichtlichen Genese allgemeiner Sittlichkeit; insofern sind seine Ansprüche in der Dringlichkeitsordnung der Verwirklichung höheren, eigentlich sittlichen Forderungen an den Menschen vorgeordnet (S. 25).

1796/97 blieb die Art, *wie* das ganz selbständige Recht zusätzlich und sozusagen nachträglich mit sittlicher Verpflichtungskraft beliehen werden könne, sehr unbestimmt, blieb entsprechend die Zuordnung der Rechtslehre zur Ethik vage. Im ‚System der Sittenlehre' von 1798 überspielte die Deduktion einer sittlichen Pflicht, sich dem Rechtsstaat zu unterwerfen und sich seiner Struktur konform zu verhalten, die wesenhafte qualitative innere Spannung, die — nach Fichtes ursprünglichem Ansatz — zwischen Recht und Sittlichkeit besteht, allzu glatt; angesichts dieser Deduktion war kaum noch einzusehen, warum man das Recht nicht doch von vornherein, ursprünglich, aus dem Sittengesetz allein herleiten solle. Die Einordnung als „Stufe" zur allgemeinen Sittlichkeit bedeutet insofern einen Erkenntnisfortschritt, als sie ebensowohl Differenz wie positi-

ven Sinnzusammenhang impliziert: Das Recht ist letztlich um
der Sittlichkeit willen (vgl. S. 52 f.); aber als Recht bleibt es
qualitativ etwas ganz anderes als realisierte Sittlichkeit. Rechtliches Verhalten, rechtliche Friedensordnung, Staatlichkeit
haben (mittelbar) ethischen Wert, ohne doch selbst schon sittlich zu sein.

Trotzdem bleibt offen, ob diese Lösung rein aufgeht. Manche
Stellen unserer ‚Rechtslehre‘ selbst geben zu der Frage Anlaß,
ob nicht auch das Konzept der „Stufe“ in Aporien führt. Da
die vollendete Sittlichkeit aller Ziel unendlichen Strebens und
unendlichen Fortschritts ist, muß man für alles wirkliche menschliche Dasein mit dem Nebeneinander und Ineinander von sittlichen Pflichten und Rechtspflichten rechnen. Die konkrete
Entscheidung des Einzelnen zum Guten muß also fallen in
einem Zustand, in dem — um der möglichen oder wirklichen
Unsittlichkeit einiger Mitlebender willen — die Staatsordnung
mit ihrem Zwangsrecht gilt. Deuten wir das Bild von der Stufe
richtig, hätten die rechtlichen Bürgerpflichten zunächst zeitliche
Priorität vor höheren sittlichen Pflichten, wobei diese höheren
Pflichten jedoch außerdem, nach der Erfüllung der rechtlich-
politischen Verbindlichkeiten, erfüllbar blieben (S. 128 f.).
Aber dieses Verhältnis ist nur solange denkbar, wie die recht-
lich-politischen Verbindlichkeiten für den Einzelnen nicht in
inhaltlichen Widerspruch zu seinen sittlichen Pflichten geraten.
Ist diese Kollision ausgeschlossen? Scheint nicht, ganz im Gegenteil, für viele typische Situationen rechtsstaatlichen Lebens
eine Antinomie unvermeidlich zwischen dem Handeln, das Fichtes hochgespannte Freiheits- und Liebesethik vom Einzelnen
fordert, und demjenigen Handeln, zu dem dieser Einzelne als
Bürger und/oder Funktionsträger des Rechtsstaates verbunden
ist? Wie kann z. B. der Polizist oder der Untersuchungsrichter
darauf verzichten, das Wollen und Handeln von Mitmenschen
auch mit anderen Mitteln als mit der zur freien Einsicht in das
Gute führenden Argumentation oder dem zur freien sittlichen
Entscheidung aufrufenden Appell bestimmen zu wollen? Hinsichtlich der Todesstrafe oder sonstiger „willkürlicher Behand-

lung" des (von Rechts wegen vogelfreien) Verbrechers schließt
Fichte aus der ideellen Gültigkeit des Sittengesetzes auch für
den Staat, daß sie aus ethischen Gründen, obzwar nicht aus
juridischen, verboten sei (S. 141 ff.)[15]. Aber wie steht es dann
mit den Handlungen, die nicht der rücksichtslosen Bestrafung
und Ausmerzung des schon überführten Verbrechers dienen,
sondern zur Entdeckung, Verhaftung und Überführung der
Übeltäter notwendig sind? Gilt für diese Handlungen auch der
Satz: „...das Recht aber kann nie etwas pflichtwidriges gebieten"? Es scheint, die strikte Einhaltung des ethischen Pflicht-
gebots in Fichtes Sinne müßte manche der Verhaltensweisen,
auf die der juridisch-politische Zwangsmechanismus für sein
Funktionieren angewiesen ist, unmöglich machen.

Einen ähnlichen Selbstwiderspruch, wie er sich dem Weiter-
denken in dieser Hinsicht aufdrängt, läßt Fichtes Manuskript
von 1812 manifest werden in der Behandlung des Völkerrechts
(S. 157–172). Sie folgt zunächst dem Gedankengang des „Zweiten Anhangs" zum zweiten Teil des ‚Naturrechts' (1797), führt
auch wie dieser zur Idee des Völkerbundes als der juridisch
notwendigen Institution, die den Rechtsfrieden als *internationalen* Zustand garantieren soll (S. 166). Dieser Konstruktion
setzt Fichte hier nun aber schroff die Einsicht entgegen, daß
das „tatsächliche rechtliche Verhältnis der Staaten zueinander"
(S. 169) „unaufhörlicher Krieg aller gegen alle" (S. 170) und
deshalb der Völkerbundsgedanke impraktikabel sei. Daraus ergibt sich für den einzelnen Staat „Recht und Pflicht der Selbsterhaltung" durch expansive Machtpolitik (S. 170): Da nichts
als eigene Übermacht einen Staat gegen den vorauszusetzenden
Eroberungswillen der Rivalen sichern kann, muß der Staatsmann jede Gelegenheit nutzen, durch alle zweckmäßigen Mittel, vor allem auch durch eigene Eroberungen, die zwischenstaatlichen Machtverhältnisse zugunsten des eigenen Staates zu
verschieben (S. 169 ff.). Ganz offenkundig werden dem Staatsmann hier durch seine Funktion im juridisch-politischen System
Verhaltensweisen aufgenötigt, die mit den Geboten der Sittlichkeit nicht harmonieren. Setzt man voraus, daß die sachgerechte

Erfüllung seiner Funktion zu den durch das Rechtssystem begründeten Verbindlichkeiten des Staatsmannes gehört, ergibt sich auch hier eine deutliche Antinomie zwischen den sittlichen Pflichten des Menschen und den juridisch-institutionellen Amtspflichten des Amtsträgers.

Freilich ist dies nun kein purer Konflikt zwischen Recht und Sittlichkeit. Denn einmal beruht ja die Verbindlichkeit zu expansiver Machtpolitik gerade darauf, daß ein in Fichtes Sinne vernünftiges, den Frieden garantierendes Völkerrecht sich als unrealisierbar erweist; die juridisch-institutionelle Verbindlichkeit zum Erobern und zu ähnlichen machiavellistischen Verhaltensweisen erwächst nicht aus dem ursprünglichen Ansatz des Rechtsgedankens, sondern aus seiner nur begrenzten Praktikabilität — man kann auch sagen: aus dem Widerstand, den das Faktische ihm entgegensetzt. Andererseits aber ist die Verbindlichkeit zur Hegemonialpolitik von Fichte nicht nur aus dem „*rechtlichen* Verhältnis der Staaten zueinander" abgeleitet, sondern zugleich als *sittliche* Pflicht gesehen. Daß „jeder Staat. . . das Recht der Selbsterhaltung als Staat" hat (S. 169), wird von Fichte in einer Argumentation begründet, die von vornherein auch ethische und geschichtsphilosophische Komponenten enthält: Seine eigenständige Kultur ist es, um deretwillen sich der Staat, mit allen notwendigen Mitteln, selbständig erhalten soll. Der Staat soll expansive Machtpolitik treiben um des „unendlichen Plan(s) seiner Fortbildung" willen, „den nur er kennt und der ungestört fortgehen muß . . ." (S. 169). Damit knüpft Fichte an seinen 1806—1808 entwickelten Nationalgedanken an; die eigenständige, auch politisch selbständige Weiterentwicklung des je besonderen Volkes mit seiner individuellen Nationalkultur ist notwendige Bedingung der reinen und vollständigen Selbst-Manifestation des Absoluten; die Selbsterhaltung des einzelnen (National-)Staates zu sichern ist also für jeden Menschen, besonders aber für den Menschen in politisch entscheidender Funktion, religiös-sittliche Pflicht höchsten Ranges[16]. Der Widerspruch zwischen den allgemeingültigen Prinzipien personbezogener Sittlichkeit und den Amtspflichten des füh-

renden Staatsmannes ist nicht *nur* Erscheinungsform einer
Antinomie zwischen Recht und Sittlichkeit, sondern darüber
hinaus ein inner-ethischer Konflikt, wie das schon Fichtes
Machiavell-Aufsatz von 1807 ausgesprochen hat.

III. Wirtschaftssystem

Was die inhaltliche Ausgestaltung des Rechtssystems betrifft,
so gibt Fichte den Fragen des Eigentumsrechtes besonders viel
Raum. Denn er ist der Auffassung, aus den eigentumsrechtlichen
Prinzipien die gesamte Wirtschaftsordnung bis ins Detail deduzieren zu können und zu müssen. Er greift in dieser Hinsicht
nicht nur auf die ausführlichen Erörterungen im II. Teil des Naturrechts zurück, sondern auch auf die noch konkretere Darstellung in ‚Der geschloßne Handelsstaat‘ und ergänzt das alles
zusätzlich durch neue Theorie-Stücke zur Wert- und Preislehre[17]
sowie zum Thema Kapital und Zins.

Der Grundansatz ist auch in diesem Bereich mit dem von
1796/97 und 1800 identisch, er ist charakterisiert vor allem
durch Fichtes spezifischen Eigentumsbegriff: Was im Eigentumsvertrag aufgeteilt wird, ist die Gesamtmenge konkreter äußerer
Handlungsmöglichkeiten; was der Einzelne durch diesen Vertrag von allen anderen anerkannt bekommt, ist ein ihm ausschließlich zustehender Bereich von den Mitbürgern nicht ge-
hinderter Tätigkeit, eine Sphäre des äußeren Freiheitsgebrauchs
(S. 10 f., 15, 31 f., 38).

Erst sekundär ergibt sich aus dem Recht auf ein bestimmtes
„Quantum ausschließenden Freiheitsgebrauchs“ (S. 38) auch
ein Eigentumsrecht auf konkrete Dinge. „Eigentum *an* das Objekt“ nennt Fichte es charakteristischerweise; denn die Sachen
sind nach seiner Auffassung nicht in dem Sinne Eigentum, daß
der Eigentümer mit ihnen in jeder Hinsicht beliebig verfahren
und jeden anderen von *jeder* Einwirkung auf sie ausschließen
darf, sie sind Eigentum vielmehr nur in Hinsicht auf eine bestimmte Zwecktätigkeit des Eigentümers (S. 39). Das Eigen-

tumsrecht als Recht auf freie Handlungen umfaßt also nicht bestimmte Sachen total, sondern erstreckt sich jeweils nur auf die Beschaffenheiten der Sache, die kein anderer beeinflussen kann, ohne das einem bestimmten Zwecke dienende Handeln des Eigentümers zu stören (S. 39). Damit ist auch privates Grundeigentum ausgeschlossen, es gibt für den Einzelnen nur das Recht des Nießbrauches, eigentlicher Eigentümer des gesamten Bodens ist der Staat (S. 58–62).

Diese Einschränkung nun des „Quantums ausschließenden Freiheitsgebrauches" auf das einem bestimmten Zweck dienende Handeln bedeutet eine folgenreiche Einengung von Fichtes ursprünglichem Eigentumsbegriff. Ausgeschlossen ist plötzlich das Recht, sich bestimmte Sachen zum zweckfreien Spiel vorzubehalten und gegen jeden Gebrauch anderer zu sichern, ausgeschlossen auch das Recht, bestimmte Objekte nur als Gegenstand ästhetischer Kontemplation, interesselosen Wohlgefallens vor jeder Veränderung durch andere zu bewahren. Ausgeschlossen ist damit zugleich die gegen alle Eingriffe anderer gesicherte Freiheit zu solch spielerischem oder kontemplativem Verhalten. Daß es wirklich so gemeint ist, wird noch deutlicher beim nächsten Schritt des Gedankenganges, der den Begriff des Eigentums näher und wiederum enger bestimmt: Aus dem Satz, in jedem zweckgerichteten Freiheitsgebrauch sei das Wollen der Selbsterhaltung impliziert (S. 37, 41), wird geschlossen, als Eigentum stehe jedem von Rechts wegen eine seine Lebensfristung ermöglichende Tätigkeit zu: „Jeder drum *die* Sphäre der Tätigkeit, das Eigentum, dadurch Erhaltung überhaupt, nicht mehr: eine ihm mögliche Tätigkeit, als erhaltend" (S. 41). Die letzte Wendung zeigt schon den nächsten Schritt: Statt der Sphäre kann ebensogut die Tätigkeit selbst als Eigentum begriffen werden; das dem Einzelnen eigentlich Zustehende ist dann eine Berufsarbeit, bei der er seinen Lebensunterhalt findet (S. 42, vgl. S. 66). Da sich der Eigentumsvertrag bei näherer Betrachtung erweist als ein „Vertrag über das Gesetz, das gegenseitige Eigentum immerfort zu ordnen", da er also nur allgemein festlegt, daß der Staat, als „Wille des Rechts", die Eigentumsverhältnisse in immer neuer Anpassung an die sich wandelnden Lebensverhältnisse so zu ordnen habe, daß sie gerecht sind und bleiben (S. 40), besteht das Eigentumsrecht des Individuums dann konkret darin, jeweils von der Staatsverwaltung eine Berufstätigkeit zugewiesen zu bekommen, die ihm den Lebensunterhalt sichert.

Freiheit der Berufswahl gibt es nicht (vgl. z. B. S. 57, 64 f., 68 f.). Da der Staat dem Bürger mit Zuweisung des Berufs den Lebensunterhalt garantiert, herrscht Arbeitspflicht (S. 43). Es gehört zu den bürgerlichen Verbindlichkeiten gegenüber dem Staat, ein bestimmtes Quantum an landwirtschaftlichen oder gewerblichen Produkten in „tüchtiger" Qualität zu liefern (S. 68) — ausgenommen sind die Staatsbeamten, die die schützenden und ordnenden Leistungen zu erbringen haben (S. 73), die Lohnarbeiter (die vom Staat bezahlt und von Fall zu Fall für Infrastruktur-Projekte eingesetzt werden — S. 69) sowie die Kaufleute, die gleichfalls Staatsbeamte sind (S. 82). Der Handel muß deshalb verstaatlicht werden, weil der Staat für alle Waren den gerechten Preis festzulegen hat. Nur dadurch nämlich kann er sicherstellen, daß jeder Bürger, so wie das Quantum seiner Berufstätigkeit gleich ist mit dem Arbeitsquantum aller anderen (auch in allen anderen Berufen), so auch den gleichen Nutzen aus seiner Arbeit zieht.

Das Ganze läuft, wie man sieht, darauf hinaus, daß die Staatsregierung zugleich zentrale Planungsbehörde ist, die unter täglicher Berücksichtigung aller Daten ständig durch Verordnungen optimale Proportionen zwischen den verschiedenen Produktionszweigen sowie zwischen Bedarf und Produktion insgesamt herstellt, diejenigen Proportionen nämlich, die zugleich gleichheitlich-gerechte Versorgung aller Bürger, möglichst schnelle Erhöhung der Produktivität und gleichheitlich-gerechte Verteilung der Arbeitslast auf alle Bürger garantieren. Damit der gesamte Wirtschaftsmechanismus für die Administration berechenbar bleibt, muß er von der Weltwirtschaft abgekapselt und so gegen deren Wechselfälle immunisiert werden[18].

Man hat es also mit einem streng durchdachten, in vieler Hinsicht konsequent perfektionierten staatssozialistischen System zu tun; das Moment planwirtschaftlicher Zentralisierung ist hier gegenüber den Bestimmungen in „Der geschloßne Handelsstaat", die manches an die Zunftwirtschaft erinnernde Detail enthielten, noch erheblich radikalisiert[19].

Wo liegen die Denkmotive für diese Ausgestaltung des Wirtschaftssystems bzw. für die Behauptung Fichtes, nur eine solche sozialistische Planwirtschaft sei mit den Prinzipien des Vernunftrechts vereinbar? Logisch scheint diese Wirtschaftsform sich aus der besonderen Fassung des Eigentumsbegriffs bei Fichte zu ergeben. Aber diese Fassung selbst bedarf der Erklärung — gerade auch gegenüber Fichtes eigenem ursprünglichen Ansatz. Die verengenden Schritte von der ersten Definition des Eigentums in unserem Text — die dem Individuum ausschließlich vorbehaltene „Sphäre seines Handelns" in der Außenwelt (S. 10) — zur letzten: „eine ihm mögliche Tätigkeit als erhaltend" (S. 41), sind ja keineswegs von logischer Notwendigkeit bestimmt. Welche Motive bewogen also Fichte zu dieser Umformung des Eigentumsbegriffs, zu deren Ergebnis dann das staatssozialistische Wirtschaftsmodell in Korrelation steht? Letztlich sind es der Wille zu vernünftiger Ordnung und der Wille zur Gerechtigkeit. Mehrere Stellen der „Rechtslehre" lassen in ihren entrüsteten, polemisch zugespitzten Formulierungen deutlich werden, wie unerträglich Fichte der Gedanke ist, wesentliche Vorgänge menschlich-gesellschaftlichen Daseins dem unberechenbaren, aller normierenden Vernunft spottenden „freien Spiel" des Marktes zu überlassen, das er dem Begriff „blinde Naturgewalt" (S. 92 f., vgl. S. 66 f., 90) subsumiert. Auch in wirtschaftlicher Hinsicht soll das Zusammenleben der Menschen ganz und gar von der Vernunft geregelt sein. Die Vorstellung freier Marktwirtschaft wirkt aber empörend nicht nur auf die Art von Rationalismus, die in Fichtes Transzendentalphilosophie immer enthalten blieb, sondern ebenso sehr auf sein Gerechtigkeitsgefühl: Regelte sich das Zusammenspiel der individuellen wirtschaftlichen Aktivitäten über den freien Markt,

dann könnten dessen Schwankungen das einzelne Wirtschaftssubjekt in unverdiente Not stürzen, ja seinen ökonomischen
Ruin herbeiführen; insofern wäre den Bürgern das Menschenrecht auf Fortdauer nicht gesichert, sie wären, so radikalisiert
es Fichte, „vogelfrei" (S. 66). In Wahrheit wäre diesem Übel
freilich auch anders abzuhelfen als durch Staatssozialismus.
Die Sicherung des Existenzminimums für jeden Bürger ließe sich
durchaus in den Staatsbürgervertrag (statt in den Eigentumsvertrag) verlegen. Wie der Staat den Einzelnen gegen Verletzungen
seiner körperlichen Integrität schützt, könnte er ihn, mit Hilfe
von Steuergeldern, auch gegen wirtschaftliche Notlagen schützen[20]. Daß Fichte die ökonomische Sicherung schon im Eigentumsvertrag (bzw. im Eigentumsbegriff selbst) verankern will
und dadurch in sozialistische Konsequenzen gedrängt wird, hat
seinen Grund in der besonderen Ausprägung seines Gerechtig-
keitswillens: Gerechtigkeit — und das läßt die ‚Rechtslehre'
noch schärfer hervortreten als frühere Schriften — heißt für ihn
in wirtschaftlicher Hinsicht: Gleichheit. Nicht nur ein auskömm-
liches Existenzminimum steht jedem Bürger zu, sondern ein
gleicher Anteil am gemeinsam erarbeiteten Sozialprodukt (S. 73).
Nicht nur gegen konkrete wirtschaftliche Not sind alle zu
sichern, sondern schon dagegen, sich als Wohlfahrtsempfänger
diskriminiert fühlen zu müssen. Mit welchem Rigorismus Fichte
sein auf Gleichheit zugespitztes Gerechtigkeitsprinzip durch-
führt, zeigt eine Nebenthese, die sich bei der Darstellung des
„Vertrages überhaupt" ergibt: Nur *inhaltlich* dem Recht entsprechende Verträge sollen rechtsgültig sein[21]; Kaufverträge
aber sind nur dann dem Recht gemäß, wenn durch sie keiner
der Handelspartner an Eigentum einbüßt oder gewinnt, wenn
also der absolute Wert der Ware und der zu zahlende Preis identisch miteinander sind (S. 29, 32)[22]. Das heißt: nicht einmal
kleine Schwankungen der Eigentumsproportionen darf es geben,
das ganze Wirtschaftsgeschehen muß so ablaufen, daß jeder
Bürger in unabänderlicher Wohlordnung immer über den gleichen Anteil am Nationalreichtum verfügt wie jeder andere
(S. 40). Dies aber scheint nicht anders garantierbar als durch

eine sozialistische Wirtschaft, die der Staat als „Wille des Rechts" bis ins Kleinste plant und reguliert.

Als er die Grundlinien dieses staatssozialistischen Systems jedoch energisch durchgezeichnet hat, kommt es Fichte — hier liegt ein dramatischer Wendepunkt in der Gedankenbewegung unseres Textes — erschreckend zu Bewußtsein, daß alle diese „Vorkehrungen", die dem Menschen sein Recht, und das heißt letztlich: seine Freiheit, sichern sollen, gerade die Vernichtung jeder persönlichen Freiheit zur Folge haben müssen. Zwar ist im sozialistischen System das Individuum geschützt gegen Not, gegen wirtschaftliche Ungerechtigkeiten und gegen Abhängigkeit vom Mitbürger. Dafür aber wird es zum ganz unselbständigen Teilchen im Wirtschaftsmechanismus, zum Sklaven der im Sinne anonymen ökonomischen Fortschritts planenden und lenkenden Wirtschaftsbürokratie. Diese nimmt dem Bürger alle Entscheidungen ab. Weder kann das Individuum Beruf und Arbeitsplatz wählen, noch kann es Quantität und Qualität der eigenen Produktion oder die Methoden der eigenen Arbeit nach eigenem Ermessen bestimmen. So ist sein wirtschaftliches Tun total fremdbestimmt. Keineswegs hat seine Arbeit den Charakter freier Selbsttätigkeit, in der sich die Person erst eigentlich als Vernunftwesen aktualisieren und in der sie sich sittlich vervollkommnen kann. Vermöge des aus ihm hervorgehenden Staatssozialismus — so scheint es Fichte nun selbst — negiert sein Rechtssystem konkret gerade das, als dessen notwendige genetische „Bedingung" es entworfen ist: sittliche Freiheit (S. 45 f.).

Damit sittliche Freiheit möglich wird — so nun Fichtes Konzept zur Überwindung der aufgebrochenen Aporie — muß das bisher geschilderte Rechts- und Wirtschaftssystem dem Individuum nach Ableistung seiner (ökonomischen und sonstigen) Bürgerpflichten Freiheit übrig lassen „für frei zu entwerfende Zwecke: Freiheit innerhalb seiner Sphäre . . ." (S. 46). Erst ein Eigentumsvertrag, der jedem Bürger zu solcher persönlichen Selbstbestimmung „Kraft und Zeit und Raum" (S. 46) garantiert, ist wahrhaft rechtlich. Die konkrete Konsequenz heißt: „Das absolute Eigentum aller ist freie Muße zu beliebigen Zwek-

ken nachdem sie die Arbeit, welche die Erhaltung ihrer selbst,
und des Staats von ihnen fordert, vollendet." (S. 53, vgl. S. 75)
    Dieser Gedanke geht dann auch in Fichtes ökonomische Wert-
und Preistheorie ein. Das eigentliche Eigentum des Bürgers —
so modifiziert Fichte den Begriff noch einmal — besteht nun
darin, daß er mit seiner Arbeit nicht nur die geschuldete Steuer
an den Staat ableistet und den Unterhalt für seine Arbeitsstun-
den[23] erwirbt, sondern dazu den Unterhalt für ein zusätzliches
Quantum Lebenszeit (in Fichtes erstem Beispiel: 1/3 der Arbeitszeit), in der er Muße hat (S. 74). Dieses Quantum soll für
alle Staatsbürger gleich sein; die Proportion zwischen Arbeitszeit und Mußezeit richtet sich nach dem Entwicklungsstand
der Produktivkraft des Staates. Der Wert und der Preis des Produkts sollen ausschließlich bestimmt sein durch die zu seiner
Produktion in diesem Staat notwendige Arbeitszeit; d. h. der
Wert des Produkts ist immer gleich dem Lebensunterhalt für die
Arbeitszeit, zuzüglich der dem Staat zu leistenden „Abgabe",
zuzüglich dem Unterhalt für das auf so viel Arbeitszeit entfal-
lende Quantum Muße (z. B. 1/3 der Arbeitszeit) (S. 75).
    Handel ist dann immer Tausch von Gleichwertigem. Das
Wirtschaftssubjekt hat für das Produkt einer bestimmten Arbeitszeit anderer immer das Produkt des gleichen Quantums
eigener Arbeitszeit hinzugeben. Steigt die Wirtschaftskraft des
Staates (Fichte setzt in dieser Hinsicht stetigen Fortschritt voraus), dann kommt das dem einzelnen Bürger in Form einer ver-
besserten Proportion zwischen Arbeitszeit und Mußezeit zugute:
der Anteil Muße, der auf eine bestimmte Arbeitszeit entfällt,
steigt z. B. von einem Drittel auf die Hälfte (S. 80). Der neue
Gedanke, daß dem Rechtssubjekt als Eigentum nicht nur Lebensunterhalt, sondern auch Muße zusteht, durchdringt Fichtes
Wirtschaftslehre jetzt in solchem Maße, daß die Möglichkeit
eines steigenden Konsums dem Blick vollkommen entschwin-
det: anscheinend soll das Wirtschaftswachstum, soweit es nicht
für Investitionen gebraucht wird, immer als Ausweitung der
Muße verteilt werden. Die Möglichkeit, daß der Einzelne vielleicht lieber seine bisherige, längere Arbeitszeit beibehalten

und dafür zusätzliche Güter eintauschen möchte, scheint nicht vorgesehen[24].

Das hängt vermutlich damit zusammen, daß Fichte selbst der Muße einen unvergleichlich höheren Wert zuschreibt als allen wirtschaftlichen Produkten; ist sie ihm doch gleichbedeutend mit dem Möglichkeitsraum sittlicher Freiheit, die die „wahre Freiheit" ist, nämlich „das Vermögen übersinnlicher Zwecke" (S. 46).

Sittliche Freiheit ist die Freiheit, der nur die Muße Raum geben kann, in doppelter Hinsicht: Einerseits ist sie formelle Freiheit, die der Einzelne als Spielraum der Willkür nutzen kann, solange er damit nicht die Rechte anderer verletzt (S. 46); formelle Freiheit muß sie sein, damit der Einzelne sich frei zum Guten entscheiden kann. Andererseits aber ist sie sittliche Freiheit in vollem Sinne erst, wenn der einzelne sie wirklich dazu gebraucht, das Gute in die Tat umzusetzen, seine Pflicht zu erfüllen, sich und andere sittlich zu vervollkommnen. Und so kann Fichte dann die „Freiheit für frei zu entwerfende Zwecke" (S. 40) im selben Atemzug als Freiheit „zunächst für freie Bildung und Bildung zur Freiheit" (S. 46) bezeichnen. Seine eigentliche Vorstellung ist also, daß die Muße der geistig-sittlichen Selbstvervollkommnung des Menschen zu dienen hat. Deshalb wird dem Rechtsstaat in diesem Zusammenhang zusätzlich die Verbindlichkeit auferlegt, freie, für alle zugängliche Bildungsanstalten einzurichten, an denen die Bürger sich „zur Freiheit" bilden und so ihrer Muße den eigentlich sinnvollen Inhalt geben können. Erst mit Errichtung dieser Anstalten wird der Rechtsstaat seinem Wesen als Stufe in der Entwicklung zu umfassender Sittlichkeit ganz gerecht: Er muß einerseits als Zwangsmechanismus da sein, weil die Menschen noch nicht alle vollkommen sittlich sind; aber indem er andererseits den Bürgern durch Muße und Bildungsanstalten Gelegenheit gibt, sich geistig-sittlich zu vervollkommen, trägt er positiv und aktiv dazu bei, den Zustand zu überwinden, in dem das äußere Handeln der Subjekte von Zwangsgesetzen bestimmt wird, und bewährt seinen teleologischen Bezug auf allumfassende „wahre Freiheit".

Es erscheint charakteristisch, daß Fichte — äußerlich unver-
mittelt — gerade in diesem Zusammenhang erneut auf den letzten Verbindlichkeitsgrund des Rechtssystems zu sprechen
kommt: Die Menschheit *soll* auch als sinnliche Realität erhalten
werden, weil nur durch sie „die Realisation des göttlichen Bildes" möglich ist (S. 52), nur durch sie Sittlichkeit in Erscheinung treten kann. Weil nur der rechtsstaatliche Mechanismus
diese Erhaltung zu garantieren und die Möglichkeitsbedingun-
gen der Versittlichung herzustellen vermag, dürfte der Zwing-
herr zum Recht[25] die Menschen auch gegen ihren empirischen
Willen dem Staat unterwerfen. Daß dieser oktroyierte Staat
aber wahrhaft dem einzig legitimierenden Zweck der Versittlichung dient, kann er nur durch die Errichtung von „Bildungsanstalten zur Freiheit" erweisen (S. 52). So ist die Errichtung
dieser Institute zugleich Bedingung seiner Legitimität bzw. der
sittlichen Verbindlichkeit seiner Anordnungen (S. 50 ff.)[26].

Offenbar bedeutet dies nun die Integration der Kulturstaats-
idee, wie Fichte sie 1804/05 entwickelt hat, in den Zusammenhang der Rechtstheorie (vgl. unten die Anm. zu S. 51 des Textes). 1793 hatte Fichte „Kultur zur Freiheit" als den höchsten
irdischen Zweck der Menschheit dargestellt, die Aufgabe des
Kultivierens aber ganz und gar einer staatsfernen Sphäre herr-
schaftsfreier gesellschaftlicher Kooperation zugewiesen[27]. Diese
Trennung zwischen Kultur und Staat hatte er im Grunde bis
1800 beibehalten. Erst die Wendung zum ganzheitlichen Denken, die sich in den „Grundzügen" manifestiert, läßt dann
„Kultur" zur Aufgabe des „absoluten Staates" werden — wobei
freilich der Kultur-Begriff selbst gleichzeitig einer Verengung
unterworfen scheint, insofern die „höheren Zweige der Ver-
nunftcultur: Religion, Wissenschaft, Tugend" aus der Reihe
möglicher Staatszwecke ausgeschlossen werden. 1812 sollen nun
die allgemeinen Bildungsanstalten des Staates gerade der Erhebung der Menschen zu Wissenschaft, Tugend und Religion dienen — wie sollten sie sonst zu sittlicher Freiheit verhelfen können? Aber dafür ist ihre Arbeit auch nicht als Teil der (notfalls
mit Zwang vorgehenden) staatlichen Herrschaftsausübung ge-

dacht wie 1804/05, sondern als freies Angebot, dessen sich der Staatsbürger während seiner „Muße"-Stunden nach freiem eigenem Ermessen bedienen kann oder auch nicht.

Mit der Einführung der „Muße" in den Eigentumsbegriff ist Fichte prinzipiell eine Stufe über den Stand, den seine Rechts- und Staatstheorie 1796–1800 erreicht hatte, hinausgekommen. Denn damals, im ‚Naturrecht' II und im ‚Geschloßnen Handelsstaat' war sein Staatssozialismus in unüberbrückbaren Widerspruch geraten zur Definition, der Rechtszustand sei „Gemeinschaft freier Wesen, als solcher"[28]; und sie war damit in Widerspruch geraten auch zum Freiheitspathos von Fichtes fundamentalphilosophischem Ansatz. Denn der Eigentumsvertrag ist bei Fichte die einzige, alles bestimmende Grundlage für das Anrecht des Einzelnen auf persönliche Freiheit im äußeren Handeln; degeneriert dieser Eigentumsvertrag zur Garantie wirtschaftlicher Sicherheit in Korrelation zu strikter, planwirtschaftlich beliebig total reglementierbarer Arbeitspflicht des Individuums, dann hat der Staat durchaus die Möglichkeit, unter logisch einwandfreier Berufung auf das Recht, die Menschenrechte seiner Bürger zu annullieren.

In scharfen Selbstwiderspruch war Fichte mit der Ableitung seines staatssozialistischen Systems auch hinsichtlich der Anthropologie geraten: hatte er doch allen Ernstes behauptet, alle Zwecke der Menschen, auf die das Recht Rücksicht nehmen müsse, seien dem Inbegriff „Selbsterhaltung" subsumierbar[29]. Damit hatte er im Grunde alle anderen Zwecke des Menschen zu bloßen Mitteln im Dienste der Selbsterhaltung herabgestuft und so, wenigstens dem Anschein nach, einen brutalen anthropologischen Ökonomismus in seine Staatstheorie eingeführt. Man kann sicher sein, daß er diese Mediatisierung immer nur auf die nicht-ethischen Zwecke, die Zwecke des „natürlichen", noch nicht zur Sittlichkeit gewandelten Menschen bezog; aber indem er nur diese für juridisch relevant erklärte, übersteigerte er, hinsichtlich Privatrecht und Wirtschaft, die Unabhängigkeit und Fremdheit des Rechtssystems gegenüber der Ethik in solchem Maße, daß sein das Recht verkörperndes Staatsmodell der

Einzelperson jeglichen Raum zu sittlicher Entscheidung und freier Selbstversittlichung abzuschnüren drohte. Insofern ist die Einführung des absoluten Rechts auf „Muße" 1812 eine höchst bedeutsame Selbstkorrektur. Sie markiert prägnant die Notwendigkeit, in der Konstruktion des juridisch-politischen Systems dem Einzelmenschen die Möglichkeiten zu sichern, als Systemglied gleichwohl auch autonome Person zu sein, *im* System sich zugleich auch als geistige Individualität zu entfalten und an seiner sittlichen Selbstvervollkommnung zu arbeiten.

Eine andere Frage ist freilich, ob die selbstkritische Revision von 1812 diese Notwendigkeit einlösen, ob sie die Gebrechen der früheren Konstruktion wirklich heilen kann. Selbst abgesehen von allen naheliegenden Zweifeln, ob die skizzierte Durchdringung des gesamten Preisgefüges und Handelssystems mit dem Postulat der Muße praktikabel wäre — so ergibt sich ja ein prinzipielles Problem: Wird eine Aufteilung des menschlichen Lebens in unfreie Arbeit und freie Muße der im Menschen angelegten Tendenz zur Einheit gerecht? Führt sie nicht zu einer mechanischen Zerspaltung des Daseins, macht sie den Menschen nicht zum „Zerrissenen"? Fichte sucht diesem Bedenken mit dem Postulat zu begegnen, daß auch die (unfreie) Arbeit schließlich von sittlicher Gesinnung durchtränkt werden soll: Wer sich in der Muße zu höherer Humanität und Sittlichkeit bildet, wird auch die Arbeit, die als äußerer Vorgang bis ins einzelne vom Staat vorgeschrieben und reglementiert ist, in sittlicher Gesinnung, aus freier Entscheidung zur Pflichterfüllung verrichten und sie so von innen her adeln, zum Charakter der Selbsttätigkeit erheben (S. 48 ff.). Nur läßt sich wohl nicht garantieren, daß der im Arbeitsleben rigoroser Fremdbestimmung Unterworfene sich außerhalb der Arbeitszeit wirklich zum Sittlich-Freien macht; kann man ausschließen, daß gerade die Gewöhnung an Fremdbestimmung in den Arbeitsprozessen den Menschen innerlich so bindet, daß er auch seine Muße nicht mehr in Fichtes Sinne zu nutzen vermag? Da für viele Menschen die Berufsarbeit doch zu den zentralen Lebensinhalten gehört (und gehören muß, wenn der wirtschaftliche und gesellschaftliche

Mechanismus produktiv genug funktionieren soll), wäre im Sinne des Freiheitsgedankens eigentlich ein Stück individueller Selbstbestimmungsmöglichkeit auch im Arbeitsleben zu fordern. Mit dieser Forderung aber ist ein planwirtschaftlich-sozialistisches System nicht vereinbar[30].

IV. Konstitution

Fichtes Tendenz, Recht mit Staat und Staat mit Recht vollkommen identisch zu setzen, wirkt sich sehr charakteristisch auch in seinen verfassungstheoretischen Erörterungen (S. 147–157) aus. Er legt ihnen, wie schon 1796/97, die Prämisse zugrunde, jeder staatliche Hoheitsakt könne und solle inhaltlich total vom Vernunftrecht bestimmt sein, müsse sich, anders gesagt, durch rein formallogische Deduktion aus dem apriorischen Rechtsprinzip als die allein rechtliche Regelung des anstehenden Lebensproblems erweisen lassen (S. 150 f.). Erst aus dieser Prämisse ist die These verständlich, Herrscher des wahren Rechtsstaates könne nur sein: „Das Recht, in einen lebendigen unfehlbaren Willen verwandelt" (S. 147). Im ‚Naturrecht‘ von 1796 hat Fichte diesen mit dem Recht identischen Willen zunächst in der „volonté générale" zu finden geglaubt, die sich, nach Rousseau, unfehlbar in allen (die wahrhaft „allgemeinen" Angelegenheiten betreffenden) Gesetzgebungsakten der Volksversammlung ausspricht und inhaltlich unbeirrbar auf das Gemeinwohl zielt[31]. Schon damals hat Fichte diesem Kernbegriff der Rousseauschen Staatslehre eine eigenwillige, vereinseitigende Deutung gegeben. Den teleologischen Willensinhalt „Gemeinwohl", der bei Rousseau auch größtmögliches Glück aller Individuen und größtmögliche politische Macht der Volksgesamtheit umfaßt hatte, reduzierte er auf die bloße Gerechtigkeit bzw. das Vernunftrecht selbst. Dieser formalisierenden Verengung entsprechend, sollte dann in der 1796 skizzierten Verfassung die Dynamik des lebendigen Volkswillens, die Rousseau konkret als eigentliches Daseinsprinzip der Republik galt, weder

bei der Gesetzgebung noch bei der Bestimmung der Exekutiv-
maßnahmen irgendeine Rolle spielen; an ihre Stelle trat die lo-
gisch-subsumtive Anwendung der Vernunftrechts-Axiomatik
auf alle Einzelfragen[32]. Trotzdem übernahm Fichte damals von
Rousseau ein gewisses Maß an demokratischer Tendenz: Herrschaft der volonté générale bedeutete auch für ihn (anders als
für Kant) zunächst Volkssouveränität. Zwar forderte er, daß
die Ausübung der Staatsgewalt auf „Repräsentanten" übertragen
werden müsse, die allein dann im normalen Gang der Dinge über
die gesamte Staatsautorität — die legislativen und judikativen
wie die exekutiven Befugnisse — verfügen sollten. Aber die Kontrolle über die Rechtlichkeit dieser Regenten, damit die Stellung eines obersten Richters über alle Hoheitsakte, blieb dem
Volk vorbehalten. Insofern es sein Richteramt nur auf Initia-
tive der Ephoren, eines ständigen Aufsichtsorgans ohne eigene
Entscheidungskompetenz, ausüben durfte, fungierte das Volk
im Entwurf von 1796 zwar wie ein Staatsorgan unter anderen,
als Träger nur einer klar begrenzten Teilbefugnis im Staatsleben.
Aber zugleich galt seine oberste richterliche Entscheidungskompetenz über die Staatsführung als Symptom dafür, daß es grund-
sätzliche und ideell der Souverän blieb — Fichte konnte am
Ende des verfassungstheoretischen Kapitels sagen: „Das Volk
ist in der Tat, und nach dem Rechte, die höchste Gewalt, über
welche keine geht, die die Quelle aller anderen Gewalt, und die
Gott allein verantwortlich ist."[33]

1812 ist dies alles ganz anders. Rousseaus verwirrender, der
objektiven Gültigkeit entbehrender Begriff „volonté générale"
spielt in Fichtes verfassungstheoretischen Gedankenketten jetzt
keine Rolle mehr. Als mit dem Recht identischer Wille wird
nun von vornherein der Wille bestimmter Personen gesucht, die
die Souveränität ausüben sollen (S. 148). Davon, daß, als Träger des Gemeinwillens, die Volksgesamtheit souverän sei und
bleibe, ist keine Rede mehr[34]. Zwar setzt die Formulierung,
„die Regierung muß übertragen werden" (S. 148) so etwas wie
„ursprüngliche" Volkssouveränität voraus, aber eben nur „ursprüngliche", die als ähnlich fiktiv gelten muß wie der sie kon-

stituierende Vertragsschluß. Die eigentliche Souveränität, die Souveränität im Staat, spricht Fichte nun dem oder den Regenten zu (S. 149–152)[35].

Der Wille des souveränen Regenten also soll das in personaler Form sich aktualisierende Recht selbst sein. Wie ist das zu bewerkstelligen? Fichte sieht zwei und nur zwei Wege: Man kann entweder versuchen, den Willen dessen, der herrscht, durch alle möglichen verfassungspolitischen Vorkehrungen so zu bestimmen, daß er immer auf das Rechte zielen muß. Man versucht dann also, das Amt selbst unter solche Bedingungen zu stellen, daß der Wille des Amtsträgers, ganz unabhängig von dessen Person, mit zwingender Notwendigkeit eine ganz bestimmte Form aufgeprägt erhält, in eine ganz bestimmte Richtung gelenkt wird. Oder aber man kann einen Menschen suchen, der schon von sich selbst her, als Person (aus seiner Biographie, aus Anlage, Erziehung und Selbstbildung heraus) einen durchaus rechtlichen Willen hat, und diesen dann zum Herrscher machen (S. 149).

Zu dem ersten der beiden Wege rechnet Fichte nun alle Bemühungen, die Rechtlichkeit der Staatsführung durch institutionelle Regelungen zu garantieren, auch seine eigne Verfassungskonstruktion von 1796 mit ihrer Interdependenz von absoluter positiver Gewalt der Regenten, absoluter negativer Gewalt der Ephoren und letztem Entscheidungsrecht der Volksversammlung. Er glaubt jetzt, alle derartigen Garantie-Mechanismen a priori als unwirksam erweisen zu können, und zwar durch Konfrontation mit einem radikalen Souveränitätsbegriff: Unterwirft man den Regenten einer Kontrolle, dann ist eben nicht mehr der Regent, sondern die Kontrollinstanz Träger des höchsten, alle Staatsangelegenheiten letztlich entscheidenden Willens – und bedarf, damit dessen Rechtlichkeit garantiert sei, wiederum der Kontrolle. Souveränität – so stellt Fichte es nun dar – ist ihrem Begriff nach mit Kontrollpflichtigkeit unverträglich. Zwar müssen nachgeordnete Amtsträger jeweils ihren Vorgesetzten verantwortlich sein, aber diese Hierarchie der Abhängigkeiten bedarf irgendwo eines einheitlichen Gipfelpunktes, „wir müssen zu einem Willen kommen, der allen andern zwingt,

ohne selbst gezwungen werden zu können." (S. 150). Um einen
fehlerhaften regressum in infinitum zu vermeiden, braucht die
Verfassungstheorie einen unkontrollierbaren Souverän als „erste
Triebfeder des politischen Lebens" (S. 151).

So entscheidet sich Fichte nun für den zweiten der oben bezeichneten beiden Wege. Man muß die ungeteilte Souveränität
dem Menschen anvertrauen, der als Person den unfehlbaren Willen zum Recht in sich trägt, das ist „die wahre Lösung" (S. 155).
In diese Stellungnahme ist wohl Fichtes seit 1800 sich immer
stärker entwickelnde Hochschätzung der Individualität und
ihrer nicht rein rational rekonstruierbaren Wertgehalte mit ein-
geflossen; zwar bleibt ihm das Recht selbst ein durchaus Ratio-
nal-Allgemeingültiges; die Willensbestimmtheit aber, in souve-
räner Position alles Tun und Lassen ausschließlich am Recht zu
orientieren, und die Fähigkeit, das Recht begrifflich wie in
konkreter Anwendung unfehlbar zu erkennen, — diese persönlichen Qualitäten müssen nach seiner neuen Einsicht individuell, durch einen unwiederholbaren Bildungsgang, erworben
sein (S. 155); sie lassen sich der gewachsenen Substanz einer
Ausnahmepersönlichkeit eher zutrauen als der zwingenden Wirkung verfassungspolitischer Mechanismen.

Aber auch diese personalistische Lösung, die er nun als die
gedanklich überlegene proklamiert, muß Fichte als unrealistisch
erkennen: eine praktikable Leitlinie verfassungspolitischen Handelns stellt sie nicht dar. Denn obwohl Fichte sein ursprüngliches Postulat ermäßigt und von dem Menschen, der Herrscher
werden soll, nicht mehr den absolut gerechten, sondern nur den
vergleichsweise gerechtesten Willen fordert, weiß er keine Pro-
zedur zu konstruieren, die diesen „Gerechtesten seiner Zeit und
Nation" (S. 155) mit auch nur annähernder Wahrscheinlichkeit
ins Herrscheramt brächte. Seine Mitmenschen werden den Besten
nicht erkennen, und eine Mehrheit, die ihn plebiszitär zur
Herrschaft beriefe, wird gerade der Beste — wäre er auch als solcher erkannt — nicht hinter sich bringen: „Solange die Regierung nicht gut ist, wird die Mehrheit immer schlecht sein"(S.155).

Noch einmal zeigt sich hier, wieweit sich Fichte innerlich von den demokratischen Tendenzen entfernt hat, die 1796/97 sein Denken wesentlich mitbestimmten. Volksentscheide sind hinsichtlich ihrer inhaltlichen Gerechtigkeit weit weniger vertrauenswürdig als Entscheidungen kleiner Elite-Gremien („einer Auswahl der Weisesten"), sagt Fichte schon in der Selbstkritik seines Konstitutions-Entwurfes von 1796 (S. 153). Gerade der Verlust jeder Hoffnung auf die heilbringende Kraft demokratischer Verfahrensweisen motiviert offenbar Fichtes Wendung zu einem Aristokratismus des Geistes, der in der Herrschaft der persönlichen Besten die einzige Lösung des Verfassungsproblems zu erkennen glaubt.

Wenn sich aber auch die personalistische als „die wahre Lösung" nicht in ein praktikables Handlungskonzept umsetzen läßt — was ist dann die Konsequenz? Die Aufgabe, den durchaus gerechten Staat zu verwirklichen, ist — so Fichtes Fazit — „durch menschliche Freiheit nicht zu lösen", ist „eine Aufgabe an die göttliche Weltregierung" (S. 156): Man muß hoffen, daß auf nicht rational zu berechnende Weise irgendwann einmal faktisch die Herrschaft dem Gerechtesten zufallen wird; bis dahin kann es nur „Notstaaten" geben. Nur durch intellektuelle und moralische Selbstvervollkommnung vermögen die Völker dem politischen Fortschritt den Weg zu bereiten (ohne ihn aber eigentlich herbeiführen zu können); Ungehorsam gegenüber den partiell widerrechtlichen faktischen Verhältnissen in den Notstaaten wäre „unsittlich", Revolutionsversuche könnten „die Unrechtlichkeit nur gewisser" machen (S. 156).

Das verfassungstheoretische Kapitel von 1812 hinterläßt, bei aller Präzision einzelner Gedankenschritte, insgesamt den Eindruck des Tastenden, in sich Verspannten und Unausgeglichenen. Alte und neue Gedankenmotive überkreuzen einander, ohne zu voller synthetischer Einheit zu finden. Beherrschend scheint zuletzt ein resignativer Ton; was als zielsichere rationale Konstruktion realen Rechtsfriedens im absolut vernunftgemäßen Staat begonnen hat, endet mit der Empfehlung, ruhig abzuwarten, bis der unberechenbare Gang faktischer Geschichte

„irgend einmal" dadurch „Gerechtigkeit im Staat" hervorbringen wird, daß er der Menschheit die Herrschaft des persönlich gerechtesten Menschen als Geschenk zuwirft (S. 156).

Wenn damit Fichtes Versuch, eine normative Theorie rechtlicher Staatsverfassung zu konstruieren, in die Aporie führt, dann kann man, aus heutiger Perspektive, einen Teilgrund dafür wohl in dem radikalen juridischen Rationalismus seines Ansatzes sehen. Zwar ist es eine tiefe, unverlierbar wahre Einsicht, daß Recht sich nur im Staat darstellen kann, der Staat aber zugleich an (seinem Ermessen entzogene) aus sich heraus gültige Rechtsprinzipien gebunden sein muß. Aber Fichte hat die Identifizierung des Staates mit dem Vernunftrecht überspannt. Wenn die wahrhaft rechtliche Verfassung garantieren soll, daß jeder einzelne staatliche Hoheitsakt identisch ist mit der subsumtiven Anwendung des obersten, apriorischen Rechtsprinzips auf die gegebene konkrete Lage, so ist die Konstruktion einer solchen Verfassung wohl wirklich eine übermenschliche Aufgabe. Anders vielleicht, wenn man das Vernunftrecht als bloßen Rahmen auffaßt, innerhalb dessen dem Staat sowohl für die Ausgestaltung des positiven Rechts wie für die Lösung rechtlich indifferenter Zweckmäßigkeitsfragen ein weiter Spielraum freien Ermessens bleibt. Dann braucht der herrschende Wille nicht identisch zu sein mit dem Vernunftrecht, sondern nur beschränkt von vernunftrechtlichen Grenzlinien. Eine Einbindung in solche Schranken (wie sie z. B. Kataloge unantastbarer Menschenrechte von überstaatlicher Gültigkeit darstellen) ist dann vielleicht auch eher durch institutionelle Vorkehrungen, z. B. durch gegenseitige Kontrolle verschiedener Staatsorgane, zu sichern als die alles positiv bestimmende, gleichsam substanzielle Rechtlichkeit des herrschenden Willens selbst[36]. In diesem Sinne läßt sich vermuten, daß die Zuspitzung des Souveränitätsbegriffs, die in Fichtes verfassungstheoretischer Argumentation 1812 eine so zentrale Rolle spielt, von der Sache her nicht notwendig ist; auch Fichtes Negation jeder denkbaren Form von Gewaltenteilung scheint von einem allzu hochgespannten, einseitigen Rationalismus geprägt.

In anderer Hinsicht betrachtet, läßt freilich das der Konstitution gewidmete Kapitel unseres Textes Denkmotive durchscheinen, die Fichte dann 1813, in einem nächsten Schritt seiner Gedankenentwicklung, aus der Einseitigkeit seines verfassungstheoretischen Ansatzes hinausführen werden[37]: Indem er die Rechtlichkeit des Herrscherwillens von der *sittlichen* Selbstbildung eines Ausnahmemenschen erhofft (S. 155), gesteht er (unreflektiert?) zu, daß der wahre Staat eben doch nicht ganz unabhängig von der Moralität seiner Glieder zu konstituieren, daß er angewiesen ist auf ein Minimum selbstlos sittlicher Gesinnung unter den Menschen, die sich in ihm zusammenfinden. Und indem er die Lösung der verfassungspolitisch entscheidenden Aufgabe resigniert dem nicht vorausberechenbaren Gang der faktischen Zukunftsentwicklung anheimstellt (in der allein ja „die göttliche Weltregierung" sich manifestieren kann), verweist er indirekt auf die Notwendigkeit, alle staatstheoretischen Konstruktionen offenzuhalten für die Geschichtlichkeit der menschlichen Dinge und den darin implizierten Anteil von Irrationalität.

V. Zur Textgestaltung
(Aus dem Vorwort zur Ausgabe von 1920 von Hans Schulz)

Im Sommerhalbjahr 1811 hatte Fichte an der Berliner Universität Vorlesungen über Sittenlehre und über Rechtslehre angekündigt. Die Sittenlehre wurde zahlreich besucht, in seinem Bericht über die Vorlesungen schreibt Fichte aber über die Rechtslehre: „Kam nicht zustande, teils wegen des unter den hiesigen Studenten noch herrschenden Vorurteils, daß dies ein Kollegium nur für Juristen sei, teils wegen einer Kollision" (mit Schleiermacher). Im nächsten Jahre, 1812, wiederholte er die Ankündigung beider Vorlesungen, und diesmal bekam auch die Rechtslehre Zuhörer.

Die Rechtslehre hat Fichtes Sohn unter dem nicht vom Vater herrührenden Titel ‚Das System der Rechtslehre' im 2. Bande der nachgelassenen Werke Bonn 1834 veröffentlicht. Fichtes

eigenhändiges Kollegheft ist noch vorhanden in der Preußischen
Staatsbibliothek zu Berlin. Daß es nicht Aufzeichnungen vom
Jahre 1811 sind, sondern daß das Heft für die Vorlesungen von
1812 stückweise gearbeitet ist, zeigt sein Zustand, es besteht
aus einzelnen Oktavbogen, die wohl zumeist den Stoff einer
Vorlesungsstunde umfassen, und zeigen Anreden an die Zuhörer und der Hinweis auf die „Feiertage" (S. 71, der Pfingstsonn-
tag fiel 1812 auf den 17. Mai). Das Heft ist nicht immer druck-
reif abgefaßt, häufig sind nur Stichworte oder Satzteile nieder-
geschrieben, manchmal Hinweise auf das gedruckte Naturrecht
gegeben. Fichtes Sohn bemerkt, daß er „die betreffenden Stellen abgekürzt, wo es möglich war, dem vorliegenden Texte eingefügt" habe. Ob er ein nachgeschriebenes Kollegheft eines Zu-
hörers benützen konnte, läßt sich nicht sagen; bisher ist keine
Nachschrift der Rechtslehre wieder bekannt geworden.

Im nachfolgenden Abdruck sind die Seitenzahlen des ersten
Druckes von 1834, nach dem bisher nur zitiert werden konnte,
am Rande angegeben. Der Text ist mit Fichtes Handschrift ver-
glichen worden und es ist nun zu ersehen, was Fichte in seinem
Kollegheft geschrieben und was sein Sohn als Herausgeber daraus gemacht hat. Alles, was nicht in der Handschrift steht, ist
in eckige Klammern [] eingeschlossen, so daß man Fichtes ursprünglichen Text lesen kann, wenn man das Eingeschlossene
wegläßt. Sind durch die Satzbildungen des Sohnes Änderungen
eingetreten, so sind sie erkennbar gemacht. Zusätze im Text,
die vom jetzigen Herausgeber herrühren, sind durch Winkel-
klammern <> gekennzeichnet.

VI. Verzeichnis der Abkürzungen für die in den Anmerkungen zur Einleitung und zum Text zitierten Schriften Fichtes

Zurückforderung
Zurückforderung der Denkfreiheit von den Fürsten Europens, die sie bisher unterdrückten. Eine Rede. Heliopolis, im letzten Jahre der alten Finsterniß. [anonym, Danzig 1793]

Beitrag
Beitrag zur Berichtigung der Urtheile des Publikums über die französische Revolution. Erster Theil. Zur Beurtheilung ihrer Rechtmäßigkeit. 1793. [anonym, Danzig]

Bestimmung
Einige Vorlesungen über die Bestimmung des Gelehrten . . . Jena und Leipzig, . . . 1794.

NR I
Grundlage des Naturrechts nach Principien der Wissenschaftslehre . . . Jena und Leipzig, . . . 1796.

NR II
Grundlage des Naturrechts nach Principien der Wissenschaftslehre Zweiter Theil oder Angewandtes Naturrecht . . . Jena und Leipzig, . . . 1797.

SL 1798
Das System der Sittenlehre nach den Principien der Wissenschaftslehre . . . Jena und Leipzig, . . . 1798.

BdM
Die Bestimmung des Menschen . . . Berlin, . . . 1800.

GH
Der geschloßne Handelsstaat. Ein philosophischer Entwurf als Anhang zur Rechtslehre, und Probe einer künftig zu liefernden Politik . . . Tübingen, . . . Im Spät-Jahre 1800.

Grundzüge
Die Grundzüge des gegenwärtigen Zeitalters . . . in Vorlesungen, gehalten zu Berlin, im Jahre 1804–5. Berlin, 1806.

Machiavell
Ueber Machiavell, als Schriftsteller, und Stellen aus seinen Schriften. In: Vesta, hrsg. von Ferdinand Frh. von Schrötter und Max von Schenkendorf, Erster Band, Königsberg 1807 (Juni), S. 17–81.

Reden
Reden an die deutsche Nation . . . Berlin, 1808.

SL 1812
Das System der Sittenlehre. Vorgetragen von Ostern bis Michaelis 1812. Erstdruck in: Johann Gottlieb Fichtes nachgelassene Werke. Hrsg. von I. H. Fichte, Bonn 1834/1835, Bd. III.

RL 1812
Rechtslehre. Vorgetragen von Ostern bis Michaelis 1812. Erstdruck in: J. G. Fichtes nachgelassene Werke. Hrsg. von I. H. Fichte, Bonn 1834/1835, Bd. II. Kritische Ausgabe von Hans Schulz, Leipzig 1920.

Staatslehre   Die Staatslehre, oder über das Verhältnis des Urstaa-
                tes zum Vernunftreiche, in Vorlesungen, gehalten im
                Sommer 1813 auf der Universität zu Berlin. Erstdruck:
                Berlin 1820.
WW   Werksausgabe Immanuel Hermann Fichtes, die in den
                Bänden I—VIII: J. G. Fichtes sämmtliche Werke, Berlin
                1845/46, und in den Bänden IX—XI: J. G. Fichtes
                nachgelassene Werke, Bonn 1834/35, umfaßt.
Ak.-Ausg.   J. G. Fichte-Gesamtausgabe der Bayerischen Akademie
                der Wissenschaften, hrsg. von Reinhard Lauth, Hans
                Jacob und Hans Gliwitzky, Stuttgart-Bad Cannstatt
                1964 ff.

VII. Anmerkungen

1 Vgl. John Locke, ‚The Second Treatise of Civil Goverment‘, §§ 4,
6 f., 19.

2 Vgl. Thomas Hobbes, ‚De Cive‘, 1. Kap., § 12; 5. Kap., §§ 1, 6 f.,
11; 6. Kap., § 9; 14. Kap., §§ 1, 5, 9 f.

3 „Rechtsbegriff = die Denknotwendigkeit aller als frei, in der synthetischen Einheit des Begriffs aller" (S. 9). — „Ein solches Zusammenleben
mehrerer freier Wesen, in welcher alle frei" (S. 2 f.).

4 Zu der im einzelnen abweichenden Darstellung des gleichen Grund-
gedankens in NR I vgl. R. Schottky, ‚Untersuchungen zur Geschichte der
staatsphilosophischen Vertragstheorie im 17. und 18. Jahrhundert‘, Diss.
München 1962, S. 133—136.

5 Vgl. ‚Grundzüge des gegenwärtigen Zeitalters‘, WW VII, S. 146; ‚Reden an die deutsche Nation‘, WW VII, S. 363 ff.

6 Fichte sagte 1797, ein „Unterwerfungsvertrag" sei im Staatsbürgervertrag nur als „hypothetischer" enthalten; solange das Individuum seine
„Bürgerpflichten" erfülle, sei es „nie … Unterthan" (NR II, S. 21 f. = WW
III, S. 206 = Ak.-Ausg. I, 4, S. 17). Vgl. dazu Schottky, Untersuchungen,
a.a.O., S. 178 f.

7 Vgl. zum Sinn des Kontraktualismus in Fichtes Schriften vor 1800
R. Schottky, ‚Die staatsphilosophische Vertragstheorie als Theorie der
Legitimation des Staates‘ in: Politische Vierteljahresschrift, Sonderheft
7/1976, S. 91 f., 96—104.

8 Vgl. aber Hinweise in unserem Text S. 4 unten und S. 25 unten.

9 Während der Staat mit Recht alle Untertanen zu purer Legalität
nötigt, heißt es vom sittlichen Subjekt: „Ich darf gar nicht bloße Legalität
beabzwecken, sondern Moralität ist mein Endzweck: und ich kann nicht
auf die erstere allein ausgehen, ohne auf die letztere Verzicht zu thun,

welches pflichtwidrig ist." (SL 98, WW IV, S. 284). Vgl. auch SL 98, WW IV, S. 232 f., 240, 275 f., 278.

10 NR I, S. 46 = WW III, S. 50 = Ak.-Ausg. I, 3, S. 356. Vgl. zu dieser schwierigen Problematik unten die Anm. zu S. 9 des Textes. In § 7 von NR I hat Fichte über den Gültigkeitsmodus des Rechtes anderes gesagt, hat das Rechtsgesetz als einen eigentlich bloß hypothetischen Imperativ gekennzeichnet.

11 Vgl. Beitrag, S. 101 f. = WW VI, S. 102 = Ak.-Ausg. I, 1, S. 253; Bestimmung des Gelehrten (1794), S. 33 f. = WW VI, S. 306 = Ak.-Ausg. I, 3, S. 37; NR I, S. 178 = WW III, S. 148 = Ak.-Ausg. I, 3, S. 432; SL 98, WW IV, S. 253.

12 SL 98, WW IV, S. 237 f.

13 Diesen Gedanken nachzuvollziehen macht Schwierigkeiten. Er scheint die Vorstellung nahezulegen, das sittliche Subjekt sei eine ferngesteuerte fensterlose Monade, die durch die Begegnung mit dem konkreten Mitmenschen in ihrer Entwicklung qualitativ nichts hinzugewinnen könne und die nie in die Entscheidungssituation ethischer Konflikte gerate. Das aber scheint wiederum dem Grundgedanken gegenseitiger Versittlichung in personaler Vervollkommnungsgemeinschaft, wie er für Fichtes Ethik konstitutiv ist (vgl. z. B. SL 1812, WW XI, S. 72 ff., 79 f., 85), zu widersprechen. Vgl. dazu auch die Kritik bei Hansjürgen Verweyen, ‚Recht und Sittlichkeit in J. G. Fichtes Gesellschaftslehre‘, Freiburg/München 1975, S. 273 f.

14 NR I, WW III, S. 10 f. = Ak.-Ausg. I, 3, S. 320 ff. und WW III, S. 88 = Ak.-Ausg. I, 3, S. 386. SL 98, WW IV, S. 237 f., 300 f. Vgl. dazu Schottky, Untersuchungen, a.a.O., S. 347 ff.

15 Er faßt das einmal sogar in die sehr mißverständliche Formulierung, es gebe für das Individuum neben dem „Bürgerrecht", also dem Recht, das dem Einzelnen als einem Mitglied der Rechtsgemeinschaft bzw. des Staates zukommt, noch „ein rein menschliches Recht" (S. 140). In SL 98 hatte Fichte dem Staat (in ausdrücklichem Gegensatz zum Privatmann) die Tötung des Schwerverbrechers noch als „Sicherungsmittel" unter bestimmten Umständen gestatten wollen (WW IV, S. 279 f.).

16 Vgl. ‚Reden‘, WW VII, S. 467, und ‚Machiavell‘, WW XI, S. 427 (= Ausgabe Schulz, S. 22 f.). Zu dem problematischen Verhältnis zwischen Ethik, Völkerrecht und Machtpolitik bei Fichte vgl. Schottky, ‚Internationale Beziehungen als ethisches und juridisches Problem bei Fichte‘ in: Klaus Hammacher (Hrsg.), ‚Der transzendentale Gedanke‘, Hamburg 1980.

17 Vgl. dazu Hans Hirsch, „Einleitung" zu Fichtes ‚Der geschloßne Handelsstaat‘, Phil. Bibl. Nr. 316, Hamburg 1979, S. 33*—42*.

18 Es geschieht dies vor allem durch Einführung eines „Landesgeldes", das außerhalb des Staates vollkommen wertlos ist und dessen Wert die Regierung durch Regelung der Geldmenge absolut stabil hält (S. 84—93).

Vollkommene Abschaffung des Außenhandels, wie noch in GH, fordert
Fichte 1812 nicht mehr; das Außenhandelsmonopol des Staates scheint
ihm nun hinreichend (S. 102— 105).

19 Vgl. H. Hirsch, Einleitung zu GH, a.a.O., S. 17*—30*. Hirsch weist
darauf hin, daß Fichte in GH und RL 1812 „eines der frühesten und für
lange Zeit ... das theoretisch-logisch am gründlichsten ausgearbeitete
Modell einer sozialistischen Planwirtschaft" vorgelegt hat (a.a.O., S. 10*),
in dem „das Problem der Rangordnung des Bedarfs" und das Problem der
„Koordination der Produktionstätigkeit innerhalb einer Gesamtwirtschaft"
auf viel höherem wirtschaftstheoretischem Niveau erfaßt und verarbeitet
sind als z. B. in den sozialistischen Entwürfen von Saint-Simon und Marx
(a.a.O., S. 29*).

20 Vgl. Schottky, Untersuchungen, a.a.O., S. 172 ff.

21 Zu den höchst problematischen Folgen derartiger vertragsrechtlicher
Prinzipien für die Rechtssicherheit vgl. Hirsch, Einleitung zu GH, a.a.O.,
S. 59* und S. 75* f. (Anm. 97).

22 Merkwürdigerweise machen sich in Fichtes Erörterungen von Kapital, Zins und Lohnarbeit dann aber doch wieder Vorstellungen bemerkbar, die mit der radikalen Durchführung des Gleichheitsprinzips nicht vereinbar scheinen. Da ist z. B. von Leuten die Rede, die über größere Mengen gesparten Metallgeldes oder Landesgeldes verfügen, es einem Privatunternehmer zur Auswertung einer neuen Erfindung leihen und dann,
mit diesem zusammen, einige Jahre lang ungewöhnlich große Gewinne
machen können (S. 97 f., 100, vgl. auch S. 106 f.). Hier bleibt unklar, wo
das erste Privatkapital in Fichtes Wirtschaftsmodell seinen Ursprung haben
soll, und ebenso unklar, wie die Sondergewinne der unternehmenden
Fortschritts-Pioniere mit dem Grundsatz zusammenpassen sollen, daß bei
Kauf und Verkauf der Preis immer gleich dem absoluten Wert der Ware
sein muß (S. 29, 32, 40). — Zu der bedenklichen Rolle, die in Fichtes
Rechtsphilosophie das Gleichheitsprinzip spielt, vgl. H. Hirsch, Einleitung
zu GH, a.a.O., S. 56* f.

23 Zum Unterhalt für die Arbeitszeit rechnet Fichte wohl stillschwei-
gend den Unterhalt auch für diejenigen Stunden, die der puren Regene-
ration der Arbeitskraft (z. B. durch Schlaf) gewidmet sind.

24 Fichtes Vorstellung von angesammelten Geldkapitalien privater
Wirtschaftssubjekte (vgl. oben Anm. 21) steht allerdings wohl in logischer
Spannung zu der oben formulierten Verteilungsregel. — Der weiteren Ent-
faltung der Wert- und Preislehre bei Fichte zu folgen, ist hier nicht mög-
lich. Vgl. die sachkundige Analyse dieser wie anderer Teile von Fichtes
Wirtschaftstheorie bei H. Hirsch, Einleitung zu GH, a.a.O., S. 33*—42*.
Hirsch bezieht die neuen Gedanken der RL 1812 in seine Erörterungen
mit ein.

25 Der Sache nach ist dieser Begriff schon hier impliziert, vgl. auch

S. 21. Der Terminus findet sich erst in Fichtes „Staatslehre" von 1813, vgl. z. B. WW IV, S. 442.

26 Zur Problematik des hiermit zusammenhängenden Gedankens, die rechtliche „Form" beweise noch gar nichts für die Rechtlichkeit eines Staates (S. 50), vgl. die Anm. zu S. 50, Z. 33, des Fichtetextes.

27 „Beitrag", S. 73—78, 165—185 (= WW VI, S. 86—89, 136—147 = Ak.-Ausg. I, 1, S. 241 ff., 282—290).

28 NR I, S. 94 (= WW III, S. 85 = AK.-Ausg. I,3, S. 383).

29 NR II, S. 30 = WW III, S. 212 = Ak.-Ausg. I, 4, S. 22; vgl. unten RL 1812, S. 37 und 41, wo aber die in NR II so auffällige Überordnung des Zweckes Selbsterhaltung über alle anderen Zwecke (jedenfalls vom juridischen Gesichtspunkt aus) sorgfältig vermieden ist. — Vgl., auch zu der in den nächsten Sätzen dargestellten Problematik, Schottky, Untersuchungen, a.a.O., S. 168—176. Vgl. auch die thematisch zugehörigen Überlegungen in Karl Hahn, ‚Staat, Erziehung und Wissenschaft bei J. G. Fichte‘, München 1969, S. 110—115, 117.

30 Vgl. die Kritik an Fichtes Problemlösung vermittels der „Muße" bei H. Hirsch, Einleitung zu GH, a.a.O., S. 46* ff., wo Fichtes Gedankengang auch zu der gegenwärtig unter dem Stichwort „Freizeitgesellschaft" diskutierten Problematik in Beziehung gesetzt wird. Vgl. weiter Darstellung und Kritik bei Verweyen, Recht und Sittlichkeit, a.a.O., S. 265 ff.

31 J. J. Rousseau, ‚Du contrat social‘, Buch I, 6. und 7. Kapitel; Buch II, 3. und 4. Kapitel. Vgl. dazu Schottky, „Unteruchungen", a.a.O., S. 76—88, 303—306. — J. G. Fichte, NR I, S. 123 ff. (= WW III, S. 106 f. = Ak.-Ausg. I, 3, S. 400 f.).

32 NR I, Einleitung III, WW III, S. 15 f. (= Ak.-Ausg. I,3, S. 327 f.); NR I, S. 124 f. (= WW III, S. 107 = Ak.-Ausg. I, 3, S. 401); NR I, S. 179—200 (= WW III, S. 150—166 = Ak.-Ausg. I,3, S. 432—444).

33 NR I, S. 223 (= WW III, S. 182 = Ak.-Ausg. I,3, S. 457); vgl. auch NR I, S. 201—227 (= WW III, S. 166—185 = Ak.-Ausg. I,3, S. 444—459). Zum gesamten Verfassungs-Problem in NR vgl. Schottky, Untersuchungen, a.a.O., S. 159—163, 176—191.

34 Allerdings wiederholt Fichte in der Auseinandersetzung mit der von ihm selbst 1796 entworfenen Ephorats-Verfassung den Satz, „daß das Urteil des Volkes formaliter recht sei, eben weil es keine höhern Richter giebt . . ." (S. 153). Aber das wirkt sich jetzt in der konkreten Entfaltung der Verfassungskonstruktion nicht mehr aus; es ist nur noch folgenloser Nachklang eines älteren Vorstellungszusammenhanges — symptomatisch freilich dafür, daß sich Fichtes politisches Denken 1812 in einem spannungsreichen Übergangsstadium befindet, in dem noch nicht alle inneren Konflikte zwischen alten und neuen Gedankenmassen bereinigt sind.

35 Die Frage, ob die Souveränität bei der Einzelperson oder einer kleinen Personengruppe, einer „Auswahl der Weisesten" (S. 153), liegen soll,

läßt Fichte offen. — Die Denkfigur einer „ursprünglichen Volkssouveränität", die dann von der Volksgesamtheit *endgültig* an eine herrschende Person oder ein herrschendes Gremium „veräußert" wird, so daß der damit konstituierte Zustand sich von ursprünglicher Herrschersouveränität politisch nicht mehr unterscheidet, findet sich schon in der naturrechtlichen Staatstheorie seit dem 16. Jahrhundert, z. B. bei Jean Bodin und Samuel von Pufendorf.

36 Vgl. Schottky, Die staatsphilosophische Vertragstheorie als Theorie der Legitimation, a.a.O., S. 102.

37 Dieser nächste Schritt, auf dessen Problematik einzugehen hier nicht der Ort ist, dokumentiert sich in: ‚Staatslehre' (WW IV); ‚Aus dem Entwurf einer politischen Schrift im Jahre 1813' (WW VII); ‚Exkurse zur Staatslehre, 1813' (WW VII). Vgl. dazu Verweyen, Recht und Sittlichkeit, a.a.O., S. 270—310.

Bibliographische Hinweise

Weber, Marianne, Fichtes Sozialismus und sein Verhältnis zur Marx'schen Doktrin. Tübingen 1900 (^{2}1925).

Metzger, Wilhelm, Gesellschaft, Recht und Staat in der Ethik des Deutschen Idealismus. Aus dem Nachlaß hrsg. von Ernst Bergmann, Heidelberg 1917.

Medicus, Fritz, J. G. Fichte als Anhänger und als Kritiker des Völkerbundgedankens. In: Zeitschrift für Völkerrecht 11, 1919.

Ahlgrimm, Elisabeth, Kultur und Staat bei Fichte. Inaugural-Dissertation, Gießen 1921.

Rickert, Heinrich, Die philosophischen Grundlagen von Fichtes Sozialismus. In: Logos XI, 1922/23.

Wallner, Nico, Fichte als politischer Denker. Werden und Wesen seiner Gedanken über den Staat. Halle 1926.

Léon, Xavier, Fichte et son temps, Tome II, deuxième partie. Paris 1927.

Walz, Gustav Adolf, Die Staatsidee des Rationalismus und der Romantik und die Staatsphilosophie Fichtes. Zugleich ein Versuch zur Grundlegung einer allgemeinen Sozialmorphologie. Habilitationsschrift Tübingen 1928. Berlin 1928.

Sauter, Joh., Staat und Wirtschaft in den großen Systemen des Idealismus. In: Blätter für Deutsche Philosophie, Bd. 2, Berlin 1928/29.

Wundt, Max, Fichte-Forschungen. Stuttgart 1929.

Larenz, Karl, Die Rechts- und Staatsphilosophie des Deutschen Idealismus und ihre Gegenwartsbedeutung. München und Berlin 1933.

Österreich, Heinrich, Freiheitsidee und Rechtsbegriff in der Philosophie von Johann Gottlieb Fichte. Beitrag zur Rechtsphilosophie des transzendentalen Idealismus. Inaugural-Dissertation, Göttingen 1935. Jena 1935.

Rickert, Heinrich, Die allgemeinen Grundlagen der Politik Fichtes. In: Zeitschrift für deutsche Kulturphilosophie. Neue Folge des ‚Logos‘, IV. Bd. I, Tübingen 1937.

Bothe, Margarete, Das Verhältnis von Moral und Politik bei Kant, Herder, Fichte und Hegel. Inaugural-Dissertation, Leipzig 1944. Weida in Thüringen, 1944.

Klein, Werner, Fichtes Staatstheorie und seine sozialen Ideen. Inaugural-Dissertation, Hamburg 1945.

Vlachos, G., Fédéralisme et Raison d'État dans la pensée internationale de Fichte. Paris 1948.

Klenner, Hermann, Das Recht auf Arbeit bei Johann Gottlieb Fichte. In: Festschrift für Erwin Jacobi, Berlin 1957.

Zahn, Manfred, Einleitung zu Johann Gottlieb Fichte, Grundlage des Naturrechts nach Principien der Wissenschaftslehre. Phil. Bibl. Bd. 256, Hamburg 1960 (^{2}1967).

Lauth, Reinhard, Le problème de l'interpersonnalité chez J. G. Fichte. In: Archives de Philosophie, T. XXV, Cah. III—IV, Paris 1962.

Schottky, Richard, Untersuchungen zur Geschichte der staatsphilosophischen Vertragstheorie im 17. und 18. Jahrhundert (Hobbes — Locke — Rousseau — Fichte). Inaugural-Dissertation, München 1962.

Baumgartner, Hans Michael und Jacobs, Wilhelm G., Fichte-Bibliographie. Stuttgart-Bad Cannstatt 1968.

Hahn, Karl, Staat, Erziehung und Wissenschaft bei J. G. Fichte. Inaugural-Dissertation, München 1968. München 1969.

Batscha, Zwi, Gesellschaft und Staat in der politischen Philosophie Fichtes. Frankfurt am Main 1970.

Sherover, Charles M., Introduction to J. G. Fichte, The Science of Rights. New York, Evanston 1970.

Gueroult, Martial, La doctrine fichtéenne du droit (Grundlage des Naturrechts, Rechtslehre 1812, Reden an die deutsche Nation). In: Revue de Théologie et Philosophie 21, 1971.

Verweyen, Hansjürgen, Recht und Sittlichkeit in J. G. Fichtes Gesellschaftslehre. Habilitationsschrift München 1973. Freiburg/München 1975.

Schottky, Richard, Die staatsphilosophische Vertragstheorie als Theorie der Legitimation des Staates. In: Politische Vierteljahresschrift, Sonderheft 7/1976.

Hirsch, Hans, Einleitung zu J. G. Fichte, Der geschloßne Handelsstaat. Phil. Bibl. Bd. 316, Hamburg 1979.

Schottky, Richard, Internationale Beziehungen als ethisches und juridisches Problem bei Fichte. In: Klaus Hammacher (Hrsg.), Der transzendentale Gedanke, Hamburg 1980.

JOHANN GOTTLIEB FICHTE

Rechtslehre

Rechtslehre

[Erster Teil.]
[Begriff des Rechtsverhältnisses]

[Wir haben zuerst zu reden] Über den Vortrag. [der Rechts- 2.495
lehre: er ist] Rein a n a l y t i s c h , [entwickelnd] eine [1]) Eine feste
Grundlage, des Begriffs [2]) des Rechtsverhältnisses. In ihm [muß]
alles enthalten sein.

[Hierbei ist zu merken]: 1) [die] Methode; 2) ist [diese] sehr
leicht, jedennoch übend. 3) i n d i e s e m B e g r i f f e [müssen
wir] u n s f e s t s t e l l e n , um so mehr, da ja die Analyse hier nur
bis zu gewissen Grenzen fortgeführt wird, und wir die Kunst, sie
ferner zu machen [3]), hier erhalten sollen.

— Ueber die beabsichtigte Vorlesung hinaus nach U e b u n g
in der Philosophie überhaupt [4]).

Vorerinnerungen.

1) Die Rechtslehre ist eine reine wahrhaftige Wissenschaft.

2) Einer solchen liegt zu Grunde ein absolut sich selbst
machender Gedanke des Grundes eines gewissen Phänomens. *
(Soweit wir [in der Einleitung] damals die Sache sahen; die Ableitung wird sich finden.) Die Erscheinungen sind [wir sagten:
für den empirischen Blick sind die Erscheinungen und er spricht
sich aus, das und] das i s t: der wissenschaftliche Blick [dagegen]
sieht es aber, [sieht das, was dem empirischen Blicke schlechthin
ist, werden] aus seinem Grunde, nach dem Gesetze desselben, ist
wissenschaftlicher Blick. M e r k e n : Nothwendigkeit einer Voraussetzung, daraus faktisch [4]). [Er sieht nie das Sein, sondern nur
das Werden].

3) Hier treten [nun zwei] entgegengesetzte Fälle [ein]: [ein-
mal,] das Phänomen i s t, [auch] ohne den Gedanken der Noth-

---

[1]) Druck: die [2]) Druck: den Begriff [3]) Druck statt dessen: sie selbständig
fortzusetzen [4]) Fehlt im Druck

wendigkeit; diese wird erst nachher eingesehen: es ist eben schlechthin [5]) [und] unmittelbar ein Gesetz des faktischen Seins [, ein] Naturgesetz.

4) [Oder] das in dem Gesetze ausgesagte Phänomen i s t gar nicht, sondern es soll erst durch die Freiheit hervorgebracht werden. Wenn es sein wird, — [so wird man] f i n d e n, [und] sagen k ö n n e n, [es sei] durch das Gesetz, aber nicht ohne [diesen] Zusatz, [es sei durch das Gesetz] vermittelst eines freien Entschlusses. Darum: a) [es ist dies] eigentlich [6]) [ein] Gesetz unmittelbar an die Freiheit: das zu einem Phänomen wird nur durch sie, nicht durch die Natur. b) Freiheit handelt immer mit klarem Bewußtsein und nach einem Zweckbegriffe. Die Freiheit durch welche ʊ [jenes Gesetz zu einem Phänomen werden soll,] muß darum jenes Gesetz vor ʊ [dem Entschlusse] erkannt haben. [Also] Erkenntnis des Gesetzes geht dem Phänomen vorher [7]). Dort [In dem ersten Falle war es] nicht so, sondern umgekehrt [; das Phänomen war, und an dem seienden Phänomen entwickelte sich die Einsicht des Gesetzes; dort ein Naturgesetz, das dagegen, welches wir jetzt fanden, ist ein] Praktisches Gesetz: das praktische Bewußtsein [aber] ist ein wissenschaftliches [, denn es läßt das Phänomen aus dem erkannten Gesetze folgen. Dies] Scharf [zu fassen.]

5) Praktisches: [das praktische Gesetz ist ein] doppelt[es]: [a) es gebietet] u n b e d i n g t, und k a t e g o r i s c h (das sittliche). [b) es gebietet] b e d i n g t: wenn man diesen [und diesen] Zweck hat, so muß man so [und so] handeln; p r a g m a t i s c h. Wer gelehrt oder wissenschaftlich werden will ʊ [muß sich anstrengen;] wer ein festes Haus bauen will ʊ [muß einen festen Grund legen, d. i.] Man kann zum Phänomen, das man sich beliebig als Zweck setzen kann, und das nur durch Freiheit möglich ist, nur durch ein solches Handeln kommen.

6) [Zu welcher von diesen Klassen gehört nun] Das Rechtsgesetz — dies: [als] bestimmender Grund eines Phänomens. — Ich sage es paßt unter keine der beiden Klassen. [es ist weder ein Naturgesetz, noch ein Sittengesetz. Sein] Phänomen [ist]: Ein

---

[5]) Druck: schlechtweg   [6]) Fehlt im Druck   [7]) Druck: voran

solches Zusammenleben mehrerer freier Wesen, in welcher alle
frei *n* [sein sollen]; keines Freiheit die irgend eines andern stören *
kann. [Ich frage:] I s t   e s [dieses Phänomen]   d u r c h [ein]
ä u ß[eres] N a t u r g e s e t z [? Antwort:] Zum Teil [ja]: [Es ist
Naturgesetz, daß] keiner in den andern hineindenken, keiner durch
seinen Willen die Gliedmaßen eines andern regen [kann]. Dies
[Gesetz ist Allen gegeben] durch ihr [bloßes faktisches] S e i n 2.497
[, und insofern ist das aufgestellte Phänomen nach einem Naturgesetze.] Dann [aber wieder] n i c h t. [Nämlich] diesseits des
freien Entschlusses: [das Naturgesetz hindert nicht, daß sie] sich
angreifen, sich mittelbar, [oder] unmittelbar hindern. [Ja] grade
umgekehrt: das Naturgesetz ist ein Widerstreit der Freiheit in's
Unendliche. [Also] Rechtsverfassung ist kein Phänomen [der
Art], wie Ruhe oder Fall[8]) der Körper.   *

Es ist [aber] nicht[9]) ein Gesetz an die F r e i h e i t. [Denn]
dieses[10]) richtet sich in einem unmittelbaren Bewußtsein an dieselbe, und dieses ist immer ein i n d i v i d u e l l e s Gebot für einzelne. Nun kann kein einzelner das Gesetz einführen, denn es ist
eins für alle. Alle müssen ihre natürliche Freiheit beschränken,
falls *n* [keiner die Freiheit des andern stören soll;] Alle in einem
Schlage: alle auf die [ge]geb[ene] genau bestimmte, einzig recht- *
liche Weise. Wie sollte das Gesetz jemals auf diese Weise im
gemeinsamen Bewußtsein aller durchbrechen.

Es läßt sich sonach gar nicht einsehen, wer das Gesetz ausführen solle.

[Lassen Sie es uns noch] Anders [betrachten]. [Wir haben es
hier zu tun mit einer] K r a f t. [Diese kann eine zwiefache sein.
Sie ist entweder] N a t u r k r a f t [d. i. eine solche,] die überhaupt
i s t nur unter ihrem Gesetze, und nur unter ihm handelt ([die]
durch und durch gesetzmäßig [ist]: ihr Sein und ihre Gesetzmäßigkeit [sind] Eins.) [oder sie ist eine] F r e i e [Kraft, d. i. eine *
Kraft, die] an sich g e s e t z l o s: und nur durch sich selbst unter
dem Gesetze [ist]: durch sich selbst, d. i. mit Bewußtsein: [also
deren Gesetze] Gesetze unmittelbaren Bewußtsein[s sind. Nun

---

⁸) Druck: Fallen   ⁹) Druck: eben so wenig   ¹⁰) Druck: ein solches

haben wir hier ein Gesetz:] Was der E i n e kann, das solle [der
Andre auch können.] Hierin nicht [11]) Natur[gesetz]; drum [ein
Gesetz an die] Freiheit ⁊⁊ [aber es ist] nicht [ein Gesetz an die]
einzelne Freiheit, sondern aller. Wie nun diese das Gesetz [zu-
gleich einsehen und befolgen sollen,] ist [12]) unbegreiflich. [Es]
Scheint [dies] auf eine Vereinigung der Natur und der Freiheit,
im Fortgange der Geschichte und Bildung schließen zu lassen?
Kurz: das Mittelglied [zwischen beiden zu sein. Wir wollen indessen jetzt] die Frage liegen lassen. (Es werden zum Schlusse
sich noch interessante Betrachtungen darüber anstellen lassen.)
2.498 Es ist aber notwendig, daß man es wisse. Die Verkennung
dieses Satzes hat der Rechtslehre auch bedeutende Nachteile gebracht. Wir werden auf die Spuren [davon] stoßen.

[Also] diese Frage [noch] liegen gelassen, [und nur das] Resultat [festgehalten]: die Rechtslehre ist kein Teil der Naturlehre
(dafür ist sie [auch] nie gehalten worden. Eine Verwirrung <?>
jedoch sogleich). Sie ist [aber auch ferner] kein Teil der Sitten-
* lehre, kein praktisches Gesetz. Damit ist sie verwechselt worden
bis auf m i c h. [Man hat deshalb sie gegründet auf die bekannten
Grundsätze:] Neminem laede, suum cuique tribue. Quod tibi fieri
non vis, alteri non feceris. Die Maxime deines [13]) Willens Prinzip
einer allgemeinen Gesetzgebung sein zu können. Besonders [hat
* man] seit K a n t sich [wieder] geplagt. Meine Rechtslehre [war]
früher denn die Kantische. Zum ewigen Frieden. Das Buch
selbst [14]): gute Einleitung, übrigens alte Hefte ohne Klarheit.
[Die Rechtslehre ist] kein Kapitel aus der Sittenlehre. — Es ist
wahr, du sollst das Recht wollen; du sollst von deiner Seite es
nicht verletzen, gerecht sein. Aber was heißt das? Zum Teil:
[du sollst] keinen an Leib und Leben angreifen: aber [wie verhält es sich] in den Dingen der [15]) Wirkungssphäre? [Soll man]
nur dulden, weichen, nachgeben wie einige es genommen haben?
Dadurch entsteht eben Unrecht. Also [in dieser Annahme ist]
1) Einseitigkeit, und Einmischungen [sittlicher Prinzipien], 2) [ist

---

[11]) Druck: Dies ist kein   [12]) Druck: scheint   [13]) Druck: des   [14]) Druck:
Seine eigene Rechtslehre ist eine   [15]) Druck: in der Dir eignen

dadurch] eine wichtige und bedeutende Form des Wissens ganz
übergangen: und dadurch das Urteil in den den Menschen so
nahe liegenden Gegenständen verwirrt.

[Man hat auch gesprochen von einem] N a t u r r e c h t. 1) Ent-
gegenstehend [16]) dem durch faktische Übereinkunft, Vertrag, oder
auch durch die willkürliche Gewalt des Gesetzgebers [festgesetzten
Rechte, oder] dem geschriebenen Gesetze: haec lex n a t a, non
scripta. Es ist darin eine Fülle von Irrtümern. 1) Naturrecht d. i.
V e r n u n f t r e c h t, [und so] sollte es heißen. [Aber] alles Recht
gründet sich auf einen Begriff a priori, einen Gedanken schlechthin: [es ist ein] intelligibl[es]; das Wissen selbst [ist] Grund?
Ganz richtig: [und] lex nata [wären] angeborne Ideen. 2) Falsch:
die Untersuchung [17]), [als gründe sich] einiges darauf, einiges
auf Übereinkunft. — Worauf [gründet sich] denn die Übereinkunft selbst: — das vertragene und geschriebene Recht ist niemals Recht, wenn es sich nicht *u* [auf Vernunft gründet.] Alles
Recht ist reines Vernunftrecht. 3) [Man versteht auch wohl]
N a t u r noch anders, [indem man sagt,] das natürliche Gefühl
leite bis zu einem gewissen Beisammenstehen, [dieses aber] halte
in gewissen Zeiten nicht mehr vor. Da trete denn der künstliche
Staat ein, und sein Recht. — Ist wahr und hat sich gemacht. Das
alte Germanien [18]). — H o b b e s: Widerspruch [19]) [auch dem natürlichen Gefühl, behauptend] bellum omnium contra omnes [und]
nur durch Gewalt und Zwang [komme es zu einem gegenseitigen
Rechte.] Hat sich auch so gemacht. Man sehe [nur] die Südsee-
Insulaner. — [Aber] was [wollen sie] denn dabei [20]) sagen? Was
geht denn dieses Ganze dem Begriffe an, und der wissenschaftlichen Untersuchung? [Dies] ist eben die oben liegen gelassene
historische Neben-Frage. — Wir [dagegen haben es zu tun mit
einer] scharfen Analyse des Begriffs.

In dieser zeigt sich nun: durch die bloße Natur, im obigen
Sinne, ohne Kunst, und freien Willen, ohne Vertrag, kommt nie
ein rechtlicher Zustand herbei. Das Rechtsgesetz sagt aus, daß

---

[16]) Druck: es entgegensetzend   [17]) Druck: 2) ist auch die Untersuchung
falsch [18]) Druck: hat sich gezeigt im alten Germanien. [19]) Druck: widerspricht
[20]) Druck: damit

der Vertrag geschlossen werden solle, und nur wo dieser [Vertrag stattfindet], ist seine Form realisiert. — Naturrecht = rechtlicher Zustand [21]) außer dem Staate, gibt es nicht. [Alles] Recht = Staatsrecht [22]). Auch diesen Punkt über allen Zweifel erhoben zu haben, ist ein Eigentümliches unsrer Bearbeitung.

Kurz: [die Rechtslehre ist] eine Analyse des Rechtsbegriffs a priori, als eines s o l l, [also wir haben es zu tun mit] dem Inhalt dieses s o l l, ohne ausmachen zu wollen, w e r solle.

Die Form [, in welcher das Gesetz eintritt,] bleibt im s o l l, ohnerachtet [23]) keine Freiheit sich findet an die dieses Soll sich richte.

[Das stehe Ihnen] fest: [Das Rechtsgesetz ist] ein absolutes Vernunftgesetz, zufolge dessen ein Rechtszustand sein soll. —

Die Erste Frage, [die wir zu beantworten haben ist die:] ist nun ein [24]) solcher apriorischer Begriff im Systeme des Wissens, d. h. 1) nicht, haben alle diesen Begriff, in vollendeter Klarheit: haben denn alle den Begriff der Schwerkraft, oder irgend eines andern Gesetzes [im klaren Bewußtsein, und ist derselbe nicht dessen ungeachtet]? — Eine andere Frage, die uns [aber] auch nichts verschlägt, ist [die], ob er sich äußere? Allerdings, schon bei Kindern, in starken Ausbrüchen. [Man wird bei ihnen] Weit mehr Unwille [finden] über Rechtsverletzung, als über die des Vorteils. Er übt allerdings eine natürliche und unsichtbare Gewalt aus.

Sondern 2) wer zu Ende denkt muß er ihn denken? — Dies wäre nun eigentlich durch eine Deduktion auszumitteln, die in die W. L. gehört, [und die die Rechtslehre jener] mit Recht [überläßt. Denn] Jede besondere Wissenschaft geht aus von ihrem Grundgesetze, als einem Faktum woher es sei als dem letzten Grunde. So [die] Mechanik [von dem Gegebenen der Schwerkraft]. Wo dieser Grund wieder begründet wird, ist eine a n d e r e Wissenschaft (für alle W. L.) Mit Recht darum, und um der Reinheit der Wissenschaft [willen] überheben wir uns dieser Deduktion [an gegenwärtiger Stelle].

---

[21]) Druck: in dem Sinne eines rechtlichen Zustandes   [22]) Druck: ist Staatsrecht
[23]) Druck: falls auch   [24]) Druck: Giebt es nun einen

In einer Nebenbemerkung [wollen wir jedoch] den O r t [derselben] anzeigen: [also eine] Erörterung des Begriffes [geben].

1) Besteht das Faktum [25]), daß mehrere freie Wesen in einer gemeinschaftlichen, die Wirksamkeit aller fortpflanzenden Sphäre stehen. — (Nur auf diesem. [So wie diese] eine Vorbedingung nicht gesetzt [wird], fällt der Begriff weg. — Z. B. wo sie keine solche gemeinschaftliche Sphäre haben, [da kann] jeder seinem eignen Verstand und seinem eignen Willen [folgen].)

Woher dies? [26]) Das Wissen soll sich selbst begreifen, als das und das (als Erscheinung Gottes); es ist drum für sich ein sich, Ich.

[Soll es sich begreifen, so] Es muß [27]) sich begreifen als E i n s , wie es in der That [Eins] ist. Aber es muß selbst wieder begreifen sein Begreifen dieser Einheit: [Es muß] dieses [28]) [begreifen] als ein zusammenziehen [29]) des Denkens zur Einheit aus der Mannigfaltigkeit. Das Wissen muß drum, vor dem sich begreifen als Eins, und als Bedingung dieses Begreifens sich vorfinden, als ein mannigfaltiges von Ichen. Dieses Finden muß vollendet sein, [wenn es sich begreifen soll als Eins,] also [das Wissen muß sich finden] als eine geschloßne Welt, [als] ein System von Ichen. — ([Alles dieses] liegt in der Selbstanschauung und [dem] Selbstbegriffe des Wissens von sich.)

Diese Iche müssen angeschaut werden, als wirkend in einer gemeinschaftlichen W i r k u n g s s p h ä r e . — Beweis: Denn an sie, als Individuen, richtet sich das sittliche Gebot, das Bild Gottes zu realisieren. Das Gebot an jeden aber ist nur ein Teil des Einen Bildes, das alle mit g e m e i n s c h a f t l i c h e r Kraft hervorbringen sollen; das Eine Bild hängt zusammen in allen anschaubar, und ist nur zum Teil von jedem hervorzubringen. Sie [30]) haben drum notwendig ein gemeinschaftliches Objekt und Sphäre dieses Bildes des Einen Bildes durch gemeinschaftliche Kraft.

2) [Zweite] Bedingung des Rechtsbegriffes (eigentlich Folgerung). In dieser gemeinschaftlichen Sphäre kann nun die

---

[25]) Druck: Das Rechtsgesetz beruht auf dem Faktum   [26]) Druck: Woher nun aber diese gemeinschaftliche Sphäre?   [27]) Druck: muß es   [28]) Druck: diese [29]) Druck: zusammenfassen   [30]) Druck: Alle

Freiheit des Einen die des andern stören. Nur dieser Störung
soll das Rechtsgesetz abhelfen: [Giebt es] keine Möglichkeit der
Störung, [so giebt es] kein Rechtsgesetz [31]).

Ich sage; aufgestelltermaßen ist Störung, und Eingriff der
Freiheit des Einen in die des andern gar nicht denkbar. — Jedes
Freiheit geht darin auf, seinen Teil des Einen Bildes Gottes
darzustellen. Da diese Einheit ist eine organische Einheit aus
den Geboten an alle Individuen, so können diese Gebote sich
nie widersprechen, oder einen Widerstreit begründen: was dem
Einen geboten ist, ist es dem andern nicht, und umgekehrt [, was
diesem geboten ist, ist es jenem nicht]. Tut nun jeder nur das
i h m gebotne, so greift ihre [32]) Freiheit nie [33]) ineinander. Es ist
[hier] keine Störung, und es bedarf drum keines Gesetzes, die Störung aufzuheben. Es ist keine Voraussetzung dafür [34]). Die
ganze Gemeine vernünftiger Wesen unter dem Sittengesetz gedacht und mit einem [35]) Willen.

Thesis: In reiner Vernunft ist ein Rechtsgesetz nicht möglich.

Antithesis: Aber das Sittengesetz kann an das Individuum
sich wenden, erst nachdem die F r e i h e i t desselben entwickelt
ist. Die Welt der Individuen muß drum frei sein, und frei handeln, um zur Möglichkeit vom Sittengesetze ergriffen zu werden,
sich erst zu bilden. In dieser Lage [stehen sie] nicht unter dem
Sittengesetze, und da k a n n sich ihre Freiheit stören: Soll sie
sich nun nicht stören, so bedarf es in dieser Lage des Rechtsgesetzes.

Synthesis: Das Rechtsgesetz findet drum [eine] Anwendung
nur, [in]wiefern das Sittengesetz noch nicht allgemein herrscht:
und als Vorbereitung auf die Herrschaft desselben. Die a l l -
g e m e i n e (allgemeine sage ich, daß das Besondre nicht hilft,
wird sich zeigen) Herrschaft des letztern [36]) abrogirt [37]) das erste

[Also] die Bedingungen [des Rechtsgesetzes sind] 1.) Mehrheit [vernünftiger Wesen]; 2.) Gemeinschaftlichkeit der Sphäre,
und so absolute Möglichkeit der Störung. [und] 3.) daß die[se]

---

[31]) Druck: keinen Rechtsbegriff   [32]) Druck: Aller   [33]) Fehlt im Druck
[34]) Dieser Satz fehlt im Druck [35]) Druck: hat sie den einen [36]) Druck: des
Sittengesetzes [37]) Druck: beginnt ·

Störung nicht durch ein andres, und höheres Gesetz aufgehoben sei.

Die Grenzen seiner Gültigkeit.

Diese Prämissen gesetzt: [daß nämlich] mehrere freie Wesen [sind], deren Freiheit in einer gemeinschaftlichen Wirkungssphäre sich stören kann, [so] folgt das Rechtsgesetz aus . . .[38]) durch den bloßen Satz des Widerspruchs für jeden, der jenen Begriff denkt: es ist hier der Ort, es nochmals mit Klarheit zu konstruiren. Alle die gesetzten [Iche] sind frei substantialiter, * [und] nicht anders denn frei: sie sind in alle Unendlichkeit hin in allen Bedingungen ihres Lebens als frei zu denken. Dies kommt allen auf dieselbe Weise zu: ihre Freiheit soll drum in dem synthetischen Denken aller zusammen, und neben einander gedacht werden. Keines Freiheit soll drum in diesem synthetischen Begriffe die Freiheit des andern aufheben [, etwa so, daß Einer] ein 1. [frei wäre und] ein 2ter [durch seine Freiheit die] des ersten aufhebend, u. s. f. So [soll es] nicht [sein], sondern so viele auch hinzugesetzt werden, so soll dadurch [durch keinen der hinzugesetzten] die Freiheit keines der vorhergesetzten aufgehoben werden.

[Also] Rechtsbegriff [heißt] = die Denknotwendigkeit aller als frei, in der synthetischen Einheit des Begriffs aller. Das Gegenteil wäre ein Widerspruch, d. i. eine Zurücknahme des gesetzten, [und] als frei gesetzten, im Gedanken. (Machen Sie sich dies recht klar. Der Begriff ist leicht: es wäre nicht gut, wenn wir an dem bloß formal Logischen scheiterten. In der Zukunft ist es von großer Bedeutung für die helle Einsicht, die 2.503 wir beabsichtigen.) Eine solche Zurücknahme wäre ein Widerspruch, weil in dem Begriffe [der] Freiheit, wie schon oben bemerkt [wurde], in einer Zeit alle mögliche Zeit umfaßt ist. Zurücknehmen in eine künftige Zeit widerspricht dem ersten Setzen. Zusammenfassen in einen Gedanken die Freiheit mehrerer, heißt alle ihre Zukunft umfassen: weil Freiheit die Zukunft setzt: In dieser Zukunft nun wird die Freiheit ein Soll,

---

[38]) unleserlich Hs

ein P o s t u l a t : weil das Gegenteil durch die Freiheit einzelner selbst natürlicher Weise möglich ist.

(N. B. Die Form kann nicht nachgeben: [aber] die Q u a n t i t ä t muß nachgeben.) Dies ist sodann zu beachten <?>[39]), und dadurch die Analyse einzuführen [40]).

[Also] der Rechtsbegriff [wird] gefordert durch die logische Konsequenz und Wahrheit des Denkens. — Mehr nicht, und mehr als dieses einfache ist er auch nicht.

Alle sollen frei sein: [und] keiner die Freiheit des andern stören. Inwiefern [nun] das natürliche oder vernünftige Dasein schon die Grenzen [der Freiheit eines Jeden] bestimmt hat, werden durch das Rechtsgesetz diese Grenzen <?> bloß sanktioniert, und zum Gesetze gemacht auf alle Zukunft. Jeder besitzt s e i n e n Körper, den nie ein andrer mit [dem] seinigen verwechseln wird, als freies Werkzeug des [41]) Willens. Daß er [nun] durch keine fremde Einwirkung gehindert werde, dieses [42]) in aller Weise zu sein, der er kann, auf alle Zukunft hin, liegt im Rechtsgesetze: Dieses erhält bloß, und giebt unbedingte Fortdauer der Naturverfügung. Keiner soll dem andern an seinen Leib kommen, ihn hindern, oder schaden. Kurz: keine unmittelbare gewalttätige
* Berührung in irgend einer Weise [gegen irgend jemand soll sein nach dem Rechtsgesetze.]

Wo aber die Natur [die Menschen] nicht also geschieden hat, in der Sinnenwelt, als [der] fortpflanzenden Sphäre ihrer Wirksamkeit: wie soll da die mittelbare Störung vermieden werden? Antwort: durch Kunst: es müssen besondere Sphären getrennt errichtet, und jeder an eine solche besondere gewiesen werden, der alle übrigen sich enthielten. [So] Wie [es] auf dem Boden des
2.504   Sittengesetzes [heißt]: was der eine soll, soll durchaus kein andrer. So [heißt es hier]: was der eine d a r f , darf durchaus kein andrer. Jeder [müßte ausschließlich und eigentümlich] seine

---

[39]) Druck: betrachten. Die Hs könnte „denken" gelesen werden. Ein t als dritter Buchstabe ist nicht da. (Hs 2b)   [40]) Druck: zu führen   [41]) Druck: seines   [42]) Druck: freier Herr seines Körpers

Grenze [haben], innerhalb der alle andern ihn ungestört lassen sollen, ausschließlich und eigentümlich. [Eine] Sphäre seines Handelns = [welches man] Eigentum [nennt.] ([Dies ist der] Grundbegriff, der Sie gleich beim Eintritte vor einer Fülle von Irrtümern, die über diesen Begriff in Theorie, und Leben sich eingeschlichen haben, bewahrt.)

Dies [Eigentum ist geschieden] durch freie Kunst, weil die Natur nicht geschieden hat. [Das] Eigentum des Körpers [muß durch das Rechtsgesetz bloß] gesichert [werden, da es schon eine Verfügung der Natur ist, das] Eigentum einer ⁴³) Sphäre [dagegen muß] befohlen [werden,] als Bedingung [des erstern].   *

Drittes Kapitel¹).

So, wenn wir irgend ein Wesen denken, das die Gemeinschaft mehrerer freier Wesen denkt. So, muß es einsehen, soll es sein²), falls die Freiheit aller bestehen solle. Wo [aber dieses] nicht [so wäre], so werde ₂₂ G e w a l t herrschen, [und] die größere Stärke werde entscheiden.

[Dies Aufgestellte war jedoch] bloßer leerer Gedanke, [ein] Bild.

Der Rechtsbegriff soll [aber] kein leerer Gedanke bleiben, sondern verlangt seine Realisation. W i e [könnte nun der Rechtsbegriff realisiert werden?] Ich sage: wenn der Rechtsbegriff Gesetz des Willens a l l e r würde.

1. [Ich sage,] des Willens a l l e r, die neben einander frei * sein sollen. Denn wir haben schon gesehen, daß die Beschränkung der einzelnen nichts hilft; sondern schlechthin alle sich in ihre Grenze einschließen müssen, wenn die Freiheit aller, als das gemeinschaftliche Resultat hervorgehen solle.

2. Der Rechtsbegriff [soll ein] G e s e t z des Willens [aller sein. Ein] Gesetz: [d. h.] daß es schlechthin unmöglich wäre,

---

⁴³) Druck: der

¹ Fehlt im Druck. Fichte hat in der Handschrift ein 1. und 2. Kapitel nicht gekennzeichnet ²) Druck: , so muß es einsehen, daß es so sein soll,

daß einer andre v e r l e t z e n wollte [in der ihnen zugeteilten Sphäre des freien Wirkens.] Er k a n n [ihn verletzen]: das hat die Natur ihm frei gelassen: die Sterne in ihrer Bahn können nicht ɂ [in einander eingreifen und ihren Lauf beschränken;] so [aber] nicht der freie ³). Es ist eben nicht Naturgesetz. Wo liegt ihm [denn] nun das Können [? Da liegt es ihm]: weil er w o l - l e n kann! Was drum muß man ihm, da die Kraft [ihm] nicht ge- bunden ist, binden? Den Willen. Es müßte durch ein dem mecha- nischen gleiches Gesetz, das dem Willen geböte, unmöglich sein, daß einer die Rechtsverletzung wollte. (Es ist wichtig, daß Sie hier im einfachen einsehen, daß gerade dies gefordert werde durch die Gültigkeit des Rechtsbegriffes. Es wird späterhin daraus gefolgert: [und zwar] nicht etwas bekanntes, oder bis jetzt klar eingesehenes.)

3. Der Rechtsbegriff: e r allein, [und] nichts anderes wäre das [den] W i l l e n bewegende. Lediglich um des Rechts willen, und von Rechts wegen [soll gewollt werden]. Nicht Liebe, Gunst, Mitleiden, Sittlichkeit ([denn] deren Erscheinung [wird] ja gar nicht vorausgesetzt, [und] muß sorgfältig abgehalten wer- den) Begriffe von Nutzen, und allgemeinem Wohl; noch weniger Gewalt und dergl., sondern durchaus und lediglich der Rechts- begriff [soll den Willen bestimmen]. Nur von ihm ist die Rede, [und] alles übrige ⁴) [muß] sorgfältig abgehalten [werden].

4. Warum wir hierüber so strenge halten, zeigt sich sogleich durch eine wichtige Folgerung.

a) um des Rechts willen, und durchaus aus keinem andern Grunde, ist in dem gedachten Zustande der Dinge, unter der Herrschaft des Rechts, die Freiheit eines jeden unverletzlich. Die ganze Freiheit; die von der Natur indicirte ⁵) persönliche so- wohl, als die bestimmte Sphäre des ungehinderten Wirkens. Was j e d e r u n t e r d i e s e r H e r r s c h a f t an Freiheit hat, ist ihm gegeben nicht d u r c h d i e N a t u r, welche auch bloß indicirt ⁶), ihren Schutz aber dadurch, daß sie allen die Macht gegeben hat,

---

³) Druck: das freie Wesen ⁴) Druck: Andre ⁵) Druck: gegebene ⁶) Druck: welche ihn bloß gesetzt

Freiheit zu verletzen, zurückgenommen hat, s o n d e r n e r h a t
s i e d u r c h d a s R e c h t , [und] eben nur als sein Recht.

b) aber der Rechtsbegriff ist ein solcher, der von allen gedacht werden muß, die darunter begriffen sein wollen, und Anteil an ihm haben. Nur inwiefern alle sich ihm unterwerfen,
um des Rechts willen, ist ein Rechtszustand: [denn] dieser ist ein
Zustand nicht der einzelnen, sondern a l l e r . Wer drum nicht
sich demselben unterwirft, gehört nicht unter dieser a l l e r [7]):
und hat drum kein Recht, und da in diesem Zustande aller sein
Anspruch auf Freiheit ohne Ausnahme sich nur auf das Recht
gründen kann, keinen Anspruch auf Freiheit.

Nur des R e c h t s ; [Anspruch auf Freiheit hat er nur dadurch,] daß er [8]) drin [9]) begriffen wäre: aber er ist darin [9]) begriffen, nur in wiefern er selbst a l l e a n d e r n d a r i n begreift.
Recht ist nur, inwiefern der Wille aller demselben unterworfen
ist. Wer [den Willen] nicht unterwirft, ist nicht in dem a l l e r ,
und [wird] nicht unter diesen begriffen.

Also: Das Recht jedes einzelnen ist dadurch bedingt, daß er
die Rechte aller übrigen anerkennt: und außer dieser Bedingung
hat niemand ein Recht.

Rechtszustand nur durch Unterwerfung a l l e r . Wer [sich]
nicht unterwirft, gehört nicht unter a l l e und hat kein Recht [10]).

A n m e r k u n g . Hier zeigt sich nun schon [11]) die Wichtig-
keit für wissenschaftliche, d. i. klare, und bestimmte Ansicht,
daß das Rechtsgesetz vom Sittengesetze rein [12]) getrennt werde.

Es anerkennt [13]) also einer nicht das Recht? soll ich ihn denn
drum ohne Schonung als einen durchaus rechtlosen, als ein Ding,
behandeln? Wer sagt so: vielleicht ein sittliches Wesen. Er ist
[ja] denn doch [ein] Werkzeug des Sittengesetzes; jetzt [freilich
ist er] roh, aber er kann sich bilden; trage ihn, erziehe ihn. —
Alles [dieses wird er sagen] nach sittlichen Prinzipien — und
das werden wir [auch] sagen in der Sittenlehre. Hier [14]) ist das
Gesetz an mich a l l e i n gerichtet, und ist unbedingt. — [Aber]

---

[7]) Druck: diese alle   [8]) Hs: dieser   [9]) Druck: in dem Rechte   [10]) Dieser
Absatz fehlt im Druck   [11]) Fehlt im Druck   [12]) Desgl.   [13]) Druck: erkennt ... an.
[14]) Druck: Da

so nicht das Rechtsgesetz, [sondern] dies ist an a l l e gerichtet, und die Unterwerfung des Einzelnen [ist] bedingt durch die Al'er, und jedes einzelnen. Fällt die Bedingung weg, so fällt [auch] das Bedingte weg. So [verhält es sich mit] dem Recht [15]). So [16]) ich jenes tue, [ihn trage und erziehe,] so tue ich es meiner Pflicht wegen, nicht aber seines R e c h t s wegen; und davon war jetzo die Rede. (Widersprechen sich denn also Sittengesetz und Rechtsgesetz? Das letztere ignoriert das erste: das erste [dagegen] hebt das letzte auf. — Wie der Staat, der neben seiner Rechtlichkeit zugleich sittlich ist, die beiderseitigen Ansprüche zu vereinigen habe, werden wir sehen.

2.507 Das Rechtsgesetz verbindet a l l e, und die einzelnen [verbindet es] nur, inwiefern es a l l e verbunden hat. Wer nicht unter die alle gehört, durch den ist kein einzelner verbunden.

F o l g e r u n g e n.

1.) Die Rechtsverfassung umfaßt eine bestimmte, und geschlossene Gemeine von Individuen, welche als umfaßte, allen mittelbar, oder unmittelbar bekannt sein müssen, indem nur sie die in dieser Verfassung berechtigten sind.

2.) Ein Recht überhaupt wird nur durch Übernehmung der Verbindlichkeit erlangt, die Rechte der andern zu schonen [17]), und zwar lediglich bei denen, denen man sich auf diese Weise verbindet. Kein Recht drum ohne Verbindlichkeit, und umgekehrt: denn eben dadurch, daß man sich verbindet, beweist man sich, als dem R e c h t s b e g r i f f e unterworfen, welches die Bedingung ist, unter der man R e c h t e h a t. — So weit gegen die Personen die Verbindlichkeit sich erstreckt, soweit [erstreckt sich auch] das Recht. Man hat Rechte, soweit man Rechte zugesteht.

R e s u l t a t des Aufgefundenen [18]).

Einfach [19]): 1.) Das Rechtsgesetz umfaßt notwendig eine A l l h e i t. 2.) In diese Allheit gehört nur der Einzelne, der selbst seinen Willen dem Rechtsgesetze unterworfen hat.

---

[15]) Hs: das Recht   [16]) Druck: Wenn   [17]) Druck: schauen   [18]) In Hs unleserlich   [19]) Fehlt im Druck

[Die] formale Bedingung des Rechts: auf bestimmte andre [ist]: daß man die Rechte dieser bestimmten andern anerkenne, und sich ihnen, als einem Gesetze unterwerfe: dadurch werden auch sie [seinem Rechte] unterworfen.

Viertes Kapitel.

Fortsetzung der Analyse.

Was heißt das: es unterwerfen sich alle den Rechten aller, als einem Gesetze? Es liegt darin zweierlei: 1.) Der ursprüng- *
liche Streit der Freiheit muß geschieden werden. [Die Freiheit aller muß] innerhalb der Wirkung der Freiheit [so bestimmt werden, daß die Freiheit Keines mit der des Andern in Streit kommt.] Es muß drum jedem seine eigentümliche [Wirkungs-] Sphäre angewiesen werden. [Oder sein] E i g e n t u m. Jeder 2.508 einzelne erhält dieses sein Eigentum zu Recht, [als] schlechthin von allen ɔɔ [Übrigen nicht zu berührendes], dadurch daß er das Recht aller übrigen anerkennt. Wem er sich verbunden hat, der ist ihm verbunden. Außerdem, und über diese Sphäre hinaus gibt es kein Eigentumsrecht.

Wie [soll nun] diese Scheidung [realisiert werden]? Da die Natur sie nicht gemacht hat, durch Übereinkunft, Vereinigung des Willens aller, daß jeder einzelne dies [oder das] zu eigen[1]) besitzen solle. W[as] d[as] E[rste] W[äre].

Nun soll diese Übereinkunft geschehen nicht zufolge irgend eines andern Motivs (der Gewalt, [der] Klugheit, [der] Sittlichkeit, [des] Nutzens), sondern lediglich zufolge des Rechts, [oder] des Begriffs der Freiheit a l l e r. Alle haben denselbigen Rechtsanspruch. — [Nun mag] in jener Übereinkunft etwas Willkürliches sein. Es fragt sich [darum], in wie weit diese Willkür sich erstrecke, in wie weit sie aber durch das Rechtsgesetz beschränkt werde[2]).

---

1) Druck: zum Eigentum   2) Druck: werden soll?

Zur Verdeutlichung.

Übereinkunft == [ist soviel als] Vertrag: [also] hier müßte ein] Eigentumsvertrag [geschlossen werden]. Diesen[3]) verlangt das Recht überhaupt. Es könnte[4]) sein, daß er geschlossen werde: und dadurch wäre der Form des Rechts überhaupt eine Genüge getan. Wenn aber, wie wir soeben zu verstehen gaben, die Rechtsforderung nicht etwa [nur] ginge auf die F o r m d a ß [ein solcher Vertrag überhaupt geschlossen werde], sondern auch auf einen gewissen Inhalt desselben, [auf ein W i e], so könnte, obwohl die erste Bedingung erfüllt [wäre], die zweite dennoch nicht erfüllt sein. Es ist ein Eigentumsvertrag geschlossen, und das ist dem Rechte gemäß: aber er ist nicht geschlossen so, w i e er dem Rechte gemäß ist, und so ist denn das Recht durch ihn nicht realisiert.

Wir haben drum allerdings zu untersuchen, ob das Rechtsgesetz den Inhalt des Eigentumsvertrags, zufrieden, d a ß e r n u r ü b e r h a u p t s e i, der Willkür und dem Ohngefähr bloßstelle, oder über ihn etwas postuliere, und im Bejahungsfalle, was?

Sie sehen, wo die Untersuchung hinfällt. Man denke sich (wie man hypothetisch ja wohl kann;) wie es [bei der Abschließung eines solchen Vertrages] wirklich zugehen möge (diese Untersuchung habe ich dermalen ganz von mir abgeschoben): so treten diese, [die den Vertrag schließen wollen,] ohne Zweifel schon mit Besitztum (nicht Eigentum, [denn das Besitztum wird Eigentum erst im Rechtszustande]) hinzu. Ist nun der Eigentumsvertrag lediglich ein formaler, (jeder wird in seinem Besitztume bleiben wollen, und der Vertrag wird ihm nicht schädlich sein sollen) so fügt er bloß die fehlende Form des Rechts und des Eigentums [seinem Besitztume] hinzu: [und] sein Inhalt selbst[5]) [wird heißen]: jeder soll behalten als Recht, was er jetzt hat: wer [jetzt] viel [besitze, dem soll dies] Viel[e als sein Recht bleiben], und wer[6]) nichts hat[7]), soll auch in alle Ewigkeit nichts bekommen. — [Ganz] Anders [dagegen ist es], wenn der Eigentumsvertrag einen rechtlichen Inhalt mit sich bringt. Da könnte der Titel des Be-

<hr>

[3]) Druck: Einen solchen   [4]) Druck: Nun könnte es   [5]) Druck: der Inhalt des Vertrages   [6]) Druck: wer aber   [7]) Druck: besitzt,

sitzes einer Kritik unterworfen [und gefragt] werden, nicht, was besitzest du, sondern was [besitzest du] mit Recht: und eine neue *
Teilung beginnen.

Die bisherigen Rechtslehren sind sehr weit entfernt gewesen in diese Untersuchung hineinzugehen, sondern [sie] haben immer [nur] aus der ersten Voraussetzung [heraus] philosophiert (oft beschönigend, und sophistisierend und einen Rechtstitel erschleichend). Wir werden auch hier redlich verfahren! So gefährlich sind auch die Folgen nicht, besonders in unsern Zeiten, diese haben eine [alles] gleichmachende Kraft. Man kann jetzt vieles hören, weil man nichts mehr zu fürchten hat.

Also das nächste [8]) [wird] die Untersuchung über den E i g e n - t u m s v e r t r a g [sein].

Die persönliche Freiheit des Menschen ist dem Inhalte nach *
nicht ein Gegenstand des Vertragens: darüber hat die Natur uns geschieden. Aber — wohlgemerkt, nur [9]) dadurch, daß der einzelne den Rechtsvertrag überhaupt, und zuförderst den Eigentumsvertrag abschließt, erhält er jene persönliche Freiheit als R e c h t , andere [10]) verbindend, indem er nur durch diese Äußerung seines Willens in ein Rechtssystem tritt. Er hat sie drum i n d e r R e c h t s f o r m lediglich durch den Vertrag. (Ohne ihn [11]) mag seine persönliche Freiheit schonen, wer [da] will, [etwa] 2.510 aus Pflicht: von Rechts wegen [ist] keiner dazu verbunden.) Obwohl drum eine Lehre von der Freiheit des Menschen allenthalben hin [12]) in die Anthropologie gehören würde, und nicht in die Rechtslehre, so gehört doch die Lehre von den persönlichen Rechten des Menschen als solchen, inwiefern dadurch andere v e r b u n d e n werden, allerdings in die Rechtslehre: [und] auf ihr [13]) [muß das], was als Gesetz hierüber in einer rechtlichen Verfassung sein soll, [beruhen, und daraus] abgeleitet [werden]. Sie darf drum nicht fehlen. [und] Umsomehr ist ihr [in derselben] der Platz angewiesen, da durch sie eben der Inhalt des Eigentumsvertrags bestimmt wird, und sie ihm [14]) als Prämisse dient.

---

[8]) Druck: Unsere nächste Beschäftigung   [9]) Druck: und   [10]) Druck: andern sich   [11]) Druck: diesen Vertrag   [12]) Druck: überhaupt und nach allen Seiten hin [13]) Druck: sie   [14]) Druck: demselben

Drum [müssen wir sie] eben als solche [, als Prämisse des Eigentumsrechts] betrachten [und reden:] Von den persönlichen Rechten des Menschen, als Basis des Eigentumsvertrags. (Um so größere Schuld [der Rechtslehren] ist es, daß sie jene Untersuchung verabsäumten, da sie das Kapitel vom persönlichen Rechte allerdings haben, und zur Ungebühr (weil sie es als ein Kapitel aus der Moral ansehn) es ausdehnen, [wo sie] ja [15]) wohl die Verkettung desselben mit dem Eigentumsvertrage hätten sichten <?> sollen.

[Dies wäre sonach] Der Eine Hauptteil der Rechtslehre, d. i. der Analyse [16]) des als geltender vorausgesetzten Rechtsbegriffes; und was damit zusammenhängt.

II [17]).   Dadurch, daß alle die gemeinschaftliche Wirkungssphäre teilen, und sich gegenseitig versprechen, keiner den andern darin zu stören, entsteht noch kein rechtlicher Zustand. Sie erklären zwar ihren Willen, als einen rechtlichen, durch ein Zeichen: aber es sind dabei zwei Zweifel: 1.) ob die Erklärung mit der Wahrheit übereinstimme, und nicht vielmehr [18]) einer den andern nur vertrauend [19]) machen wolle, um die Sicheren mit desto größerm Vorteil zu überfallen; 2.) sodann, auch dieses abgerechnet, der Wille ist wandelbar: jetzt [ist es vielleicht] sein Ernst, [aber] nachher [20]) [kann es ihn] gereuen. Die bloße Erklärung, [daß er sich dem Rechte der Andern unterwerfe,] gibt drum kein Recht, denn sie führt überhaupt den Rechtszustand nicht ein.

Überlegen Sie [die Sache al]so: [So] Wie die Freiheit, dadurch daß sie in einem Momente gesetzt ist, von diesem Momente aus gesetzt wird für alle Zeit; eben so [wird] das Recht, welches nichts weiter ist, denn eine weitere Bestimmung der Freiheit, [für alle Zeit gesetzt, wenn es einmal gesetzt ist.] Was jetzt mir zukommt, zu irgend einer Zeit mir aber genommen werden kann, ist mein [21]) zufälliger Besitz: nicht aber [ist es] mein Recht: in diesem liegt, daß es mir nie und zu keiner Zeit genommen werden kann. Das Recht führt bei sich eine ewige Integrität [22]).

---

[15]) Druck: denn   [16]) „der Analyse" fehlt im Druck   [17]) Druck: I.   [18]) Fehlt im Druck   [19]) Druck: zutraulich   [20]) Druck: späterhin   [21]) Druck: nur   [22]) Dieser Satz ist von Fichte nachträglich eingeschoben.

Dazu bedarf es nun, daß der im Eigentumsvertrage erklärte Willen aller gesetzt werde, als ernstlich gemeint, und [als] unveränderlich: nach einem G e s e t z e , nach einer absoluten Notwendigkeit, d. i. daß es unmöglich sei, daß irgend einer einen andern wenigstens tätigen Willen habe (was er im Herzen wünscht, geht das Recht nichts an), als denjenigen, den er erklärt, und daß es ebenso unmöglich sei, daß er diesen Willen je ändere. ([Dies] ist [das] Haupterfordernis [23]), [wie] schon oben auseinander gesetzt [wurde], jetzt [24]) [aber] ex professo [gezeigt wird,] um die Prämissen der künftigen Schlüsse [dadurch] zu befestigen.)

Eine [absolute] Notwendigkeit, sage ich, und zwar eine Naturnotwendigkeit, ein Naturprinzip, also eine Macht, ist drum durch die Realisation des Rechts gesetzt. Es läßt sich [nun zwar] nicht begreifen, wie diese [25]) in den innern Willen des Menschen eingreifen könne, der ja bei jedem Individuum schlechthin frei ist: es ist [ja] aber auch nur vom tätigen, Kausalität [26]) in der Sinnenwelt habenden Willen die Rede. Jene Macht müßte drum schlechthin jeden gesetzwidrigen Willen am Ausbruche, an der Kausalität verhindern, und nur dem rechtsgemäßen Freiheit lassen. So würde das Recht aller durch ein der mechanischen Naturnotwendigkeit gleiches Gesetz gesichert sein. Wie kein[e]s [Kausalität] gegen das Naturgesetz [handeln kann], so kein [27]) Wille gegen das Rechtsgesetz.

Idee dieser Macht: sie ist durch das Wollen des Rechts (d. i. des bestimmten in dieser Gesellschaft abgeschloßnen Eigentumsvertrags) und durch das absolute Nichtwollen des Unrechts in Bewegung gesetzt: das Recht, und dieses allein, ist der Inhalt ihres Willens.

Sodann, sie muß größer sein als jede andere Macht in dieser Gesellschaft, und durchaus übermächtig. Wenn alle, einen ausgenommen, einig werden, über den Einen herzufallen, so muß sie [28]) die Unterdrückung verhindern können. Sie muß nie w o l l e n , oder sich r e g e n , außer wenn das Recht verletzt

2.512

---

[23]) Hs: Hauptvoraus-[setzung]   [24]) Druck: hier   [25]) Druck: dieselbe
[26]) Druck: von dem, tätige Causalität   [27]) Druck: keines   [28]) Druck: jene Macht

werden soll. Dann aber muß sie sogleich sich regen, und nichts
muß ihr widerstehen können.

F o l g e r u n g : nur inwiefern eine solche Macht errichtet ist,
und jeder, der zur Verbindung aufgefordert ist, klar einsieht, daß
gerade eine solche errichtet ist, kann er sich verbinden. Denn er
verbindet sich nur dem Rechte: das Recht aber ist ein ewiges,
und notwendiges, dies[e] [Verbindung] aber ist es nicht, und es [29])
ist als solches nicht zu begreifen, außer durch die beschriebne
Macht.

[Jetzt] Weiter: eine solche Macht ist nun durch die Natur
nicht da (wie sattsam gezeigt worden, denn auf die Abwesenheit
derselben gründet sich ja der ganze Rechtsbegriff in Absicht der
Möglichkeit eines Widerstreits der Freiheit). Sie müßte drum
errichtet werden durch K u n s t , nach einem Z w e c k begriffe.

Sie ist der Ausdruck des Rechtsbegriffs in einem kräftigen
Willen. Wer sie darum errichtete, müßte sich als seinen Zweck-
begriff denken das Recht, und die Einführung desselben in der
Gesellschaft.

Diesen Begriff denkt, der Voraussetzung nach, und seine
Ausführung will, die verbundne Gemeine [30]): diese sonach müßte
eine solche Macht errichten, so gewiß sie das Recht will, da dasselbe aufgezeigtermaßen nur durch eine solche Macht möglich ist.

Das Recht herrscht nur durch die beschriebne Macht.

Nun wollen alle das Recht.

Alle drum müssen [31]) wollen diese Gemeine, und müssen sie
wirklich errichten; außerdem wollen sie nicht das Recht, da sie
nicht seine unerläßliche Bedingung wollen.

Es liegen da [32]) eigentlich zwei Sätze: beide von Bedeutung:
1.) nur durch eine das Recht wollende Gemeine kann eine Macht
des Rechts, [oder] nennen wir es sogleich wie es heißt, eine
Staatsgewalt, rechtlich hervorgebracht werden; 2.) durch diese
muß sie notwendig, so gewiß sie das Recht will, hervorgebracht
werden.

2.513

---

[29]) Fehlt im Druck.   [30]) Druck: Gemeinde   [31]) Druck: Also müssen alle
[32]) Druck: darin

ad 1. [Nur durch eine, das Recht wollende Gemeine kann eine *
Staatsgewalt rechtlich hervorgebracht werden.] [Dieses] beruht
auf dem Satze: nur eine solche Gemeine kann das Recht
wollen [33]), um des Rechts willen: es [das Recht] ist ein Gemein-
begriff, der nur durch gemeinschaftliche Einsicht aller entsteht.

Man könnte dagegen [34]) sagen: und ich bereite aus gutem Bedacht schon an dieser Stelle, wo der Einfachheit halber die Sache
sich noch sehr klar machen läßt, darauf vor — auch der Einzelne
kann das Recht wollen [35]), schlechthin um des Rechts willen. Ich
antworte ja: nur nicht um s e i n e s Rechts willen; denn wenn er
zu der Einsicht des Rechts gekommen ist, und die Gewalt hat, eine
Rechtsmacht zu errichten, so hat er eben drum auch die Gewalt,
nicht nur sein Recht zu schützen, sondern sogar ein Unterdrücker
[der Rechte anderer] zu sein. Daß er das [nun] nicht ist, geschieht aus sittlichen Gründen, die da höher liegen, denn die des
Rechts [36]). Um i h r e s Rechts willen können nur alle in Vereinigung eine solche Macht wollen, weil jeder sieht, daß er nur unter
dieser Bedingung sicher ist. Der Antrieb des e i g n e n Rechts
[kann] nur in der Vereinigung [Statt finden]. Wenn eine Ober-
gewalt auf die erste Weise entsteht, durch einen natürlichen Übermächtigen, so wird immer, wenn auch die Materie des Rechts rein
heraustritt, dennoch gegen die Form des Rechts gefehlt, indem
einige wider ihren Willen, und ohne ihre Einsicht g e z w u n g e n
werden, in den rechtlichen Zustand sich zu begeben. Sie werden
genötigt, nach dem Gesetze frei zu werden. Soll nun dieser
Zwang nicht eintreten, so müssen eben alle ohne Ausnahme das
Recht, und um dessen willen eine Staatsgewalt wollen. Der Sinn
unsrer Behauptung ist drum der: der Form des Rechts gemäß
kann die Staatsgewalt nur durch alle errichtet werden. Die Errichtung derselben durch einen oder Mehrere bedarf höherer, d. i.
sittlicher Prinzipien zu ihrer Erklärung, mit denen wir es hier
nicht zu tun haben. <Späterer Zusatz:> Wenn alle nur durch 2.514
d a s R e c h t verbunden sein sollen, können nur alle diese Macht

---

[33]) Druck: daß nur ... wollen könne [34]) Fehlt im Druck. [35]) Im Druck
folgt: oder auch mehrere. Fichte hat im Ms. ein Einschiebsel von etwa vier Worten
gemacht, das etwa heißt: oder ... nicht alle. [36]) Druck: denn das Recht.

errichten. Außerdem sind einige [nur] durch Zwang, Furcht,
usw. verbunden. Wie eben gesagt [ist].

[Ad] 2. Diese ist notwendig *u* [Durch eine solche Gemeinde, die das Recht will, muß eine solche Staatsgewalt notwendig, so gewiß sie das Recht will, hervorgebracht werden.
Dieser Satz] ist an sich klar, und [schon] erwiesen. Die Macht
ist d i e B e d i n g u n g des Rechts. Ich stelle ihn nur auf um
einer wichtigen Folgerung willen.

Wodurch beweist [nun] ein Individuum seine Rechtlichkeit,
und wird der Rechte überhaupt empfänglich: [wird] ein Rechtssubjekt? [Wir haben] vorläufig [gesagt:] durch Abschließung
des Eigentumsvertrags. Aber die bloße Deklaration des Willens [die Freiheit der Andern anzuerkennen,] sichert nicht das
Recht. [Es wird dazu erfordert, daß] jeder [37]) sichs unmöglich
mache, einen andern Willen zu haben [, als den bei Abschließung
des Eigentumsvertrages erklärten.] Diese Unmöglichkeit [der
Änderung des Willens] entsteht erst durch die Errichtung der
Staatsgewalt. Also nicht durch Deklaration, [daß man seinen
Willen in Hinsicht der Freiheit der Übrigen beschränken wolle,
wird ein Rechtssubjekt; denn] dieser Wille ist nicht unwandel-
bar, wenigstens müssen nicht alle von seiner Unwandelbarkeit
notwendig überzeugt sein. Sodann, wenn einmal ein übermäch-
tiger Wille besteht, der allein das Recht will, wird dieser wohl
selbst die Deklaration des Eigentums übernehmen, und jeden
in seine Grenzen [einsetzen. Also er wird ein Rechtssubjekt
auch] nicht durch [die] Unterwerfung unter diese Macht; [denn]
wenn sie [38]) nur mächtig genug ist, wie sie [es sein] soll, [so] wird
sie ohne Zweifel jeden durch sich selbst unterwerfen, und der
freie Wille der Einzelnen [wird] dabei nicht gefragt werden —
wohl aber [wird Jeder gefragt werden] in dem Beitrage eines
jeden zur Errichtung einer solchen Macht. Dieser Beitrag ist
der einzige unzweideutige Willensakt, daß er nur nach dem
Recht leben wolle, indem er die Vernichtung j e d e r Möglichkeit
jedes andern Willens ist durch eigne Tätigkeit: die Selbstver-

---

[37]) Hs.: Jeder muß   [38]) Druck: dieselbe

nichtung der Möglichkeit eines ungerechten Willens, [und] die gänzliche Ausrottung desselben. [Also:]

S a t z : Nur durch seinen Beitrag zur Errichtung einer Staatsgewalt zeigt sich jemand unwidersprechlich als ein rechtliches Subjekt, und erhält Rechte, des Eigentums sowohl, als seine persönlichen. Diese Leistung dieses Beitrags allein ist die Rechtszueignung. Ohne ihn [39]) ist, auf dem bloßen Gebiete der Rechtslehre jedweder rechtslos.

Natürlich müssen a l l e , die sich zum Rechte vereinigen, diesen Beitrag leisten, [und] indem alle auf dieselbe Weise und aus dem gleichen Grunde das Recht wollen, [ihn] auf die gleiche Weise leisten. Die Staatsgewalt entsteht sonach durch einen Vertrag aller, der nicht, so wie der Eigentumsvertrag, ein Vertrag bloßer Unterlassung, sondern ein positiver Leistungsvertrag ist. Jeder verpfändet einen Teil seiner Freiheit, um die übrige als ein Recht zu erhalten, und erhält sie [40]) als solches [41]), nur [42]) durch jene Verpfändung. [Also] der Staatsbürgervertrag [ist] die eigentliche letzte und vollendete Bedingung der Rechtsfähigkeit.

Außer dem Staate ist kein Recht. Niemand hat Recht, denn ein Staatsbürger; ein Staatsbürger aber ist nur der, der seinen Beitrag zur Errichtung der Staatsgewalt leistet. (Es gibt [also] kein Naturrecht, sondern nur ein Staatsrecht.)

Wir hätten drum zu sprechen in einem zweiten Teile von d e m S t a a t s b ü r g e r v e r t r a g e .

Es versteht sich, daß diesen beiden Untersuchungen [vom Eigentumsvertrage und vom Staatsbürgervertrage] eine [43]) über den V e r t r a g überhaupt und über dessen Verhältnisse zum Rechte vorhergehen muß. (Die Lehre von den Verträgen und der Verbindlichkeit derselben auf dem Gebiete des Rechts [oder] eigentlich, der Quelle der Verbindlichkeit aus den Verträgen [ist oft] streitig geworden, und es verdient [44]) eines sehr bestimmten Aussprechens der Wissenschaft hierüber, deren [45]) Prämissen freilich in dem Bisherigen schon liegen.)

2.516

---

[39]) Druck: diese [40]) Druck: diese seine Freiheit [41]) Druck: Recht [42]) Druck: und [43]) Druck: die [44]) Druck: bedarf [45]) Druck: wozu die

Die Unterabteilungen, besonders in der Lehre vom Staatsbürgervertrage, werden sich an Ort, und Stelle ergeben.

S c h l u ß a n m e r k u n g: In dem letzten Satze: Recht erhält
jemand nur dadurch, daß er den Staat [46]) mit errichtet, und es
giebt gar keinen bestimmten Rechtsgrund denn diesen — hat sich
das eigentümliche, und eben drum das … unsrer <?> oder eigentlicher der W[issenschafts-] L[ehre] über das Recht scharf ausgesprochen, und es kommt darauf an dieses streng zu begründen.

Überlegen [Sie folgendes:]

Recht ist Freiheit nach einem Gesetze. Wer ein Recht an-
spricht, erwartet es [47]) nicht als Gunst, sondern als Schuldigkeit
und Verbindlichkeit des ändern nach einem ihm, dem andern,
gebietenden Gesetze, das ihm [48]) bewußt ist. Er beruft sich gegen
ihn auf dies seinen Willen beschränkende Gesetz.

Giebt es ein solches Gesetz? Allerdings: das Sittengesetz:
nach ihm [soll] jeder die Freiheit aller [49]) übrigen respektieren.
Also dieses Gesetz giebt allen das Recht frei zu sein, weil es allen
auflegt die Verbindlichkeit, die andern frei zu lassen; hier ist
[darum] jeder ein Rechtssubjekt durch seine ihm absolut ver-
liehene Freiheit, durch sein S e i n, als ein Freier.

Ist dieses Gesetz auch bestimmt über die Grenze der Freiheit und des Rechts eines Jeden? In Absicht der Persönlichkeit
ja: aber man könnte sagen, in der Sphäre der Freiheit nicht: da
bedarf es doch immer eines Vertrags. ([Und] ich habe [wohl]
selbst [ehemals] so gesagt.) Darauf ist die Antwort, die ich schon
oben gegeben habe; das Sittengesetz kann sich in seinen Geboten
an die Einzelnen und [in] seinen Aufgaben nicht widersprechen:
was dem einen geboten ist, ist dem andern gewiß nie[mals] geboten. Steht drum jeder lediglich unter dem [Sitten] Gebote, als
sein Werkzeug, so treffen sie, ohne ihr[en] Bedacht und Willen, und von selbst, nie auf einander. Wie durch ein unver-
brüchliches Naturgesetz sind ihre Bahnen [von einander] geschieden.

---

[46]) Druck: die Staatsgewalt [47]) Druck: dieses Recht [48]) Druck: dessen er
sich [49]) Druck: der

[Also:] Wenn das Sittengesetz gilt, bedarf es keines besondern Rechtsgesetzes.

Aber wie soll das Sittengesetz geltend werden? Lehrsatz [49ª]), der in unsrer Theorie eine große Rolle spielen wird. — Das * Sittengesetz wendet sich nur an den von allen äußern Zwecken befreiten, gleichsam von der Natur müssigen, und von ihr losgesprochnen Willen. Die äußern Zwecke aber, die uns die Natur auflegt, als Bedingungen des höhern Zwecks, sind [50]) unsre Erhaltung, und unsere Sicherheit. Diese müssen drum erreicht sein, und allgemein erreicht sein, ehe das Sittengesetz allgemein erscheinen kann.

Es muß drum ein von der Sittlichkeit unabhängiges Mittel geben, um die Freiheit aller, durch die die Sittlichkeit [in] ihnen als Erscheinung, und in der Reihe der Erscheinungen bedingt ist, zu sichern. [Und] diese Frage grade, nach dem von der Sittlichkeit unabhängigen Gesetze der Freiheit [51]), war zu beantworten (die das Prinzip der Rechtslehre erhellt [52]).

Sie sehen drum, wo jene fehlten. Sie dachten nur überhaupt, daß ein Recht sein sollte; aber nicht, wie es werden sollte, . . ., wie das werden sollte, wodurch es nach ihnen ward, [nämlich] die Sittlichkeit. Ihre Einsicht war nicht genetisch bis auf den Boden herab, drum nicht eigentlich wissenschaftlich. Das Recht liegt vor dem Rechte durch das Sittengesetz, als die Bedingung seiner Erscheinung.

Jetzt [also hat sich uns aus durchgeführter Genesis] der [Satz ergeben]: [die] Freiheit [muß Allen gesichert sein] als ein Recht, nach einem Gesetze. Nach welchem: einem physischen: Wer drum das Recht will vor der Sittlichkeit, [der] will diese physische Gewalt, und nur dadurch daß er sie tätig will ([d. i. daß er zu ihrer Errichtung] beiträgt) bestätigt er jenen [53]) [erklärten] Willen [, daß er das Recht will.] Aber nur wer selbst das Recht will, hat Rechte: nur dadurch drum bestätigt er sich als ein Rechtssubjekt.

[49ª]) Druck: Lehnsatz   [50]) Hs: ist   [51]) „der Freiheit" fehlt im Druck [52]) Druck: enthält.   [53]) Druck: seinen

Das Recht, als künstliche Anstalt, drum als Gegenstand einer
wissenschaftlichen Konstruktion, [fällt] nur außerhalb des sittlichen Reichs. Innerhalb desselben giebt es sich von selbst; und
ist ein bloßes Accidens der sittlichen Erscheinung, worauf man
da [54]) gar nicht weiter merkt, weil das Wesen der sittlichen Erscheinung in ganz etwas anderem besteht.

------

[54]) Druck: im sittlichen Gebiete

[Zweiter Teil.]

Vom Vertrage überhaupt, als Einleitung in die beiden Hauptabschnitte [vom Eigentums- und Bürgerrechtsvertrage] und von seiner Verbindlichkeit nach dem Rechtsgesetze.

[Auch hier werden wir] genetisch [zu Werke gehen.]

Ist unter der Herrschaft des Sittengesetzes ein Vertrag möglich? [Kann dort] Einer um des andern willen, und zum Vorteile desselben[1]), etwas tun: [und kann er] auch ihm[2]) versprechen etwas zu tun, damit er in seinem eignen Handeln auf diese Unterstützung rechnen [könne?] Aus welchem Grunde [könnte dies geschehen? Doch nur] um Sittlichkeit überhaupt zu befördern, den andern in dieser Rücksicht fortzuhelfen, durchaus[3]) aus keinem andern. (Denn alle sind nur durch das Sittengesetz belebt, und desselben Werkzeuge.) Fällt der Grund weg, [so] fällt das Begründete weg. Kann er [also], ohne Gefahr[4]) für die allgemeine Sittlichkeit, seiner, oder der des andern, es nicht mehr tun, kann er ohne diese Gefahr sein Versprechen nicht halten, so wird er es notwendig nicht [tun], denn dieses Gesetz [, Jeder soll die Sittlichkeit befördern,] allein gebietet. Auch wird das der andre sodann nicht begehren, [daß er sein Versprechen halte,] denn auch er will bloß die Herrschaft des Sittengesetzes.

Auf diesem Gebiete tut überhaupt keiner etwas für den andern, indem auch keiner etwas für sich tut. Die Individuen sind da garnicht da. [Alle sind nur] für den gemeinsamen Zweck. Und da tut denn jeder alles für den andern, was in diesem ge-

2.519

---

[1]) „und — desselben" fehlt im Druck. [2]) Druck: ihm auch [3]) Druck: und
[4]) Druck: Gefühl

meinsamen [5]) Zwecke liegt, schlechthin und ohne weiteres, ohne es besonders zu versprechen, oder sich dazu zu verbinden, [und] ohne einen Gegendienst zu verlangen. Weit entfernt drum, daß etwa der Vertrag nur auf dem Gebiete des Sittengesetzes gelte, giebt es da [vielmehr] gar keinen.

Das Wesen des Vertrags besteht darin, daß jemand für den andern etwas unterlasse, oder tue (ich bediene mich hier noch der zunächst sich darbietenden Rede, tiefer unten [werden wir] auch darüber [nachforschen]!) lediglich, damit dieser wieder für ihn ‽ [etwas unterlasse oder tue], daß drum jeder nicht eigentlich für den andern handelt, sondern für sich, und für den andern nur [handelt], weil er außerdem für sich nicht handeln kann. [Also in der] Unterlassung, um der Unterlassung willen, [und der] Leistung um der Leistung willen.

Weitere Analyse.

Jeder Vertrag hebt an von zwei Willen, die mit einander streiten, weil jeder [von beiden] ein und dasselbe [Objekt] für die Wirkungssphäre seiner Freiheit begehrt [6]). [Die Wirkungssphäre] ist allgemein: alle haben Anspruch auf alles.

Dabei besteht nun [aber] die Freiheit [der Einzelnen] nicht [, und Einer beschränkt den Andern in seiner Freiheit;] sie müssen drum jeder von seinem Teile nachgeben, bis ihr Wille nicht weiter streitet. [So entsteht der] gemeinsame Wille beider, [das] Beisammenstehen desselben [7]) ohne Widerstreit. Ihr sich v e r - t r a g e n , oder das sich vertragen ihres Willens.

Muß nun ein solches vertragen [8]) sein, aus irgend einem Grunde? Ja, [und zwar] aus dem Rechtsgrunde des Beisammen- stehens ‽ [der Freiheit aller.] Sie [9]) soll [gesichert sein] — das kann sie nicht, wenn sie [10]) nicht ihre [11]) widerstreitenden Willen vereinigen, also, sie s o l l e n [sich vereinigen]. [Und somit ist] der Vertrag überhaupt um des Rechts willen.

[Nun aber wird die Freiheit] durch die bloße Erklärung [, daß man gegenseitig des einem Jeden zugestandenen Eigentums, oder

---

[5]) Druck: gemeinschaftlichen [6]) Druck: begeht. [7]) Druck: Beisammen ihrer Willen [8]) Druck: solcher Vertrag [9]) Druck: Die Freiheit [10]) Druck: sich [11]) Druck: die ihr

der ihm ausschließlich angehörigen Wirkungssphäre der Freiheit
sich enthalten wolle,] nichts [erlangt; denn es ist ungewiß, ob sie
den Vertrag halten werden.] Also sie müssen ihn halten: sie 2.520
müssen sichs unmöglich machen, ihn zu brechen. Warum? [Alles]
um des Rechts willen.

Das Recht kann [nun aber] sich nicht widersprechen: es kann
nicht als Recht fordern, was sein Gegenteil ist: also nur g e -
r e c h t e , dem Rechtsgesetze gemäße Verträge sollen geschlossen
werden: andre nicht: nur sie sind Verträge, und sollen gehalten
werden, und andre sind nichtig. Der Inhalt des Vertrags, in Beziehung auf die Rechtsgemäßheit, entscheidet über seine Form. *

[Also] ein Vertrag ist verbindlich nur inwiefern er durchaus
dem Rechte gemäß ist. Wo die Sätze: ich will mein Wort halten,
und dran mich binden, ob es [gleich] unbillig sei, liegen, und in
welcher Denkart, geht uns hier nicht an; auf dem Boden des
Rechts liegen sie nicht. Ich binde und verbinde mich nicht durch
dein Recht, [sondern] ich verbinde mich durch mein mir teures
Ehrenwort. Auf dem Boden des Sittengesetzes liegen sie auch
nicht. [Denn] da ?? [gibt es keinen Vertrag und kein Band, und
es geschieht alles] bloß um der Sittlichkeit willen, der Irrtum aber
muß [von uns] zurückgenommen werden, und [uns] erlassen werden von den andern. Niemand wird da ein solches Halten des
übereilten Wortes zugeben. ([Dies] hat aber gar keine Anwendung. [Denn] oft fällt der Sittliche auf den Boden des Rechts
zurück, und da muß er den Vertrag halten. [Denn] das Recht ist
eher denn[12]) [die] Sittlichkeit, und ihre Bedingung.) Ich kann
[indessen] anzeigen, wo sie[13] liegen: [Sie liegen] in dem Mittel-
standpunkte der Vorbereitung des Willens zur Sittlichkeit: [wo
es Gebot ist,] sich selbst und andern Wort [zu] halten, [und]
seinen Willen erst an die Unwandelbarkeit, und Unverbrüchlich-
keit [zu] gewöhnen.

Aus diesem Satze sind keine gefährlichen Folgen zu befürchten; nicht[14]) die, daß jemand sich selbst zum Richter, und zwar
[zum] bestochnen, parteiischen Richter der Rechtsgültigkeit seiner

---

[12]) Druck: als   [13]) Druck: diese Sätze   [14]) Druck: wie etwa

abgeschloßnen Verträge mache. Wenn man es in dem Zusammenhange denkt, in dem es vorgetragen [ist, so] ist dies unmöglich. Denn der Wille des Rechts ist ja niedergelegt, und errichtet im Staate. Dieser setzt, daß Verträge sein sollen, und wie sie sein sollen; er bestimmt die Bedingungen ihrer Gültigkeit. In concreto drum ist die Frage nach der Rechtsgültigkeit jedes Vertrags immer auf allgemeingültige [15]) Weise zu beantworten; er [der Vertrag] ist es [16]), und ist verbindend, inwiefern er den Vorschriften des Staates über Verträge gemäß ist. Ist er denselben nicht gemäß, so ist er nichtig: er hätte nicht geschlossen werden sollen, und soll nicht gehalten werden: beides ist strafbar, und verboten.

Es versteht sich drum, daß wir hier nur im allgemeinen von der Form des Vertrags reden wollten. Die materielle Rechtmäßigkeit der Verträge jeder Art, d. i. was in einem rechtsgemäßen Staate über Verträge gesetzlich sein solle, werden wir einzeln bei den Materien, zu denen es gehört, abzuhandeln haben.

[Wir haben] hier das W e s e n des Vertrags [bestimmt: er wird geschlossen] um zu kommen zu seinem Rechte [17]): also nur aus einem eigennützigen Grunde: [Er ist die] Vereinigung des streitenden Willens. [Ebenso haben wir den] Grund seiner Verbindlichkeit [gefunden, er ist] das Rechtsgesetz selbst.

Der Vertrag in seiner allgemeinen Form ist hier beschrieben worden als ein bloß negativer Unterlassungsvertrag: [als die] Beschränkung zweier Willen, die da Anspruch machen auf dieselbe Wirkungssphäre: [die] Teilung [derselben, und die] gegenseitige Enthaltung [eines Jeden von dem dem Andern überlassenen Teile; also zugleich als] Eigentumsvertrag. Wir haben aber [auch] eines positiven Leistungsvertrags erwähnt; die Vereinigung mit allen zur Errichtung einer Staatsgewalt. Daß er [18]) denselben Rechtsgrund [19]) [, nämlich das Rechtsgesetz selbst,] habe, ist klar geworden. [Aber] ihn schließt kein einzelner mit einem einzelnen, sondern jeder einzelne schlechthin mit allen. Seine Form hat

---

[15]) Druck: allgemeine [16]) Druck: gültig, [17]) Druck: damit man zu seinem Rechte komme. [18]) Druck: dieser [19]) Druck: Grund

drum ganz andere Gesetze, die an ihrem Orte werden untersucht
werden müssen. Der Eigentumsvertrag [aber] ist nur ein negativer Unterlassungsvertrag. Wenn keiner in die Sphäre des andern eingreift, so geht es ihn durchaus nichts an, was jeder in der
seinigen tue, oder nicht tue. In dieser hat keiner etwas zu
suchen.

Diesem [aufgestellten Satze] widerspricht nun die gewöhnliche Ansicht, und es ist gut, gleich hier, [wo] noch alles höchst
einfach ist, uns mit derselben auseinander zu setzen. Sie stellt
Eigentumsverträge, über Mein und Dein, in Formeln auf, in 2.522
denen sie aussehen, als [wären es] positive Leistungsverträge
[; als da sind]: Facio ut facias, du ut des, facio ut des, do ut facias.

[Der Ausdruck] ist [dabei] nicht gleichgültig; denn 1.) die
Wissenschaft gewinnt durch die Einfachheit ihrer Formeln.
Bleibt der Eigentumsvertrag durchaus nur [20]) ein negativer, so 22
[ist das Objekt ihrer Analyse ein einzelner strenger Grundsatz.]
2.) führt diese Strenge sogar auf wichtige Folgerungen, die bei
jener Laxität verloren gehen, wie sich gleich zeigen wird.

Ich erinnere drum bei jenen Formeln fürs erste: sie ließen
sich, indessen die affirmative Form zugegeben, auf Eine zurück-
bringen. Das G e b e n nemlich, wovon in den drei folgenden
[Formeln: do ut des, facio ut des, do ut facias,] die Rede ist, ist
es denn nicht auch ein T u n [und bedeuten denn alle drei etwas
Anderes, als die erste] facio ut facias: ob nun dieses mein oder
dein Tun bestehen mag in einem fortfließenden wirklichen Schaffen, und Wirken, oder in einem mit einem Male vollendeten
Geben, und Übergeben eines früher geschaffenen und vollendeten Produktes meiner oder deiner Arbeit [, ist doch wohl ganz
gleich]. Der Grund dieser leeren Unterscheidung ist [der], daß
nicht gleich von vorn herein das Eigentum richtig bestimmt worden [ist], als eine ausschließend eigene Sphäre für das freie *
Wirken, sondern nur, auf eine blödsichtige Weise durch die Objekte dieses freien Wirkens. [Daher ihr] do. Hinterher konnte
sich ihnen freilich nicht verbergen, daß das Objekt es nicht

---

[20]) Fehlt im Druck

allein tue, sondern daß es der Bearbeitung bedürfe, daß drum die
Arbeit allerdings auch einen Wert habe, und nun bekommen sie
zwei Arten des Eigentums [: Eigentum] das auf Sachen [geht],
und das [21]) auf Kräfte [geht]: da es doch nur Ein Eigentum giebt,
das des freien Kraftgebrauchs. Ist dieses bestimmt, so führt es
seine Objekte [22]) wohl bei sich, denn es kann nicht bestimmt werden, als durch sie [23]).

2.) sage ich, ist überhaupt der affirmative Ausdruck falsch, und
läßt sich zurückführen auf die Unterlassungsformel: Non facio,
ne facias. In allen diesen Fällen habe ich mein unbezweifeltes,
durch den ursprünglichen Eigentumsvertrag mir zugesprochnes
Recht, mein Eigentum zu behalten. Der andre begehrt, daß ich
auf dieses Recht Verzicht leiste, es nicht behalte; er hat gleichfalls etwas, woran mir liegt, daß er es nicht behalte: werden
wir [24]) einig so [25]) tauschen wir. Ich bestehe nicht auf meinem
Rechte, damit er nicht auf demselben [26]) bestehe.

Sehn Sie [es noch] von dieser Seite an: wird denn durch
diesen Vertrag bei einem von uns beiden [, die sich vertragen,] [27])
. . . Erwerbung oder Verlassung von Eigentum gesetzt? Wird
denn [dadurch] das Eigentum eines von uns beiden größer, das des
andern kleiner. Ich denke wohl, nach dem Rechte nicht. Es ist
drum lediglich ein Tausch der Objekte des Eigentums, nach
dessen Abschließung das Eigentum jedes in seinem vorherigen
Werte bleibt, drum nicht verändert worden ist.

Jedem soll sein Eigentum ungeschmälert bleiben, wie es
durch den ursprünglichen Eigentumsvertrag ihm zugesprochen
wurde. So will [es] die Grundlage alles Rechts. Kann dieses
nun [28]) zugeben, daß in diesem Tausche einer bevorteilt werde,
und würde ein Vertrag, der dies zum Erfolg hätte, gültig sein
können? Durchaus nicht.

Also allen diesen Tauschverträgen liegt zu Grunde, als höheres Gesetz und als Grenze, innerhalb welcher sie geschlossen

---

[21]) Druck: Eigentum, welches   [22]) Druck: sein Objekt   [23]) Druck: kann nur
durch sie bestimmt werden   [24]) Druck: wir werden   [25]) Druck: und so   [26]) Druck:
dem seinen   [27]) Es folgt in der Handschrift ein nicht entziffertes Wort (Blatt 6 b)
[28]) Druck: darum

werden können, der bloße negative Unterlassungsvertrag, der die Verletzung fremden Eigentums verbietet, und alles in statu quo erhält.

Dies nun gerade ist dadurch, daß diese Verträge zu absoluten gemacht, und die eigentliche basis auf der sie ruhten [29]) übersehen wurde, vernachlässigt. Bin ich denn rechtlich verbunden, wenn ich übervorteilt bin, den Vertrag gelten zu lassen? Wie könnte ich, da ja der ursprüngliche Rechtsvertrag an mir verletzt ist? [Man möchte vielleicht mir den Satz entgegenstellen:] Volenti non fit injuria, tue die Augen selbst auf u. s. f. Was heißt das [aber]? Schütze selber dein Recht, denn du bist in dieser Rücksicht im gesetzlosen Natur[zu]stand, und unter dem Reiche der List, und des Betrugs geblieben! Das wußte ich [aber] nicht: denn ich habe ja den Selbstschutz durch Unterwerfung unter den Staat aufgegeben, und trage bei zur schützenden Gewalt. Diese ist [darum] schuldig, alles mein Recht [mir] zu sichern.

Die Praxis mag anders sein: so aber will es [30]) das Recht. Alle Tausch- und Handelsverträge stehen unter der Bedingung, und sind nur unter ihr verbindlich, daß jeder den Wert seines Eigentums behalte. Ins unendliche fortgetauscht, werden alle [dadurch] nicht reicher oder ärmer. Wie nun eine solche Gesetzgebung [genauer durchzuführen sei,] und woher [sie] ein[en] Maaßstab des Werts [erhalten solle,] ist eine ganz andere Untersuchung, welche zu seiner [31]) Zeit [abgehandelt werden wird].

2.524

*

Zweites Kapitel.

Über das persönliche Recht.   *
(formaliter, [und] ohne Beschränkung.)

[1]) [Der Grundsatz aller Rechtsbeurteilung ist der: Jeder beschränke seine Freiheit durch den Begriff der Freiheit des Andern, so daß auch der Andere, als überhaupt frei, dabei bestehen

---

[29]) Druck: ruhen   [30]) Druck: Dies aber will   [31]) Druck: ihrer

[1]) Der Druck beruht auf Fichtes Grundlage des Naturrechts nach Prinzipien der Wissenschaftslehre, Jena 1796, § 10ff., S. 130ff., S. W. 3, 112ff., M. 2, 116ff.

könne. Der Begriff der] Freiheit eben[2]) schlechtweg, [formaliter und ohne Beschränkung giebt den Begriff des Urrechts, d. i. desjenigen Rechts, das jeder Person, als einer solchen, absolut zukommen soll.]

[Dieser Begriff ist, der Qualität nach, ein Begriff von dem Vermögen: absolut erste Ursache zu sein: der Quantität nach, hat das darunter Begriffene gar keine Grenzen, sondern ist seiner Natur nach unendlich, weil die Rede nur überhaupt davon ist, daß die Person frei sein solle, nicht aber, inwieweit sie frei sein solle. Die Quantität widerstreitet diesem Begriffe, so wie er hier als ein bloß formaler aufgestellt ist. Der Relation nach ist von der Freiheit der Person nur insofern die Rede, inwiefern nach dem Rechtsgesetze der Umfang der freien Handlungen Anderer dadurch beschränkt werden soll, weil diese die geforderte formale Freiheit unmöglich machen könnten; und hierdurch wird die Quantität der Untersuchung bestimmt. Es ist nur von einer Kausalität in der Sinnenwelt die Rede, als in welcher allein die Freiheit durch die Freiheit eingeschränkt werden kann. Endlich der Modalität nach hat dieser Begriff apodiktische Gültigkeit. Jede Person soll schlechthin frei sein.]

[Das Urrecht ist daher] das [absolute] Recht [der Person, in der Sinnenwelt] nur Ursache zu sein, schlechthin nicht bewirktes; erstes, Prinzip; nicht[3]) zweites, Folge.

§ 11[4]). Im Begriffe einer Wirkung, [und zwar einer absoluten Wirkung,] liegt [Folgendes: 1.) daß die Qualität, und Quantität des Tuns durch die Ursache selbst vollkommen bestimmt sei; 2.) daß aus dem Gesetztsein des Zweckbegriffs die Qualität und Quantität des Leidens im Objekte der Wirkung unmittelbar folge, so daß man von jedem auf jedes andere übergehen, durch eins unmittelbar das andere bestimmen könne; notwendig beide kenne, sobald man eins kennt.]

[Was das Erste betrifft, daß die Person der absolute und letzte Grund des Begriffs ihrer Wirksamkeit, d. i. ihres Zweckbegriffs

---

[2]) „eben" fehlt im Druck. [3]) Druck: und niemals [4]) Bezieht sich auf das Naturrecht von 1796: § 11. Analyse des Urrechts.

sei: der Wille der Person tritt auf das Gebiet der Sinnenwelt lediglich, inwiefern er in der Bestimmung des Leibes ausgedrückt ist. Auf diesem Gebiete ist daher der Leib eines freien Wesens anzusehen, als selbst der letzte Grund seiner Bestimmung, und das freie Wesen, als Erscheinung, ist identisch mit seinem Leibe; er erscheint zugleich als Zweckbegriff und als Werkzeug.] N. B. Mit der Freiheit des Leibes geht [überhaupt] die Freiheit an.

[Daraus folgt:]

1.) [Der Leib, als Person betrachtet, muß absolute und letzte Ursache seiner Bestimmung zur Wirksamkeit sein; er darf nie als bloßes Werkzeug betrachtet werden. Es muß überhaupt gar nicht unmittelbar, gewaltsam auf ihn gewirkt werden.] Sehr scharf, und richtig. Sein Leib [darf] nicht angegriffen [werden].

2.) [Aus seiner Bewegung muß die dadurch mögliche Wirkung in der Sinnenwelt unfehlbar erfolgen; nicht eben die dabei gedachte, und beabsichtigte; denn wenn Jemand die Natur der Dinge nicht wohl gekannt, seine tätige Kraft gegen ihr Vermögen der Trägheit nicht richtig berechnet hat; so ist die Schuld sein eigen, und er hat keinen außer sich anzuklagen; aber die Sinnenwelt muß nur nicht durch eine fremde, außer ihr liegende freie Kraft seiner Einwirkung zuwider bestimmt werden;] gleichfalls (sehr scharf, und richtig.) Seiner Wirksamkeit [darf] nicht unmittelbar entgegengewirkt [werden].

3.) Ein Zweckbegriff [aber] setzt Erkenntnis des Objekts des Wirkens; [und zwar ist] eine bestimmte Erkenntnis des [Objektes Bedingung des bestimmten Zweckbegriffes]: (es wird gerechnet auf dieses stehende [bleibende] Sein, welches geführt werden soll durch Wirksamkeit zu dem beabsichtigten [Ziele].) Diese sich zu erwerben, ist seine Sache. Wenn aber die erworbene geändert wird, die er also seinem Zwecke unterworfen hat, [so] wird seine Freiheit gestört.

[Ich sage:] die er seinem Zwecke unterworfen hat und so als bleibend denkt, und daß sie so bleiben sollen beschlossen hat [5]. [es sei nun durch ihn besonders modifiziert, oder nicht. Das nicht

---

[5]) Das Folgende beruht auf Naturrecht, 1796, S. 133 f., S. W. 3, 115; M. 2, 119.

modifizierte wird, wenn es nur durch das Vernunftwesen gedacht, und mit seiner Welt zusammengereiht wird, gerade d a d u r c h , daß es nicht modifiziert worden ist, ein modifiziertes. Die Person hat es zufolge ihres Zweckbegriffs von dem Ganzen, zu welchem dieses bestimmte Ding passen soll, nicht modifiziert, weil es nur in seiner natürlichen Gestalt dazu paßt, und würde es modifiziert haben, wenn es dazu nicht gepaßt hätte. Seine Enthaltung von einer gewissen Tätigkeit war daher selbst ein zweckmäßiges, mithin eine Modifikation, wenngleich nicht dieses bestimmten Dinges, doch des Ganzen, zu welchem es passen sollte.]

[Nun kann die Natur sich nicht selbst verändern, und aller scheinbare Wandel in ihr geschieht nach unabänderlichen Gesetzen. Wird also nach ihnen etwas in der auf unsre Zwecke bezogenen Welt verändert, so ist das unsre eigne Schuld; denn entweder hätten wir auf die Fortdauer desselben nicht rechnen sollen, wenn uns diese Gesetze zu übermächtig sind, oder wir hätten ihrer Wirkung durch Kunst zuvorkommen sollen. Nur andre freie Wesen können eine unvorherzusehende und nicht zu verhindernde Veränderung in unsrer Welt, d. i. in dem Systeme desjenigen, was wir erkannt, und auf unsere Zwecke bezogen haben, hervorbringen; dann aber würde unsre freie Wirksamkeit gestört. Die Person hat das Recht, zu fordern, daß in dem ganzen Bezirk der ihr bekannten Welt alles bleibe, wie sie dasselbe erkannt hat. Also: der mir bekannte und meinen Zwecken, sei es auch nur im Gedanken, unterworfene Teil der Sinnenwelt ist ursprünglich und] ohne Beschränkung durch den Vertrag [mein Eigentum]: Was ich meinen Zwecken[6]) unterworfen habe, kann ohne Beschränkung meiner Freiheit kein andrer modifizieren; [es ist also mein Recht, daß] meiner[7]) Wirksamkeit nicht mittelbar (durch Änderung der mir möglichen Objekte derselben) entgegengewirkt [werde].

4.[8]) [Die Person will, daß ihre Tätigkeit in der Sinnenwelt Ursache werde, heißt: sie will, daß eine ihrem Zweckbegriffe der Tätigkeit entsprechende Wahrnehmung gegeben werde, und zwar

---

[6]) Druck: meinem Zwecke   [7]) Hs: seiner   [8]) Nach Naturrecht 1796, S. 136.

in einem zukünftigen, dem Momente ihres Willens überhaupt folgenden Momente. Also] in jedem Zweckbegriffe wird eine Zukunft umfaßt.

Jeder Gebrauch der Freiheit (und meines Seins in derselben)[9]) schließt drum notwendig das Wollen einer Zukunft in sich[10]). Der Erfolg des Freiheitsgebrauches eines jeden[11]) ist ein Recht, und ist jedem durch sein Recht gesichert, heißt: seine beabsichtigte Zukunft, d. i. seine Selbsterhaltung ist jedem gesichert, und gehört zu seinem persönlichen Rechte. Der Erfolg seiner Zukunft ist ein allgemeiner. Seine Wirksamkeit enthält in sich seine Zukunft. Ich lasse ihm die erste, heißt, ich lasse ihm die zweite. Man sichert sich dadurch die Zukunft.

Durch die Natur mag er zugrunde gehen, wie er durch sie entstand; nur durch Freiheit anderer soll er es nicht; denn dann würde Freiheit durch Freiheit aufgehoben, und bestünde nicht[12]).

Man könnte denken: durch Unverletzlichkeit, und Unantastbarkeit des Leibes sei diese gesichert. Ja, gegen unmittelbare Gewalttätigkeit: aber nicht gegen mittelbare des Eigentumsvertrages. Um diese Folgerung ist es uns zu tun, da kommen wir auf den oben berührten Punkt.

[5.[13]) Alles jetzt Deduzierte zusammengefaßt, fordert die Person durch ihr Urrecht e i n e f o r t d a u e r n d e W e c h s e l w i r k u n g z w i s c h e n i h r e m L e i b e u n d d e r S i n n e n w e l t, bestimmt und bestimmbar, lediglich durch ihren frei entworfenen Begriff derselben. Dies ist erschöpfend für den Begriff der absoluten Kausalität in der Sinnenwelt, oder des p e r s ö n l i c h e n Rechts. Es ist also ein absolutes und geschlossenes Ganzes, jede teilweise Verletzung desselben betrifft das Ganze. Wollte man also eine Einteilung in diesem Begriffe, so könnte es keine andere sein, als die, die im Begriffe der Kausalität selber liegt. Es läge sonach im Urrechte: 2.528

1.) das Recht auf die absolute Unantastbarkeit des Leibes (d. i., daß auf ihn unmittelbar gar nicht eingewirkt würde).

---

[9]) Zusatz Fichtes; nicht im Druck aufgenommen. [10]) Hs: statt „in sich": voraus. [11]) Fehlt im Druck. [12]) Dieser Absatz fehlt im Druck. [13]) Vgl. Naturrecht S. 138.

2.) das Recht auf die Fortdauer unsers freien Einflusses auf die gesamte Sinnenwelt.

Ein b e s o n d e r e s Recht der Selbsterhaltung gibt es nicht; denn daß der Gebrauch des Körpers, als eines Werkzeuges, oder der Sachen, als Mittel in einem gewissen Falle, unmittelbar die Sicherung der Fortdauer unsers Leibes, als eines solchen, zum Zwecke habe, ist zufällig. Auch wenn wir einen geringern Zweck hätten, dürfte man unsre Freiheit nicht stören; denn man darf sie überhaupt nicht stören. Aber daß unser gesamtes Urrecht nicht bloß für den gegenwärtigen Augenblick gelte, sondern daß es so weit in die Zukunft hinaus gehe, als wir dieselbe nur umfassen können, mit unserm Geiste, und in unsern Planen; daß daher in ihm das Recht, unsere gesamten Rechte für alle Zukunft zu sichern, unmittelbar liege, ist nicht aus der Acht zu lassen.

Das Urrecht läuft in sich selbst zurück, wird ein sich selbst berechtigendes, d. i. a b s o l u t e s Recht; und hierin liegt denn der Beweis, daß der Umkreis unsrer Untersuchung über dasselbe vollendet ist, da eine vollständige Synthesis zum Vorschein kommt. Das Recht, freie Ursache zu sein, und der Begriff eines absoluten Willens, sind dasselbe.]

Drittes Kapitel.

Erster Abschnitt.

[Vom Eigentumsvertrage.]

*   1.) [Das] Urrecht [beschrieben wir als] eine fortdauernde lediglich durch den Zweckbegriff der Person bestimmte Wechsel-
2.529 wirkung derselben mit der Sinnenwelt: [Niemand darf ihm] weder unmittelbar entgegenwirken, weder[1]) mittelbar: in dieser Welt [ist jeder] frei wie ein Gott.

2.) Der Eigentumsvertrag [gründet sich auf dieses Urrecht; denn er] weist [einem] jeden seine Sphäre, sein Q u a n t u m a u s - s c h l i e ß e n d e n F r e i h e i t s g e b r a u c h e s an: dies [und]

---

1)) Druck: noch

sonst Nichts. [Er bestimmt jedem seine Sphäre als sein] Recht,
[sein] ausschließendes Recht, [oder] besser aber als [sein] Eigentum. Die Naturobjekte sind für sich ohne Streit: erst wenn der
Mensch in seinem höhern Zweckbegriff sie faßt, streiten in ihnen
diese [Objekte]. Da [liegt] der Punkt des Streits, da die Scheidung. [Der] Grund der Verwirrung [ist die] nicht scharfe Er-
fassung des Rechtsbegriffes [und das] Mittel dagegen [ist] eben
sie [2]). (Sie redeten [3]) wohl vom Rechte Gottes auf die Natur, vom
Rechte des isolierten Menschen auf sie; warum nicht auch vom
Rechte des Menschen auf seine Gedanken, und sein Wollen?
Recht ist ein Wechselbegriff der Freiheit mehrerer, ihre sie ver-
tragende Synthesis: nur wo Streit der Fr[eiheit ist] da [ist
Recht.] [4])

Satz: Die zugestandne Freiheit ist [im Eigentumsvertrage]
das bestimmende erste prius [: nach ihr wird das Objekt bestimmt,] nicht [aber] umgekehrt. Das Eigentum an das Objekt [5])
[geht soweit,] soweit diese zugestandne Freiheit [geht;] nicht
[aber] umgekehrt [etwa:] die Freiheit [geht] soweit, als das Objekt [geht].

[Ich will] dies [Objekt] unterwerfen m e i n e n Z w e c k e n.
Welchen? frägt der Vertrag. Dies [6]) ist der G r u n d, drum der
M a a ß s t a b des Rechts. [Ich bin] Ackerbau[er,] drum [darfst
du mir] nicht die Viehzucht verbieten, oder den Bergbau [7]); [ich
bin] Fischer, nicht drum das Schiffen, u. s. f.

Mein Recht auf Handlungen, und auf die Objekte [wird zu-
gestanden] nur, inwiefern sie [8]) in der Vollziehung der zugestand-
nen Handlung mit begriffen sind. [Dies] ist wichtiger, als man
denkt, und grundstürzender [9]) für alte [10]) Vorurteile, und falsche
Ansichten. Drum scharf einsehen [11]).

3.) Eine f o r t d a u e r n d e bestimmte Wechselwirkung [12]).

---

[2]) Druck: diese Schärfe. [3]) Druck: Man redete [4]) Hs: da sie. [5]) Druck:
So weit die Freiheit geht, so weit geht auch das Recht auf das Objekt oder das
Eigentum; [6]) Druck: Der Zweck [7]) o. d. B. fehlt im Druck [8]) Druck: die
Objekte [9]) Druck: ein Grundmittel [10]) Druck: alle [11]) Druck: Darum sehen
Sie es scharf ein. [12]) Druck: Die Wechselwirkung der Person auf das Objekt im
Urrecht ist eine fortdauernde.

[Der Vertrag bestimmt und beschränkt bloß den Freiheitsgebrauch auf eine gewisse Sphäre, sich gründend auf das Urrecht; also er setzt fest eine fortdauernde bestimmte Wechselwirkung.] Der Eigentumsvertrag wird geschlossen für [13]) alle Zeit,
als ein g e r e c h t e r Vertrag, und auf [14]) das in dieser Gemeine
jedem gebührende Eigentum.

Es sind drum in diesem Vertrage auf einmal für immer abgeschlossen alle Streitigkeiten, die späterhin durch die Veränderung der Lage, und durch die Unzulänglichkeit der ausgesproch-
nen Worte entstehen könnten. Nicht die aus der gegenwärtigen
Zeit hergenommenen Formeln gelten, ([denn] der Vertrag ist ja
ein ewiger, und auf alle Zeit) sondern der Geist gilt, daß jedem
das s e i n i g e (in dieser Gemeine) werde, und zu allen Zeiten sei.
Es sind in ihm enthalten alle künftige Verträge über Acquisition,
und Dereliction, [welche stets] nur scheinbar [sein können, indem
sie] eigentlich [nur] ein Wechsel der bleibenden Sphäre der
Freiheit in den Objekten [sind].

[Ein] Vertrag über das Gesetz, das gegenseitige Eigentum
immerfort zu ordnen, und zu erhalten, ist [also] eigentlich dieser
Vertrag: [er ist] nicht sowohl bestimmend, die Sphäre [15]) [eines
Jeden], als das Grundgesetz der Sphären zu bestimmen [16]).

Da nun, wie wir wissen, ein Wille des Rechts, als Staat errichtet worden ist [17]), so ist in diesem [Staate] eben dieses ord-
nende Gesetz [als] auf alle Zeiten [gültig] niedergelegt.

[Denn] was einmal g e r e c h t war [in einer Zeit, und] in
dieser Rücksicht des Eigentums, [das] ist es nicht immerfort. Es
war drum, selbst damals als es gerecht war, nur bedingt gerecht
für diese Lage des Ganzen. Aber es soll herrschen das a b s o -
l u t e Recht, d. i. das durch die Zeit in seinem Objekte wandel-
bare [, aber in Hinsicht der Bestimmung der Freiheit alle Zeit in
sich tragende.] Jene [andern] fassen den Begriff des Rechts auf
als einen todten, wir als einen lebendigen, bildenden, umzubil-

---

2.530

[13]) Druck: auf [14]) Druck: für [15]) Druck: die Bestimmung der Wirkungssphäre [16]) Druck: Grundgesetz, nach welchem diese Sphären immerfort bestimmt
werden sollen. [17]) Druck: werden muß,

denden. Die großen Unterschiede in der Anwendung werden sich finden.

4.) Die Zwecke der Freiheit können verschieden sein [; jedem   *
Einzelnen wird der seine zugesichert.] Giebt es nun etwa einen
[Zweck der Freiheit], den alle haben müssen, [und] notwendig
haben, der drum jedem ohne Ausnahme [18]) zugesichert werden
müßte, so gewiß gesetzt werden soll, es sei auf seine Freiheit
überhaupt gedacht? [Wenn sich ein solcher gemeinschaftlicher   2.531
Zweck aller ergäbe, so wäre eine qualitative Bestimmung des
Eigentumsvertrags angegeben; es] ist [dieses also] die Untersuchung (oben versprochen) über den notwendigen Inhalt des
Eigentumsvertrags.

[Ich sage: es giebt einen solchen Zweck, den] jeder schlechthin, als sein absolut persönliches Recht [hat], das kein teilender
Vertrag ihm nehmen kann, und woran dieser selbst gebunden ist.
[Wir machen hier] also eine noch tiefere Analyse des persönlichen Rechts. — Durch eine Synthesis.

5.) [19]) Jeder hat das Recht der Selbsterhaltung. Die Natur hat
dieselbe [aber] bedingt durch die Tätigkeit, [nur] um sicher zu
gehen, den gegenwärtigen Schmerz [20]) geknüpft an die Bedrohung
derselben in der Zukunft.

Wer das Recht zum Bedingten [hat, hat es auch] zur Bedingung, insoweit [21]): Jeder drum [hat als Recht] d i e [22]) Sphäre der
Tätigkeit, das [23]) Eigentum, [und] dadurch [auch das Recht der]
Erhaltung [24]) [desselben. Jeder soll seine Tätigkeit üben können,
ohne alle Rücksicht auf diese und jene.]

[So] überhaupt, nicht mehr: [jeder hat das Recht] eine[r] ihm
mögliche[n] Tätigkeit, als [dadurch] erhaltend [sein Eigentum].
Z. B. in Hirtenvölker[n oder] Jagdvölker[n darf keiner sagen:]
Ich will dies [Stück deiner Heerden oder deiner Wälder]! Geht
nicht [, diese Tätigkeit ist schon jenen zugestanden. Treibe du]
Ackerbau. Die Natur drängt die Menschen zusammen, weil nur
dadurch ihre Ausbildung möglich ist; auf Wegen, die wir sehen

---

[18]) o. A. fehlt im Druck.   [19]) Die Zahl fehlt im Druck.   [20]) Hs: Schz
[21]) insoweit fehlt im Druck.   [22]) Druck: e i n e   [23]) Druck: als   [24]) Hs: d e s s e n
Erhaltung.

werden. Was in einem Hirtenstaate zu finden wäre, ist in einem
ackerbauenden nicht zu finden. Wodurch ist er [genötigt, etwas
Anderes zu treiben]?[25]) Durch die Zusammendrängung so vieler
in diesem Raum. (Ursprünglich wollen das die Menschen nicht.
Sie wollen [sich nicht teilen in ihrem Geschäfte; sie wollen] auch
nicht Fabrik[26]). Aber die Natur treibt, und das Recht, als Grenze
des Eigentumsvertrags, bestätigt.)

Schluß: [Wir bekommen sonach eine nähere Bestimmung des
im Eigentumsvertrage jedem Einzelnen zugestandenen, ausschließenden Freiheitsgebrauchs.] Die bestimmte Weise in dieser Vereinigung überhaupt [ist] mögliche Arbeit. [Leben zu können,
ist das absolute unveräußerliche Eigentum aller Menschen. Es
ist ihm eine gewisse] Sphäre [der Objekte zugestanden worden,
ausschließend für einen gewissen Gebrauch. Aber der letzte
Zweck dieses Gebrauchs ist der, leben und bestehen zu können[27]).]

Folgerung. 1. Wem dies nicht zugesichert ist, [der] hat kein
Recht. Sobald dies wegfällt, hört in Beziehung auf ihn aller
Rechtszustand auf. Sobald jemand nicht leben kann, ist in Beziehung auf ihn kein Vertrag geschlossen. [Die Erreichung
dieses Zweckes muß daher vor allen übrigen garantirt werden.]

Qualität: Die Art der Arbeit muß so sein, daß man in
dieser Verbindung davon leben könne. Der Schneider unter
Nackenden. [(In einem Volke von Nackten wäre das Recht, das
Schneiderhandwerk zu treiben, kein Recht.)] Wir nehmen dir
deine Arbeit ab. [(Wir gestehen dir das Recht zu, solche Arbeiten zu verfertigen, heißt zugleich, wir machen uns verbindlich,
sie dir abzunehmen. Dies] wird eine bedeutende Folge haben.

Quantität: Die[28]) Sphäre [muß so weit sein eigen sein],
daß er seinen Unterhalt dabei finde.

S. 30—32.[29])

[Alles Eigentumsrecht gründet sich auf den Vertrag aller mit
allen, der so lautet: wir alle behalten dies, auf die Bedingung,
daß wir dir das Deinige lassen: unter der] Bedingung, daß du

---

[25]) Hs: Dies? [26]) Druck: keine Fabriken. [27]) Hs: Sphäre dafür: daß jeder
leben, und bestehen könne. [28]) Hs: Diejenige [29]) Das bezieht sich auf Fichtes
Angewandtes Naturrecht 1797. S. W. 3, 212; M. 2, 216.

arbeitest[30]). Arbeit [also] wird Rechtsverbindlichkeit, weil ihr gegenüber steht eine Verbindlichkeit des Staats den Darbenden zu ernähren[31]). [Sobald also jemand von seiner Arbeit nicht leben kann, ist ihm das, was schlechthin das Seinige ist, nicht gelassen; der Vertrag ist also in Beziehung auf ihn völlig aufgehoben, und er ist von diesem Augenblicke an nicht mehr rechtlich verbunden, irgend eines Menschen Eigentum anzuerkennen.]

[Jeder muß von seiner Arbeit leben können, heißt der aufgestellte Grundsatz. Das Lebenkönnen ist sonach durch die Arbeit bedingt, und es giebt kein solches Recht, wo die Bedingung nicht erfüllt worden. Da alle verantwortlich sind, daß jeder von seiner Arbeit leben könne, und ihm beisteuern müßten, wenn er es nicht könnte, haben sie notwendig auch das] Recht der Aufsicht [, ob jeder in seiner Sphäre so viel arbeite, als zum Leben nötig ist, und übertragen es der für gemeinschaftliche Rechte und Angelegenheiten verordneten Staatsgewalt. Keiner hat eher rechtlichen Anspruch auf die Hülfe des Staates, als bis er nachgewiesen, daß er in seiner Sphäre alles Mögliche getan, um sich zu halten, und daß es ihm dennoch nicht möglich gewesen. Weil man aber doch auch in diesem Falle ihn nicht umkommen lassen könnte; auch der Vorwurf, daß er nicht zur Arbeit angehalten worden, auf den Staat zurückfallen würde, so hat der Staat notwendig das Recht der Aufsicht, wie jeder sein Staatsbürgereigentum verwalte. Wie nach dem obigen Satze kein A r m e r , so soll auch kein M ü s s i g g ä n g e r im Staate sein.]

Also insofern giebt der Eigentumsvertrag eine durch[32]) Natur, und Staat aufgedrungene Tätigkeit. W[as] d[as] E[rste] w[äre]. — Auch Regulierung. Insoweit 22 darüber bestimmt.[33])

[Der Eigentumsvertrag schließt sonach folgende Handlungen in sich.

a) Alle zeigen allen, und, bei Leistung der Garantie, dem G a n z e n an, wovon sie zu leben gedenken. Wer dieses nicht anzugeben weiß, kann kein Bürger des Staats sein. Denn er kann nie verbunden werden, das Eigentum der andern anzuerkennen.

2.533

---

[30]) Hs: er arbeite. [31]) „weil . . . ernähren" fehlt im Druck. [32]) Druck: von [33]) „Auch . . . bestimmt" fehlt im Druck.

b) Alle erlauben jedem d i e s e Beschäftigung, in einer gewissen Rücksicht ausschließlich. Kein Erwerb im Staate, ohne Vergünstigung desselben. Jeder muß seinen Erwerb ausdrücklich angeben, und keiner wird sonach Staatsbürger überhaupt, sondern tritt zugleich in eine gewisse Klasse der Bürger, so wie er in den Staat tritt. Nirgends darf eine Unbestimmtheit sein. Das Eigentum der Objekte besitzt jeder nur in soweit, als er dessen für die Ausübung seines Geschäfts bedarf.

c) Der Zweck aller dieser Arbeiten ist der, leben zu können. Alle, und bei der Garantie die Gemeine, sind jedem Bürge dafür, daß seine Arbeit diesen Zweck erreichen wird, und verbinden sich zu allen Mitteln dazu von ihrer Seite. Diese Mittel gehören zu dem vollkommenen Rechte eines jeden, das ihm der Staat schützen muß. Der Vertrag lautet in dieser Rücksicht so: Jeder von allen verspricht, alles ihm Mögliche zu tun, um durch die ihm zugestandene Freiheit und Gerechtsame leben zu können; dagegen verspricht die Gemeine, im Namen aller Einzelnen, ihm mehr abzutreten, wenn er dennoch nicht sollte leben können. Es wird eine Unterstützungsanstalt sogleich im Bürgervertrage mit getroffen, so wie eine schützende Gewalt errichtet wird. Der Beitrag zu der erstern ist, so wie der Beitrag zu der letztern, Bedingung des Eintritts in den Staat.]

II. [Wir haben gesehen:] Jeder hat überhaupt Rechte nur dadurch, daß er seinen Beitrag zur Errichtung und ewigen Erhaltung des Staats leistet. [Jeder hat auf sich die] absolute Verbindlichkeit [zu diesem Beitrage], weil darauf alles Recht sich gründet.

Worin dieser Beitrag bestehe, [ist] jetzt klar: die, welche o r d n e n , und schützen, müssen l e b e n , [dies können sie] nicht durch ihre Arbeit, [denn] sie haben etwas anderes [zu tun, als die Sicherung ihrer Selbsterhaltung durch Arbeit;] also [sie müssen leben] durch die Arbeit der andern. [Also] Arbeit für ihre [34]) Subsistenz [der den Staat Verwaltenden] ist die Rechtsverbindlichkeit aller, ohne welche ihre Rechtlichkeit [35]) aufhört.

---

[34]) Druck: die [35]) Druck: Berechtigung

Ich habe schon gestern den Sprachgebrauch: A r b e i t, eingeführt. Arbeit nämlich im staatsrechtlichen Sinne ist [der] Gebrauch der Freiheit für Lebensbedürfnisse [, oder für Subsistenz.] [Die] Arbeit statt anderer [aber ist] Abgabe.

Diese [Staats-]Macht [soll] zu Stande kommen durch die Beiträge a l l e r ohne Ausnahme, indem jeder nur unter dieser Bedingung Mitglied des Rechtsbundes ist. Alle [errichten dieselbe] aus dem g l e i c h e n G r u n d e [, und sollen die gleichen Rechte haben; jeder muß] drum [sich so viel als Rechtsbürger beweisen als der andre, d. i. alle müssen] auf die g l e i c h e W e i s e [zur Staatsgewalt beitragen.] (Jeder [muß] so viel Arbeit nicht für sich, sondern für den Staatszweck tun, als der andere.)

([Nur] ja [hier] nicht vorgegriffen über die Weise die Abgaben zu e r h e b e n, und über die verschiedenen Systeme, [es ist] hier noch gar nichts abgesprochen.)

Wie [wir] nun [als das Recht des Staates fänden die] Aufsicht des Staats auf die Arbeit um des Zwecks[36]) der eignen Erhaltung, so [kommt ihm diese Aufsicht auch zu] in Absicht der Abgaben. [Der Staat erhält die] Aufsicht auf die Vermögensumstände eines jeden in dieser doppelten Beziehung. (In Absicht des letztern erkennt es der Staat.)

III. In diesen beiden Rücksichten ist die Freiheit des Menschen untergeordnet dem Gesetze der Notwendigkeit, der natürlichen [sowohl, als] der rechtlichen. Der Mensch hat gar keine Freiheit unter diesen Bedingungen. [Nun aber ist der ganze Rechtsvertrag doch nur da für die Sicherung der Freiheit. Zur Freiheit gehört, daß ein jeder sich] den[37]) Zweckbegriff mit absoluter Freiheit entwerfe[38]), er muß[39]) nicht a u f g e g e b e n sein [durch Notwendigkeit]: denn außerdem wird der Wille ein zweites, materialiter und qualitativ ein Prinzipiat, und Produkt der Notwendigkeit. [Und zwar] hier der doppelten . . [welche die Natur ihm auflegt, und welche der Staat.] Sehe man dies noch von einer andern Seite [an]. Rechtszustand [ist] Bedingung der sittlichen Freiheit, diese [sittliche Freiheit aber besteht in dem

*
2.535

---

[36]) Druck: für den Zweck   [37]) Druck: seinen   [38]) Hs: entwerfen: [39]) Druck: daß dieser Zweckbegriff ihm . . . sei

Wollen] eines Zweckes [40]), der durchaus nicht in der Natur und
Fakticität liegt, sondern in einer höhern Welt. Dies sonach [ist]
die wahre Freiheit: das Vermögen übersinnlicher Zwecke.

[Wir befinden uns hier in einem W i d e r s p r u c h e.] (Nach
dem Satze: daß vermittelst der Errichtung einer Staatsgewalt der
Wille an das Recht gebunden wird, so daß es schlechthin unmöglich ist, einen unrechtlichen Willen zu haben, ist auf diesem Gebiete, und inwieweit dieses den Menschen umfaßt, der Wille überhaupt F o l g e des Mechanismus, wie sich dies immer weiter zeigen
wird.)

Nun wird der ganze Eigentumsvertrag geschlossen, und der
Rechtszustand eingegangen, lediglich um der Freiheit willen.
Aber durch die Vorkehrungen, die wir treffen, sie [41]) zu schützen,
sehen wir das gerade Gegenteil erfolgen, ihre Vernichtung.

Widerspruch. L ö s u n g. Jedem muß drum nach Befriedigung seiner eignen Notdurft und Erfüllung seiner Bürgerpflichten
noch Freiheit übrig bleiben für frei zu entwerfende Zwecke:
[Also jedem muß] Freiheit [zugestanden werden] innerhalb
s e i n e r Sphäre, [aber so, daß er da]durch die keines andern
stört. Der Eigentumsvertrag muß nach diesem Grundsatze geschlossen werden.

Diese Freiheit für frei zu entwerfende Zwecke (eigentlich zunächst für freie Bildung, und Bildung zur [sittlichen] Freiheit)
ist das absolut persönliche Recht, das kein Vertrag verletzen
darf, für dessen Sicherung vielmehr der ganze Rechtsvertrag
[errichtet worden] ist.

Es ist dadurch das jedem absolut zukommende Eigentum vollständig bestimmt. [Der Vertrag muß so geschlossen werden, daß
jeder] eine solche Sphäre für [den Gebrauch seiner] Freiheit
[als Eigentum erhalte], in welcher nach Befriedigung seiner
Notdurft, und seiner Bürgerpflicht, ihm noch Freiheit [d. i.] Kraft
und Zeit und Raum [und] Recht, für frei sich aufzugebende
Zwecke übrig bleibe.

W e m d i e s n i c h t g e w o r d e n [ist], d e m i s t g a r k e i n
R e c h t g e w o r d e n, und er ist andern n i c h t z u m R e c h t

----

[40]) Hs: einen Zweck [41]) Druck: die Freiheit

v e r b i n d l i c h. [Und] die Verfassung in der er steht [42]), ist
auch [43]) keine Rechtsverfassung, sondern eine bloße Zwangsanstalt.

Damit ist, sagte ich, der Begriff des notwendigen Eigentums-
rechts v o l l e n d e t. Wer dieses hat, überhaupt, [der] hat sein
Eigentum, aber auch nur der. Über eine Quantität der Sphäre
läßt sich da nichts ausmachen. Die Quantität kehrt wieder in die
Form zurück, von der sie ausging: der [44]) Freiheit, zum Zeichen,
daß die Untersuchung in sich zurückgelaufen, und drum abgeschlossen ist. Sie ist unsichtbar, geht wieder in das innere zurück;
und vermehrt sich [ihrer Quantität nach] selbst ins unendliche.
Es lassen durch sie alle übrigen notwendigen Arbeiten und Geschäfte sich formieren: und so beides [Rechtsnotwendigkeit und
freier Wille] innigst sich vereinigen. Der Gebildete benutzt,
wenn er den Acker baut, ihn anders, und mit andrem Sinne, als
der ungebildete.

Hierüber [45]) [ist] überall Freiheit, und so [46]) auch keine Aufsicht [des Staates], wie bei den Äußerungen der Freiheit erster
Art. Daß es [47]) aus meinem eignen Entschlusse, und nicht aus
äußerer Notwendigkeit komme, gehört ja zum Wesen dieser
Freiheit. Er [48]) kann sich bilden, er muß nicht; [es hängt ganz
von ihm ab, ob er überhaupt in einer solchen Sphäre sich bewegen wolle.] Anweisung [und] Unterricht [dazu kann man ihm
erteilen], so viel man will, nur [darf] keine Zwangsanstalt [dazu 2.537
sein], die dem Willen ein äußeres Motiv würde [, denn dadurch
würde die Form der Freiheit wieder vernichtet].

Ein Beispiel. Diese Freiheit soll nun eigentlich das ganze
Geschäft [49]) des Menschen durchdringen, und nicht abgesondert
sein in [bestimmte] Zeiten, und besondere Verrichtungen. Aber
bis es zu dieser Durchdringung komme, möchte wohl eine sinnliche Absonderung, und besondere Hinstellung nötig sein.

[Eine solche Absonderung beabsichtigte] der Gesetzgeber der
Juden, dem hinterher die christliche Kirche es nachgetan, durch
das Gebot der Feier des siebenten Tages. Was eigentlich nur

---

[42]) Druck: ein solcher stände, [43]) Druck: wäre für ihn [44]) Druck: zur
[45]) Druck: In dieser Sphäre [46]) Druck: folglich [47]) Druck: diese Äußerung
[48]) Druck: Ein Jeder [49]) Druck: die ganze Tätigkeit

Erlaubnis sein muß, [verwandelte er] um der Roheit und Sinnlichkeit [willen] in ein G e b o t. [Also] die höhere Freiheit [sollte] abgesondert [sein, von den notwendigen Geschäften des Lebens,] in einer gewissen Zeit. Was [ist] die Bedeutung [dieser Absonderung]? Euch selbst überlassen, wird eure Gier euch treiben, immer zu arbeiten: oder, falls ihr Treiber habt, deren Lasttiere ihr seid, werden diese euch ohne Rast und Unterbrechung anspannen. Drum sollt ihr g e z w u n g e n werden, frei zu sein, und eure Treiber, euch frei zu lassen. (In dieser Rücksicht [muß der Staat] ja über die Sonntagsfeier halten.) In dieser Ruhe eures Körpers werdet ihr, so Gott will, durch Langeweile genötigt werden, an euren Geist zu denken, zu bemerken, daß ihr einen habt, bis diese bloßen Spekulationen das tun werden, was sie sollen, ergreifen, und heiligen alles euer [50]) Werktagsleben. [Bei den] heidnische[n] Völker[n vertraten die] Feste [die Stelle des Sonntags. Doch ist darin] keine solche Ordnung und periodische Wiederkehr. Moses [bestimmte] noch dazu das siebente Jahr. [Das ist] viel des Guten. Ich will ihm nun [51]) mein Räsonnement nicht gerade [52]) unterlegen: aber ein tiefes Gefühl jener höhern Freiheit, und der wahren Bestimmung des Menschen zeigt wenigstens diese Seite seiner Gesetzgebung unwidersprechlich.

Wir sind auf einen wichtigen Punkt gekommen. Wir wollen gleich hier durch einige allgemeine Bemerkungen und Übersichten ihn mehr auseinandersetzen.

1.) Der Mensch wird durch den Staat in Anspruch genommen, und ist sein Werkzeug; sein Wille [ist] zweites, und Produkt des Staatswillens als des ersten. So soll es sein, und nur inwiefern es so ist, ist das Recht gesichert. [Aber] wo bleibt [denn nun] der eigentlich freie Mensch, um dessen willen der Staat errichtet wurde? Jeder Mensch geht durch den Staat hindurch, aber [er geht] nicht in ihm auf, [sondern sein Wille wird] nur zum Teile [in Anspruch genommen; der nämlich,] der dahin gehört. [Wir müssen daher die] Grenze genau angeben [, bis zu welcher

2.538

---

der Staat dem Willen des Einzelnen Prinzip ist. Der Anspruch des Staates, fanden wir, geht] bis auf ein bestimmtes, negatives und positives Produkt seiner Freiheit. [Das] negativ[e Produkt, welches der Staat fordert, ist]: keines eigentümliche Rechte [zu] stören; [das] positiv[e], die Arbeit zu seiner und des Staats Erhaltung. Ganz frei [dagegen] bleibt ihm der Geist, mit welchem er dieses Produkt liefert, und mit welchem er es selber durchdringt.

Die Grenze läßt sich sogar anschaulich machen. Er leistet und muß leisten, und dies läßt sich ihm nicht erlassen. Ob er aber mit eignem Widerstreben seines Willens oder wirklich aus Zwang leiste, oder [ob er es tue] mit gutem rechten Willen, aus Einsicht des Rechts, und der Sittlichkeit, das steht bei ihm. Ob er auch der Form nach fremder Wille sei, oder [ob er], obgleich das Produkt einem fremden Willen gemäß ist, und qualitativ dadurch gedacht [wird, darin] ein eigner Wille sein wolle, das steht bei ihm.

Resultat. Das erste Produkt der Freiheit vom Staate ist die Erschaffung der Freiheit vom Staate [53]). Die Freiheit setzt auch in diesem Sinne, wie allenthalben, s i c h s e l b s t.

[Es ist] klar: der Geist, in welchem er dieses Produkt liefert [, ist Werk seiner eignen Freiheit.] Gehorchen wird jeder, und dafür [weiter] keinen Dank haben. Aber [ob er [54])] als gezwungner Sklav, nämlich der ganzen Anstalt, oder [als] frei[er], und nach eignem Willen gehorcht [55]), das [56]) ist der Geist des Gehorsams, der ihm übrig bleibt.

2.) Diese Freiheit [ist] das absolute [persönliche] Recht des Menschen. Er hat gar kein Recht, und es ist mit ihm der Rechtsvertrag gar nicht geschlossen, wenn ihm nicht dieses Recht gesichert wird. Der Staat ist nicht der Wille des Rechts, und ist kein Staat, wenn nicht jedem in ihm dieses Recht gesichert ist. Der Staat hat drum zwei durchaus verschiedene Seiten und Ansichten. (Es ist wichtig diese zu unterscheiden und zu vereinigen, die Vernachlässigung [davon] hat üble Folgen gehabt.) Er ist absolut zwingende und verpflichtende Anstalt; er hat Recht, oder

2.539

---

[53]) Druck: der höhern Freiheit. [54]) Druck: er kann gehorchen [55]) „gehorcht" fehlt im Druck [56]) Druck: Letzteres

eigentlicher er ist das Recht selbst, zu einer zwingenden Naturgewalt geworden. Dieses Recht hat er aber nur unter [der]
Bedingung einer Verpflichtung, die höhere Freiheit aller, die Unabhängigkeit aller von [57]) ihm zu sichern. Ist dies nicht in ihm
geleistet, so kann er nicht von Recht reden, denn er verletzt den
Mittelpunkt des Rechts, und ist selbst unrechtlich; er ist bloßer
Zwang und Unterjochung.

Wie beim Einzelnen Recht nur [erworben wird] durch Verbindlichkeit, [eben] so [ist es] beim Staate. Ohne dies [58]) [dessen
Verbindlichkeit, die Freiheit und Unabhängigkeit aller zu sichern,
hat er] durchaus kein Recht.

Ihr unterwerft alle Kräfte einem gemeinsamen, fremden Willen. Welches ist denn nun der letzte Zweck, der durch die ganze [59])
Anstalt erreicht werden soll? Ich kann mir wohl denken, daß
Einer [sich] einen willkürlichen, und beliebigen Zweck — etwa
der rohen Gewalttätigkeit, der Rache, des Hasses, oder überhaupt
der absoluten Herrschaft seiner Willkür sich gesetzt habe: daß
er glaube [60]), vereinigte Kräfte seien dazu ein sicheres Mittel,
und daß er das rechte Band der Ordnung und des Friedens aller
unter einander finde, und anwende. Was sind denn nun [aber]
alle, als Sklaven seiner Willkür: und wozu ist der Friede, und die
Rechtlichkeit unter ihnen selbst, als [damit er] das Mittel [sei,] sie
zu tauglichern Sklaven zu machen. Welches [soll denn aber] der
* letzte Zweck [sein?] Es giebt keinen möglichen Zweck, als die
Sittlichkeit; [dies ist] der absolut notwendige Zweck aller. Nun
kann dieser durch äußere und sinnliche Mittel nur soweit befördert werden, daß sie [61]) zur [62]) Freiheit kommen, einen sittlichen
Zweck sich zu setzen: Diese [Freiheit] aber können sie nicht erhalten, außer durch Befreiung, und Lossprechung von allen sinnlichen Zwecken (wie wir zu seiner Zeit gesehen haben.)

Die rechtliche F o r m des Staats, die in allem bisherigen liegt,
2.540 beweißt drum gar nichts für die Rechtlichkeit eines gegebnen
* Staats. Die einzig erweisende Bedingung [derselben] ist, daß
sein letzter Zweck sei die sittliche Freiheit. So findet sich das

---

[57]) Druck: vor　[58]) „dies“ fehlt im Druck　[59]) Druck: diese　[60]) Hs. nich
leserlich　[61]) Druck: alle　[62]) Druck: zu der

Recht wieder mit dem ganzen Systeme des Wissens verbunden, und auch in der Wirklichkeit als das, was es ist in der Idee, [als] die faktische Bedingung der Sittlichkeit.

Ich habe mit Bedacht den Verbindlichkeitsgrund des Staates recht scharf herausheben wollen.

3.) Die absolute Freiheit aller muß gesichert werden durch den Staat, denn nur unter dieser Bedingung ist ein Staat. Sie muß gesichert werden auf eine sichtbare Weise; denn nur [durch] die Offenkundigkeit dieser Sicherung tut er dar, daß er Staat ist, und verpflichtet die Untergebenen. Aber wie kann er das? Wir haben beim Punkte des Überganges zu dieser Freiheit gesehen, daß sie sich in jedem Individuum [63]) notwendig selbst mache, [und] nicht gemacht werden könne.

Antwort. Er kann es nur durch Anstalten für die Bildung aller zur Freiheit. Aus folgendem Grunde. Diese Freiheit wird nicht ausdrücklich gefordert beim Schließen des ursprünglichen Bürgervertrages, denn zur sittlichen Freiheit kommt man [64]) erst durch die Rechtsverfassung hindurch: diejenigen drum, von denen vorausgesetzt wird, daß sie sich erst in die Rechtsverfassung begeben, haben nicht jene Freiheit, noch ihren Begriff. (Ihnen heißt Freiheit gesetzlose Willkür.) Derjenige aber, der es unternimmt, unter das Recht, wenn es so ist, sie zu bringen, kennt diese Freiheit, denn das Recht ist die Bedingung zu ihr, und wird, wenn es wirklich als Recht verstanden wird, nur also verstanden. Er drum stellt diese Forderung, zufolge seines Begriffes, notwendig an sich selbst. [Recht ist Sicherung der Freiheit eines jeden [65]).] Nun kann er nicht sichern eine Freiheit, die nicht ist, er kann nur sichern die Möglichkeit ihres Werdens. [Dies] geschieht durch Anstalten zur Bildung der Freiheit für alle, und dadurch, daß man sie [66]) in die Möglichkeit setzt, sie zu benutzen.

Das letztere repräsentirt sinnlich die Lossprechung von anderer Arbeit, und von andern sinnlichen Zwecken. — Die Zeit, Freiheit, Raum, und Recht.

---

[63]) Druck: Individuo [64]) Druck: es [65]) Statt eines nicht entzifferten Einschiebsels in der Hs., dessen letztes Wort lautet: Recht. [66]) Druck: alle

2.541   [Dies gilt] für alle ohne Ausnahme: Denn das ist nicht das besondere Recht irgend eines einzelnen, sondern es ist das absolut persönliche Recht jedes[67]) als Menschen, um dessen willen allein er Bürgerpflichten übernehmen kann.

Wenn nun jemand dem, der ihn unter die Rechtsgewalt bringen wollte, antwortete: Wir wollen nun aber uns unter einander fressen, und aufreiben: daß wir darüber alle zu Grunde gehen werden, mag wohl wahr sein, aber was geht das dich an: wem überhaupt verschlägts etwas, ob ein solches Geschlecht wie wir sind, da sei, oder nicht? Allerdings hat er Recht, daß es auf das Dasein des bloß sinnlichen Menschengeschlechts gar nicht ankommt, und daß dieses ein Spiel des Nichts ist, um Nichts.

Gründlich kann ihm darauf nur also[68]) geantwortet werden: Ihr sollt aber da sein, erhalten werden, weil [es] schlechthin [kommen] soll zur[69]) Sittlichkeit, zur[70] Realisation des göttlichen Bildes, und es zu dieser nicht kommen kann außer durch euch. Ist aber dies der letzte Zweck der Rechtsverbindung, so muß er auch erreicht werden können durch sie, und daß es Absicht sei, sie zu erreichen, muß jedem, der es verstehen kann, klar vor Augen gelegt werden können.

[Dies geschieht eben durch] allgemeine Bildungsanstalten für alle. Hat der Staat besondere, so hat er für diese besondere Zwecke. Diese sind das absolut allgemeine Eigentum aller von Rechtswegen: die Spitze. und der Endpunkt alles übrigen Eigentums. Ich bitte dieses [, daß alle solche Bildungsanstalten] von Rechtswegen [fordern dürfen,] nicht fallen zu lassen.

Bildungsanstalten zur Freiheit: zum Vermögen, einen Willen, als erstes, und anfangendes zu haben, über den Staat hinaus, sich selbst Zweck[begriff]e zu setzen, und übersinnliche [, seien die Verpflichtung des rechtmäßigen Staates, sagte ich. Aber] keinesweges etwa Anstalten zur Dressur, d. i. zur Fertigkeit und Geschicklichkeit Werkzeuge zu sein eines fremden Willens. Das letztere wird auch wohl der Despot, und Tyrann geraten finden, das erstere tut allein der Staat.

---

[67]) Druck: eines jeden   [68]) Druck: so . [69]) Hs: die   [70]) Hs: die

Dressur zur Fertigkeit, nach einem unbegriffenen Gesetze, und einem unbekannten letzten Zwecke zu handeln: ein geschicktes zweites, Instrument zu sein: [steht gegenüber der] Bildung zur Fertigkeit, sich selbst Zwecke zu entwerfen, und die Gesetze, nach denen man sie erreicht, klar zu begreifen. [Und so haben wir denn von Einer Seite das] Kriterium des Staats in [71]) der Despotie [gefunden. Es ist dieser]: ob Bildung in ihm herrscht, oder Dressur.

Die erste Entwicklung der Freiheit [ist die], daß der Staat, als willenbewegendes Prinzip wegfällt. Er geht drum darauf aus sich aufzuheben: [denn sein letztes Ziel ist die Sittlichkeit [72])]. Die Sittlichkeit [aber] hebt ihn ja auf. Der Despot kann dies nie, weil er einen solchen Zweck hat, der nie der Zweck aller werden kann. Dieser [73]) aber [hat schon] den notwendigen Zweck aller, die Freiheit derselben [74]) [selbst zum Zwecke gesetzt]. Er [75]) [dagegen] die Sklaverei, und Unterjochung.

[Anwendung des Gesagten auf das [1])] Besondre.

[Lassen Sie uns jetzt den] Eigentumsvertrag durchaus anwenden auf eine allgemeine gedachte Verbindung zum Rechte. Wir kommen darauf nicht wieder, und handeln ihn dadurch ab. [Der] Zweck [dieser Untersuchung ist], die Grundlage zu geben, zu aller möglichen bürgerlichen Gesetzgebung über Mein, und Dein.

1.) [Freiheit ist es, um welche der Vertrag geschlossen worden ist. Alles was wir übernehmen, übernehmen wir um der Freiheit willen, also] das absolute Eigentum aller ist freie Muße zu beliebigen Zwecken, nachdem sie die Arbeit, welche die Erhaltung ihrer selbst, und des Staats von ihnen fordert, vollendet [haben]. Nur insofern hat jeder Eigentum, und Recht [, wiefern ihm dieses zugestanden wird]. Fassen Sie diese Idee so zusammen.

---

[71]) Druck: und   [72]) In der Hs. vier Worte, die gelesen werden könnten: wie in der Ordnung.   [73]) Druck: Der Staat   [74]) „die Freiheit derselben“ fehlt im Druck.   [75]) Druck: Jener

[1]) In der Hs zwei nicht entzifferte Worte.

Alle als Summe zusammengefaßt (diejenigen, welche den Staat verwalten, abgerechnet) haben die absolut notwendige Aufgabe immerfort sich selbst im einzelnen und ganzen (die einzelnen Mitglieder, und den Staat) ²) zu erhalten. Alle sage ich: nicht etwa jeder für sich: alle gemeinschaftlich müssen sie ³) immerfort für die Erhaltung eines jeden, der im Bürgervertrage mit eingeschlossen ist, einstehen. Alle auf dieselbe Weise, nach denselben Rücksichten, drum zu gleichen Teilen. Diese Masse von Arbeit muß vollendet werden; [denn] nur unter dieser Bedingung [ist ein Rechtsverein, und hat ein jeder sein] Recht.

In diesen Arbeiten soll [nun aber] nicht aufgehen ihre ganze Zeit, und Kraft, außerdem hätten sie kein Recht; [denn] sie hätten keine höhere Freiheit. [Es muß darum in der Staatsverfassung bestimmt sein:] Von der Zeit und Kraft des Ganzen der arbeitenden Stände geht soviel auf den Staatszweck: dieser aliquote Teil der ganzen Kraft: [und] soviel bleibt übrig.

2.) Dieses Verhältnis der Arbeit des Ganzen zu seiner Muße kann in verschiedenen Staaten sehr verschieden sein. Den Ackerbau vorausgesetzt, als [die] eigentliche Grundbeschäftigung, [wird] ein unergiebiger Boden mehr Bearbeitung [erfordern], als ein ergiebiger. Ergiebiger ⁴), fremde Kraft der Tiere, [Zweckmäßigkeit] der Maschinen: Vorrat von allerlei Bedürfnissen, daß ⁵) man sich immer die beste Zeit [für die Bearbeitung] aussuchen könne, erspart die Arbeit.

Dieses so angegebne Verhältnis bestimmt das, was man meint, wenn man von Nationalvermögen, Armut, oder Reichtum gesprochen hat. [Oder] auch [von] Staats ⁊ [-Vermögen und Staatskraft.] Der Unterschied, den man da hat machen wollen, ist heillos: er ⁶) gründet sich auf die Unkunde des Staats. [Es giebt] keine Gemeinschaft außer im Staate, und durch den Staat. Sie denken sich den Staat nur als einen Despoten, oder denken ihn wenigstens nur als berechtigte Zwangsgewalt, nicht zugleich als verpflichtete befreiende Gewalt. (Darüber ex professo zu seiner Zeit.)

---

²) (die ... Staat) fehlt im Druck.   ³) Fehlt im Druck   ⁴) Fehlt im Druck
⁵) Druck: damit   ⁶) Druck: und

Daß ich dieses Verhältnis hier erwähnen muß, ist klar. Ich will über die Regeln sprechen der Verteilung an die einzelnen. Aber da muß ich das zu teilende Ganze kennen. Dieses ist nun das Eigentum des Ganzen: d. i. die Muße, die allen nach vollbrachter Arbeit bleibt. (Daß es [das Eigentum] bisher nicht so bestimmt worden ist, beweist nur, daß sie nicht aus der Tiefe des Begriffs ausgingen, sondern oberflächlich von der Erscheinung abschöpften [7]).)

Je weniger Muße die durch den Staatzweck geforderte Arbeit übrig läßt, desto ärmer, je mehr Muße sie übrig läßt, desto vermögender ist das Ganze. Jeder [hat als Teil der Muße] $6/7$, $5/7$, $4/7$, u. s. f.

3.) Der durch den Staat gesicherte Endzweck aller Verbindung der Menschen zum Recht ist Freiheit, d. i. zuförderst Muße. Dies [8]) [ist also] der eigentliche Zweck, und die Arbeit nur das aufgedrungne Mittel. Es gehört zur Freiheit, das Mittel immerfort zu verringern, versteht sich [je]doch also, daß der Endzweck erreicht werde: also, es ist ein Zweck des Staats das Verhältnis der Arbeit des Ganzen zu seiner Muße immerfort günstiger zu machen ([d. h.] den Nationalreichtum zu vermehren.)

4.) Welche noch andere Pflichten dies dem Staate auflege [9]), davon zu seiner Zeit. Hier nur die Eine hierher gehörige Betrachtung.

Erfahrungssatz: Es wird Arbeit erspart, wenn die verschiedenen Zweige derselben verteilt werden. [Wenn] jeder [es] zur Übung und Fertigkeit in Einer [bringt]: jeder nur das ausschließend treibe [10]), was er gelernt hat, so ergiebt sich aus weniger Arbeit, und Anstrengung der Einzelnen ein größeres Resultat von Produkten der Arbeit für das Ganze. Es wird [also] gewonnen Muße.

Da [nun] der Staat schlechthin verbunden ist, Muße für Freiheit, und Bildung herbeizuschaffen, und da sich wenigstens für den Arbeiter kaum ein anderes Mittel der künstlich, und durch Berechnung herbeigeführten Muße denken läßt, als diese Vertei-

---

[7]) Es folgen in der Hs fünf unleserliche Worte. [8]) Druck: Diese [9]) Druck: dadurch d. St. obliegen, [10]) Druck: treibt

lung, so kann man wohl sagen, daß der Staat verbunden sei, diese
Verteilung der Zweige der durch den Staatszweck aufgegebnen
Arbeit einzuführen.

Nach dieser Ansicht würde in einem vernunftgemäßen Staate,
nach Maßgabe der Teilung der gemeinsamen Arbeit, die arbeitende
Klasse überhaupt (d. i. [jeder] der nicht zu den Staatsbeamten
gehört) zerfallen in verschiedene arbeitende Stände: welche durch
die Teilung ausschließende Eigentumsrechte bekommen. Wir
werden ersehen [11]) können, wie diese Verhältnisse nach dem
Rechte zu ordnen seien: und so das Zivilgesetz von einem höhern
Standpunkte aus umfassen [können].

2.545   [Unsere] Aufgabe [ist also]: Die gemeinsame Arbeit für den Zweck des Staats nach ihren Eintei-
lungsgründen für besondere arbeitende Stände
zu erfassen.

*   1.)[11*]) [Der] Grundzweck [aller Arbeit, fanden wir, ist die
Selbst-]Erhaltung: [und zwar die] physische: eben von Menschen
(so auch der Staatsbeamten, sie müssen leben, [und] sich ernähren, ohne eigne Arbeit für die Ernährung.)

Der Mensch ernährt sich von organisirter Materie aus dem
Pflanzen- und Tierreiche [12]).

Es ist zu erwarten, daß wenn durch Kunst und nach einem
freien Begriffe sich mehr [13]) Menschen in einem Raume zusammen
drängen, als die sich selbst überlassene Natur auf demselben zu-
sammengebracht haben würde, diese sich selbst überlaßne Natur
sie auch nicht nähren [14]), sondern die Organisation gleichfalls
unter die begriffmäßige Kunst würde gebracht werden müssen [15]).

[So wird es also zuförderst bedürfen der] Beförderung der
Vegetation mit Kunst, und Berechnung derselben auf unsere
Zwecke. Die Natur [erzeugt] die Pflanzen durcheinander: wir
[werden sie] absondern [müssen]: sie [hält] ein Gleichgewicht
[unter den hervorgebrachten], wir [werden] das Nährendere,

---

[11]) Druck: einsehen   [11*]) Dieser 1 entspricht in der Hs keine 2.   [12]) Im
Druck folgt: (Angewandtes Naturrecht S. 35.)   [13]) Druck: mehrere   [14]) Im Druck
folgt: würde; daß also die Organisation ... werden müsse.   [15]) Im Druck folgt:
(Ebend. S. 36.)

[leichter] aufzubewahrende, [Nützlichere] u. s. w. vorziehen, das andere [16]) unterdrückend. [So entsteht der] Ackerbau [17]).

[Also, daß der Boden uns] Nahrung liefere [18]), [ist] die Bedingung, ohne welche nicht, des Bestehens [19]): Auch Fleisch [bedürfen wir]: aber dieses Fleisch [kommt] zuletzt wieder aus dem Pflanzenreiche, das vielleicht auch für die Viehzucht einer besondern Fürsorge bedarf: und drum [20]) die Viehzucht recht füglich mit dem Ackerbau vereinigt werden sollte.

[Der Ackerbau bleibt] drum immer die erste und [die] Grundarbeit, und die Bedingung aller andern. Dieser Stand [ist] der erste Stand. *

Ich will die streng rechtliche Bestimmung gleich an die Spitze stellen. Der Staat garantirt immerfort allen seinen Bürgern ihre physische Erhaltung, als ihr Recht; also das Vorhandensein der bedürfenden [21]) Nahrungsmittel.

Inwiefern nun in einem bestimmten Staate diese Nahrungsmittel lediglich durch den Ackerbau gewonnen werden, garantirt der Staat, daß der Ackerbau stets in dem Zustande sei, um diese Nahrungsmittel zu liefern. 2.546

Der Staat hat drum das Zwangsrecht auf jeden, daß er sich dieser ersten der Staatsarbeiten widme, falls es [22]) seiner Hände dazu bedarf: und es haben nicht mehrere das Recht, auf andere Zweige der Arbeit sich zu legen, als ihrer von jener Grundarbeit erspart werden. Des Gebots: Du sollst arbeiten: erste Bedeutung in einem ackerbauenden Staate [ist die]: du sollst den Acker bauen. Etwas Andres [bedeutet es] nur, inwiefern jenes [Gebot] cessirt.

[23]) [Die Organisation schreitet in einer Zeitdauer fort nach gewissen Gesetzen, in deren Ausübung die Natur nicht gestört werden darf. Es ist daher für die Erreichung des beabsichtigten Zwecks schlechthin notwendig, daß in jedem gepflegten Teile des Pflanzenreichs alles so bleibe, wie der Pfleger desselben es er-

---

[16]) Druck: die anderen [17]) Es folgt in der Hs, wieder getilgt: vgl. S. 36.
[18]) Hs: liefernd [19]) „des Bestehens" fehlt im Druck. [20]) Druck: weshalb
[21]) Druck: nötigen [22]) Druck: er [23]) Das folgende auf Grund von Fichtes handschriftlichem Hinweis wörtlich aus dem Angewandten Naturrecht S. 36, 37.

kannt hat, indem er in seinem weitern Verfahren darauf rechnen
muß; daß ihm sonach der Boden, auf welchen er baut, ausschließend zugestanden werde, für diesen·Gebrauch des Anbaus.]

Deduktion des Eigentumsrechts des Landbauern[1).

Satz: Das Recht des Ackerbauers an Grund und Boden ist das
auf demselben zu erbauen: diesem deklarirten, und ihm zuge-
standnen Zweck seiner Arbeit den Acker zu unterwerfen. Ein
anderes Recht des Einzelnen an Grund und Boden giebt es nicht.
[Es giebt also kein] G r u n d - Eigentum. Darin sitzt so recht die
Quelle der verkehrten Ansicht, und verkehrten Praxis, die wir
freilich durch unsere Philosophie nicht auf einmal ausrotten
werden, [und] sie nur nicht, wie viele, beschönigen wollen.

[I.] Direkter Beweis: Recht [ist die] Entscheidung des Strei-
tes des freien Handelns [Mehrerer]. Ein solcher [Streit] ist in
Beziehung auf den Boden denkbar nur, inwiefern mehrere ihn
bearbeiten wollen zu irgend einem ausschließenden Zwecke, und
außerdem nicht. Darauf zu gehen z. B., sich darauf zu bewegen,
ist kein ausschließender Zweck. Daß jeder das Eigentum seines
Leibes hat, versteht sich[2). Ausschließen[d wird der Zweck nur]
durch einen bestimmten Gebrauch des Bodens[3).

Das entgegengesetzte System [stellt auf] e i n R e c h t [, vom
Boden] a u s z u s c h l i e ß e n , o h n e i h n s e l b s t z u g e b r a u -
c h e n . Das muß es behaupten. Woher soll nun ein solches Recht
kommen: doch wohl nur aus einem Vertrage mit andern. Dies
gesetzt: wozu soll es dienen? Um diejenigen, die ihn bearbeiten
wollen, unter Bedingungen zu setzen, daß sie eben für uns mit,
oder für uns am allervorzüglichsten ihn bearbeiten müssen. Sind
nun diese im Vertrage betrachtet worden, als uns gleich? [Die
erträglichste Erklärung wäre noch:] Sie haben diesen Platz, und
dieses Verhältnis durch einen Vertrag, unter sich[4), an dem die[5)
übrigen nicht teilgenommen [haben], in den sie auch nimmer-
mehr eingewilligt haben würden; denn er stützt sich auf Ungleich-

---

[1) Druck: —bauers [2) „Daß . . . sich" fehlt im Druck. [3) Es folgt in der
Hs ein unerklärliches Wort. [4) „unter sich" fehlt im Druck. [5) Druck: jene

heit. Aufgestelltermaßen haben sie [also] gar keine Verbindlichkeiten übernommen, indem sie den andern welche auflegten. Die absolute Nullität eines [solchen] Vertrags [leuchtet ein]. Jene [sind allein] die verpflichtenden, diese [allein] die verpflichteten. Woher [kommen denn] diese ihre Begünstigungen und Vorrechte? ([Daß sie] privilegirte, begünstigte [sein wollen, ist] offenbar.) [Sie werden antworten:] Wir sind eher da gewesen! Aber ihr habt in der Tat [euch] nicht[s] zugeeignet, denn nur die Arbeit vollendet die Zueignung. Also auf M a c h t [stützt sich ihr Vorrecht]. Sie können jedermann vom Boden verjagen, der nicht in ihre Bedingungen eingehen will. Auch dies vermögen sie wohl nur durch ihren Bund mit einander. Macht aber giebt durchaus[6]) kein Recht.

Dieses letztere nun, ihre M a c h t , giebt eine rechtfertigende Ansicht[7]), die wir, nicht etwa um zu beschönigen, sondern um vollständig zu sein, anführen. Dadurch werden sie nun Beschützer dieses Grundes gegen auswärtige Gewalt. Dazu treibt sie ihr eignes Interesse. Dasselbe treibt sie, auf Ordnung und Gesetzmäßigkeit unter den ihnen Unterworfenen sowohl, als unter den sämtlichen Unterworfenen zu halten. [Denn durch] das erste wird der Ertrag des Bodens geringer, [und durch] das letzte werden die eignen gegenseitigen Rechte der Begünstigten angetastet. Sie haben sich ja gegenseitig ihren Boden garantirt, und keines Untertan kann den eines andern Herrn antasten, ohne zugleich den Herrn anzutasten. Sie werden drum die Regenten, die Staatsgewalt. Sind sie nun dies, so kommt ihnen zu allerdings 1.) das Grundeigentum, wie ich gleich zeigen werde, daß dies dem Staate zukommt. 2.) das Recht, für sich arbeiten zu lassen, und die Bearbeitung nur gegen die für den Staatszweck[8]) zu tragenden Lasten zuzugestehen. Also, in Rücksicht der Qualität des Verhältnisses käme alles so ziemlich wieder auf das durch das Rechtsgesetz geforderte zurück. In Rücksicht der Form aber 1.) diese vorgef.[9]) Staatsgewalt ist gar nicht von der Gemeine errichtet

2.548

---

[6]) „durchaus" fehlt im Druck   [7]) im Druck folgt: darin,   [8]) Druck: die Staatsgewalt   [9]) Druck: vorgegebne

worden, sondern sie hat sich selbst errichtet, und konstituiert. 2.) nicht um des Rechts willen, sondern um des Vorteils willen, unterordnet sie den Untertanen unter das Gesetz, während sie gegen denselben über [10]) gar keins haben (unter sich haben sie das ihres ursprünglichen Vertrages [oder vielmehr: sie stehen unter einander] im Bündnisse: [ein] Bündnis der Begünstigten unter sich. Vertrag eines jeden unter diesen mit seinen Untertanen [11]). 3.) Da der Vorteil oben an steht, und der leitende Begriff ist, so wird das Recht eingeführt nur inwieweit der Vorteil der Begünstigten es [er]heischt.

Anmerkung: 1.) Es ist wahr, daß die Staaten des modernen Europa so entstanden sind. Durch E r o b e r u n g. (Die dokumentirte Macht, jeden vom Lande zu vertreiben.) Glück [war] das Einigungsband ihres Anführers.

2.) [Es ist] wahr, daß sie auch nicht füglich anders entstehen können: daß drum in einer solchen Notverfassung sich das Recht [erst] entwickeln muß.

3.) [Es ist] aber [auch] wahr, daß uns dies nichts angeht. Wir entwickeln den Begriff des Rechts, als ein S o l l, ohne Frage nach dem empirischen wie i s t s, oder wie k a n n es werden. In diesen liegt schlechthin nicht die Möglichkeit eines Grundeigentums für den Einzelnen, [sondern allein] diese [12]), des Rechts des ausschließenden Gebrauchs zum Anbau.

Der Staat [allein hat das Recht des] Grundeigentum[s]: zuförderst, als das Recht, ihn nach seinem Zwecke der Erhaltung aller zu verteilen und [13]) zum Anbau zu verleihen, die einzelnen damit zu belehnen. — 2. [14]) ihn zu verteidigen gegen alle Auswärtige, und diese auszuschließen von Vorteilen, und [vom] Gebrauche. [Dieses] gehört [aber] noch nicht hierher, sondern in das Völkerrecht.

[II.] Negativ[er Beweis.] Grundsteuer, etc. [15]) [Der Boden ist die gemeinschaftliche Stütze der Menschheit in der Sinnenwelt, die

---

[10]) Druck: denselben gegenüber [11]) „Vertrag ... Untertanen" fehlt im Druck. [12]) Druck: die [13]) „zu verteilen und" fehlt im Druck [14]) Druck: Sodann [15]) Fehlt im Druck. Das folgende auf Grund des handschriftlichen Hinweises auf S. 37, 38 u. s. f. [des angewandten Naturrechts].

Bedingung ihres Bestehens im Raum, sonach ihrer ganzen sinnlichen Existenz. Die Erde, insbesondere als Masse betrachtet, ist
gar kein möglicher Gegenstand eines Besitzes; denn sie kann, als
Substanz, keinem möglichen ausschließenden Zwecke eines Menschen unterworfen werden: von dem Gebrauche eines Dinges aber
alle Übrigen auszuschließen, ohne selbst einen Gebrauch desselben
angeben zu können, ist nach dem Obigen widerrechtlich. Also das
Recht des Landbauers auf ein bestimmtes Stück Grund und Boden
ist lediglich das Recht, darauf Produkte zu erbauen, und jeden
andern von diesem Anbaue und von jedem andern Gebrauche
dieses Grundstücks, welcher jenem Gebrauche widerstreitet, auszuschließen.]

1. [Also] das Recht zu bauen, [aber] kein Grundeigentum.

2. [Der Landbauer hat sonach] kein Recht, einen ihm[16]) unschädlichen Gebrauch [desselben Grundstückes] zu verhindern[17]),
[z. B. den B e r g b a u, oder die Hutung auf dem abgeernteten und
jetzt nicht mehr zu besäenden Acker, falls er nicht selbst das Recht
hat, Vieh zu halten.]

[Die Äcker werden an die Einzelnen unter der Garantie des
Staates verteilt, und durch Grenzsteine bezeichnet, damit g e -
w i s s e s Recht sei. Einen Grenzstein zu verrücken, ist demnach
ein Verbrechen gegen den Staat, indem es das Recht unsicher
macht.]

[Jeder Landbauer, der nichts wäre als dies, müßte durch die
Bearbeitung seines Ackers seinen Unterhalt gewinnen können.
Könnte er dieses durch alle seine Arbeit nicht, so müßte eine neue
Verteilung vorgenommen, und ihm zugelegt werden, laut den oben
entwickelten Grundsätzen. Ob jeder seinen Acker wenigstens in
soweit bearbeite, daß er seinen Unterhalt darauf gewinnen könne,
darüber steht er unter der Aufsicht des Staats.]

Hieraus ergiebt sich A) das Eigentumsrecht des L a n d -
b a u e r s an Grund und Boden: wobei er indeß, laut Obigem, kein 2.550

---

[16]) Druck: dem Ackerbaue   [17]) Das folgende auf Grund von „Angew. Naturrecht" S. 38.

Recht hat, einen andern ihm unschädlichen Gebrauch desselben zu verhindern. So Bergbau.

*   B) [Das Recht des] Bergbau[s.] Der Staat [hat kein ausschließendes Recht auf denselben, aber er qualificirt sich zur Bearbeitung desselben als Repräsentant der Gemeine. Demnach ist es natürliches] Regale [, wie die Forsten: — überlassen den] Lohnarbeiter[n]. [Die Hauptsache ist, daß] ein [ausdrückliches] Gesetz darüber [die Bürger von der Besitznehmung ausschließe.] Nichts [darf] unbestimmt [bleiben]: außerdem ist der Eigentumsvertrag nicht umfassend. Alles nüzliche [18]) [soll] seinen Herrn [haben], oder eine Regel, wie es einen bekommen könne [19]).

[(Weiter ausgeführt: angewandtes Naturrecht, S. 41—44.)]

C) [Das Recht 1) des Besitzes von zahmen] Tiere[n]: 1.) [der] Beweis des ausschließenden Eigentums [ist zu führen; hierüber die vorzuschlagenden] Regel[n] und Gesetz[e]. Das Eigentum kann nicht wandern [20]). 2) Schwierigkeit hierbei: 1.) überhaupt, [ob] es Eigentum sein könne. Zuchtvieh. 2.) 3.)

[(Weitere Ausführung a. a. O. S. 44—56.)]

[D)] Alles dieses zusammengenommen [ist] hervorbringende Arbeit, Produkte gewinnen; [21]) [die Arbeit für den Gewinn des Naturproduktes, bloß als solchen,] aber nur durch Anbau, [er sei nun durch Nachhülfe der natürlichen Produktion,] wie [beim] Feldbau [und der] Tierzucht [22]), oder durch bloßes Aufsuchen [23]), [oder daß die ohne alle Anleitung der Kunst von der Natur hervorgebrachten Produkte nur aufgesucht werden,] wie [beim] Bergbau, [der wilden Forstbenutzung, der] wilde[n] Fischerei, [und der] Jagd. [Wir wollen deshalb] die[se] Eine Hauptklasse der Arbeit[er] für den Staatszweck [24])[mit einem allgemeinen Namen nennen: die] Producenten [, oder besser die] Hervorbringer [25]).

---

[18]) „nüzliche" fehlt im Druck. [19]) Druck: nach der . . . bekomme. [20]) „das . . . wandern" fehlt im Druck, desgl. das folgende bis 3.) Statt dessen steht: 2) der Benutzung von wilden (ungezähmten) Tieren: Jagd — Fischerei. [21]) „Produkte gewinnen" fehlt im Druck. [22]) Druck: Viehzucht [23]) „oder . . . Aufsuchen" fehlt im Druck. Die Fassung des Drucks folgt dem „Angew. Naturrecht" S. 56. [24]) Druck: Staat [25]) „Producenten, Hervorbringer" steht in der Hs nicht an dieser Stelle, sondern als Stichworte über diesem Abschnitt.

[Nun ist es sehr möglich, daß diese rohen Produkte noch einer besonderen Zubereitung durch die Kunst bedürfen, um den Zwecken der Menschen angemessen zu sein. Es ist daher zu erwarten, daß andere Staatsbürger sich lediglich dieser V e r a r b e i t u n g der rohen Materialien für die Zwecke ihrer Mitbürger widmen werden, und dieses giebt eine zweite Klasse der Staatsbürger, die der V e r a r b e i t e r oder K ü n s t l e r [26]). Der] Unterschied [ist scharf und die Benennung vollkommen richtig. Alle die Vorhergenannten überlassen die Natur ganz ihr selbst, sie schreiben ihr nichts vor, sondern versetzen sie nur unter die Bedingungen der Anwendung ihrer bildenden Kraft: die, welche bloß Produkte aufsuchen, tun nicht einmal dies. Sobald die Natur ihr Geschäft vollendet hat, ist die Arbeit der Producenten zu Ende, das Produkt ist reif, oder das r o h e Produkt ist da. Die von der zweiten Klasse treten nun ein, die gar nicht mehr auf die Beihülfe der Natur daran rechnen, indem der Bildungstrieb des Produktes entweder schon durch die Reife getötet ist, oder sie selbst ihn für ihren Zweck töten müssen [27]). Sie setzen die Teile ganz nach ihrem eignen Begriffe zusammen, und in ihnen selbst, nicht in der Natur, liegt die bewegende Kraft. Etwas auf diese Art zustande Gebrachtes heißt ein K u n s t p r o d u k t. Jeder Faden der Spinnerin ist ein solches.]

1) [Es] ist, falls es erkannt worden, Pflicht des Staats, und Recht der Bürger, daß diese [28]) einem besondern Grundstande ausschließend übertragen werde; denn dadurch wird Freiheit und Muße gewonnen; diese aber soll gewonnen werden.

Der Ackerbauer [muß] ganz seiner Feldarbeit [leben,] zu jeder Stunde. Der Verarbeiter [dagegen] der seinigen [29]). Keiner [muß] durch das andere [30]) gestört [werden]. a) [Ist es den Einzelnen zu verbieten] die Holzschuhe sich selbst [zu] verfer-

2.551

---

[26]) Hs: Die zweite. Weitere Verarbeitung jener Produkte zu den Zwecken der Menschen. [27]) Nach „Angew. Naturrecht" S. 56—57. In der Hs heißt es nur: „erst getödtet". [28]) Nämlich: diese eine Hauptklasse der Arbeit für den Staatszweck. Im Druck steht dafür: dies Recht, gewisse Gegenstände auf eine gewisse Weise zu verarbeiten, [29]) Druck: seiner Arbeit. [30]) Druck: den Andern

tigen [31]), da ja soviel Zeit vom Ackerbau übrig bleibt? ist Verlust. [Dies konnte nur im äußersten Elende, und bei der übelsten Organisation eines Staates einem einfallen, wer seine Zeit und Kräfte wenig in Anschlag brächte, und dem es an einem anzubietenden Äquivalent gänzlich mangelte; denn außerdem würde er nichts dabei gewinnen, sondern vielmehr verlieren. Das] Spinnen [ist] gut [, als Nebenbeschäftigung der Frauen.] b.) [Sollen dagegen] die Handwerker auf dem Lande, und in Ackerstädten zugleich den Feldbau treiben, [nach] der Voraussetzung, jeder Mensch [in denselben] sei ein Feldbauer, und sei dies eigentlich [?] Dieser soll [32]) nur f ü r s i c h , der eigentliche Landbauer soll [aber] auch noch für andere gewinnen. Aber dann wird [33]) der Ackerbau nie K u n s t , weil er eben Nebensache ist. Beides [ist] gegen die Regel eines sich höher bildenden Staats: gegen die der Sparsamkeit, und Mußegewinnung.

2.) Dieser Grundstand der Künstler verarbeitet [die Produkte] nicht bloß für sich, sondern für a l l e : wie er denn auch nicht von seinen Kunstproduktionen [34]), sondern von den Naturprodukten lebt. Das muß er können [35]), unter der Garantie des Staats, und seiner [36]) Verantwortlichkeit: [denn der Vertrag des Staates mit jedem einzelnen lautet:] Gegen Arbeit, Leben, und die auf den Teil eines jeden kommende Muße.

[Die] Bedingung [aber, daß dieser Stand leben könne, ist die]: daß die Menge der Produkte, über das Lebensbedürfnis der Landbauern, und des [37]) Staatsbeamten [hinaus], da sei, die der verarbeitende Stand bedarf zu seinen Lebensbedürfnissen.

Folge: i n k e i n e m S t a a t e [darf also] m e h r V e r a r b e i t u n g d e s r o h e n N a t u r p r o d u k t s [sein], a l s d e r A c k e r b a u t r ä g t , u n d b e z a h l e n k a n n : a u ß e r d e m k ö n n t e d e r v e r a r b e i t e n d e S t a n d n i c h t l e b e n .

[Die Regel ist also:] Ein solcher Zustand der Produktionen nach Maaßgabe der ursprünglichen Fruchtbarkeit, der Menge der

---

[31]) In der Hs folgt: „der Bauern". Der Druck beruht auf „Angew. Naturrecht" S. 58. [32]) Druck: Alsdann soll ein solcher Handwerker [33]) Druck: Auch wird alsdann [34]) Druck: Produktionen [35]) Druck: Er muß daher von seiner Arbeit leben können, [36]) Druck: frei von [37]) Druck: der

Hände, die sich ihm widmen, der durch Maschinen, und mitarbeitende Tiere unterstützten Kraft derselben, macht m ö g l i c h diese Höhe der Bearbeitung des rohen Stoffs, die da erfordert so viel Zeit (der Ungenutztheit des Stoffs während der [38]) Arbeit), und so viel Menschenkraft: denn der Stoff muß von der Produktion geliefert werden, muß entbehrt werden können, die Arbeiter müssen ihre Nahrung von daher erhalten.

Das Gegenteil ist nicht etwa unrätlich, [und] unpolitisch — dies geht uns nichts an, und das sagen andre auch — sondern es ist w i d e r r e c h t l i c h. Es ist sodann dem Stande der Verarbeiter ihr [39]) ursprüngliches Menschenrecht, leben zu können, von seiner Arbeit, nicht gesichert. Es muß an Nahrung und Absatz fehlen.

[Ich sagte: ein s o l c h e r Zustand der Produktion] macht diese Höhe der Bearbeitung m ö g l i c h. Nicht auch etwa notwendig: Wenn soviel Hände (x) mit ihrer Arbeit an der Produktion beschäftigt, hinreichen, die Staatsbeamten, und noch so viele Menschen y zu ernähren, sollen sie sie denn nicht ernähren: 2.553 sollen lieber alle weniger arbeiten [?] Es ist aber die Voraussetzung, daß sie [40]) nicht übertrieben sind ([denn] außerdem gäbe es ein andres Resultat). Also nein, sie sollen sie ernähren! Aber umsonst, und [so, daß jene dabei] müßig [sind?] Dies ist schlechthin keines Menschen Recht, und eine unverschämte Forderung. Also sie sollen auch arbeiten, für ihre Nahrung, nach ihrem Maße. Was [sollen sie aber arbeiten]: [Sie sollen] die Produkte weiter verarbeiten. [Wir müssen] also [sagen, solcher Zustand der Produktion] setzt, macht gebührend [diese Höhe der Bearbeitung].

Die Verbindlichkeit des Staats gegen diesen [41]) Grundstand ✳ der Verarbeiter [läßt] am besten sich fassen als [ein] Vertrag der Producenten mit den Künstlern, unter der Garantie [des Staates, der also lautet]: ihr liefert uns die und die Arbeit, von der [und der] erforderlichen Güte; wir dagegen liefern euch eure Nahrung, die Produkte. Eins gesetzt, [ist] das andere [gesetzt]: nicht o h n e Arbeit [42]), [liefert ihr eure Arbeit nicht so, so dürft ihr von uns die

---

[38]) Druck: dieser [39]) Druck: ein [40]) Druck: die Arbeiten [41]) Druck: den
[42] „nicht ohne Arbeit" fehlt im Druck.

Nahrung nicht fordern], für die Arbeit [werdet ihr sie] aber gewiß [erhalten, d. i.]: ihr sollt leben können [, wenn ihr arbeitet].

Doppelt: [Es sind im Allgemeinen zwei Klassen der Verarbeiter zu unterscheiden: 1) solche, die bloß ihre Arbeit aufwenden,] denen [aber] das Material nicht [zu eigen] gehört; operarii, Arbeit, und Lohn [43]): [und 2) solche,] denen das Material [44]) gehört, [und] drum die ganze Waare [als Eigentum]: opifices. [Den Ersteren muß] Arbeit, und Lohn [45]), [den Letzteren] Absatz ihrer Arbeit [46]) [durch den Staat garantirt werden].

Enthält [47]) 1) die Notwendigkeit der Vergünstigung des Staats an [48]) jeden einzelnen, sich der Verarbeitung zu widmen. (Oben [nannten wir dieselbe die] Lossprechung vom Grundstande des [49]) Producenten). Der Staat muß [einem] jedem erlauben, wovon [50]) er leben soll [51]), weil nur er übersehen kann, ob er davon leben könne [52]). 2) Die Garantie [des Staates], zu der er verpflichtet ist.

Gleich dies hier in der Einfachheit gefaßt [53]). Es streitet [dies] gegen die gewöhnlichen Ansichten und [wir werden] auch die Folgerungen ziehen, die noch mehr [mit denselben] streiten. [Man sagt gewöhnlich:] der Absatz des Fabrikanten geht uns nichts an, da sehe er zu [, daß er seine Produkte los wird]. Er hat uns nicht gefragt, da er sie machte. Zuförderst ist dies in den meisten Fällen nicht wahr. Ihr habt töricht Fabriken befördert. Dann, wenn es [auch wahr] wäre, hattet ihr es leiden sollen? Ohne eure Erlaubnis darf nichts gemacht werden. Sind denn die Menschen unter euch, wie die wilden Waldvögel, um deren Treiben sich niemand kümmert [54]), deren Existenz aber drum auch vogelfrei ist? Jedem Bürger ist sein Leben garantirt, drum steht auch die Weise, wie er es gewinne, unter der garantirenden Gewalt. [Ihr sprecht von] B ü r g e r[n]: da liegts [eben]; ihr habt unter euch W i l d e , die nicht einmal Bürger sind. Aber innerhalb

---

[43]) „Arbeit und Lohn" sind im Druck an späterer Stelle aufgenommen.
[44]) Druck: der Stoff   [45]) „und Lohn" fehlt im Druck.   [46]) Druck: Waaren. Vgl. „Angew. Rechtslehre" S. 58.   [47]) Druck: Darin liegt   [48]) Druck: für   [49]) Druck: der   [50]) In der Hs eine Abkürzung, die eher „wie" heißen könnte.   [51]) Druck: will   [52]) Druck: werde leben können.   [53]) Druck: Gleich hier, wo die Sache noch einfach ist, dies gefaßt.   [54]) Druck: bekümmert

eines Staats kann, ohne die höchste Unordnung und Unrechtlich-
keit anzurichten, keiner, der Menschenangesicht trägt, leben, ohne
Bürger zu sein. Ist es nicht Rechtsverletzung an ihm, so ist's
[Rechtsverletzung] an den Bürgern.

Es ist hier immer die Voraussetzung, daß die ganze Menschheit einen [1]) Staat bilde, daß drum der Verarbeiter nirgends her,
als von seinem landbauenden Mitbürger Nahrung und Absatz erwarten könne, weil anderwärts das Land nicht gebaut wird. Diese
Voraussetzung ist der reinen Rechtslehre notwendig. Wie durch
die Teilnahme mehrer Staaten am Austausche [2]) der Fabrikate
gegen Produkte das Verhältnis [3]) verändert werden möge, werden wir sehen. Die absolute Pflicht jedoch [eines] jedes [4]) besondern Staats seinem Mitbürger [5]) gegen seine Arbeit, Leben und
seinen gebührenden Teil von Muße zu garantiren, ändert sich jedoch dadurch nicht, und fällt nicht weg. Keinesweges fällt dadurch die Garantie anheim einem blinden Handelsgleichgewicht
(daß, wenn nur Waren sind, sich Abnehmer, und wenn Abnehmer, sich Waren finden werden) anheim <sic>, das sie sich in
ihrer Verlegenheit ausgedacht haben, so sehr auch Vernunft und
Erfahrung widerspricht [6]).
So [ist] im allgemeinen das Verhältnis des p r o d u c i r e n -
d e n zu dem v e r a r b e i t e n d e n Stande.
Es folgt, daß die höchst mannigfaltige Bearbeitung der Pro-
duktenmasse, als ein ganzes gedacht, wiederum da verteilt 2.555
werde [7]), in besondre Bearbeitungszweige, an untergeordnete
Stände jenem einen [Grundstande]: nach Verschiedenheit des
Stoffs, [den sie bearbeiten,] (Arbeiter in Gold, Silber, Wolle, Lei-
nen), der Verwandschaft [8]) der Kunstfertigkeit, usw. [9]) überhaupt *
nach demselben Prinzip, nach welchem die erste Verteilung vorgenommen wurde: um, bei Erzielung [10]) derselben Arbeitssumme

---

[1]) Druck: Einen   [2]) Druck: und den Austausch   [3]) Druck: die Verhältnisse
[4]) Druck: jeden   [5]) Druck: seinen Bürgern   [6]) Druck: widersprechen.   [7]) Druck:
wiederum werde verteilt werden   [8]) Druck: Verschiedenheit   [9]) Druck: und dergl.

Muße zu gewinnen für alle: und nach der Regel derselben. Je ergiebiger der Ertrag der Muße, und [der] Kraftersparung, desto besser [ist] die Einteilung. Der Staat ist verbunden, die beste zu machen: aber nicht verbunden, sie zu kennen: [er] richtet sich nach seiner Erkenntnis. Es hat sich eben gemacht.

1.) Von keiner Klasse [dürfen] mehrere [11]) [sein], als der gesamte Zustand des Ackerbaues, und der übrigen Fabrikation erfordert. Jedem einzelnen ist Absatz versichert, an die andern Staatsbürger versteht sich: der Absatz aber kann nicht größer sein, denn das Bedürfnis aller: er ist drum nur in dieser [12]) Maaße zu sichern: nur [13]) in dieser [14]) Maaße können drum bei jedem Zweige Arbeiter angestellt werden.

Wie keiner der Kunst überhaupt [sich widmen kann], so [kann er es] auch keiner besondern Kunst ohne Meldung beim Staate, und dessen Erlaubnis.

So wie der ganze verarbeitende Stand immer geschlossen ist, eben so ist auch jede besondre Klasse (Zunft) notwendig geschlossen. ([Sie darf] nicht in's Unbedingte, und Willkürliche sich vermehren, ohne Berechnung und Erlaubnis des Staats.)

Ihr Verhältnis [läßt sich am besten] so [fassen]: alle [15]) Staatsbürger schließen unter der Garantie des Staats den Vertrag: ihr liefert uns diese Arbeit, jeder einzelne aus euch nach dem auf ihn kommenden Anteil, gut, und tüchtig; wir dagegen nehmen sie euch gegen das gebührende Equivalent ab.

Diese Arbeit tüchtig. [16]) [Würde die Zunft nicht tüchtige Arbeit liefern, so verlöre sie ihr durch den Vertrag erlangtes Recht; daher ist die] Prüfung [eines Jeden, der in die Zunft aufgenommen werden will, eine Sache [17])] des Staats. Der Zunft [18]) [selbst kann dieselbe nicht anheim fallen, denn] sie würde auf alte [19]) Mißbräuche halten, [und] sich dem Fortgange der Kunst widersetzen. Freilich. Drum setzt andere Kommissionen [20]).

---

[11]) Druck: mehr   [12]) Druck: diesem   [13]) Druck: und   [14]) Druck: diesem
[15]) In der Hs unleserlich   [16]) Fehlt im Druck   [17]) Hs nur: von Seiten   [18]) In
der Hs folgen vier Worte, das letzte heißt: Beamter   [19]) Druck: alle   [20]) Druck:
müssen . . . dazu angesetzt werden

Durch die Verteilung der gesamten Arbeit, durch welche *
Muße gewonnen werden sollte, ist den gesamten Bürgern eine
neue Last erwachsen. Das, was jeder bedarf, ist bei den Producenten, und bei den verschiedenen Arten der Künstler zer-
streut; jeder hat bei sich nur das, was er selbst erbaut, oder auf-
sucht, oder fabricirt; dies ist aber nach der Verteilung nur ein
kleines Ingrediens des gesamten Bedarfs. (Der Staatsbeamte
vollends hat gar nichts.) Jeder mag drum auf der Oberfläche des
Staats herumsuchen, [und] sehen, ob er einig wird, ein Equivalent
findet, u. s. f.

[Dieses ist nur] dadurch gehoben[1]): [es muß] ein dritter
Stand errichtet [werden], der den Austausch besorgt. [Wir wollen
gleich den] strengen Begriff [desselben aufstellen. Es wird ge-
fordert]: ein Stand, wo für jeden kundig das gesamte Produkt der
Staatsarbeit nach allen seinen Teilen wieder beisammen gefunden
wird. [Sein Zweck ist die] Vereinigung der durch die Verteilung
der Arbeitszweige entstandnen Zerstreuung. [Dies ist] der Kaufmannsstand.

[Lassen Sie uns] die schon bekannten Begriffe darauf[2]) anwenden.

1.) Der Umfang desselben ist gesetzt durch den Umfang des
notwendigen Tausches. Je mehr Vereinzelung der Produkten-
gewinnung: je höhere Bearbeitung[3]) des rohen Produkts, drum
größrer Umfang des Künstlerstandes[4]), [Er steht also im Verhältnis zur Verteilung der Arbeit:] je weiter die Verteilung [sich
erstreckt], desto größer [wird der Kaufmannsstand]; je geringer
[dagegen], desto kleiner [wird er]. Auch versteht sich, daß auf[5])
ihn, da er ja von den Produkten lebt, der Stand der Producenten
leben müsse[6]). [Sein Umfang fällt] also [der] Berechnung des
Staats [anheim, und niemand darf] nicht ohne Erlaubnis desselben[7])
diesem Stande sich widmen.

---

[1]) Druck: zu heben   [2]) Druck: auf denselben   [3]) Druck: desto höher steigt
die Bearbeitung   [4]) Druck: darum wird auch der Umfang des Kaufmannsstandes
größer.   [5]) Druck: für   [6]) Druck: für ihn ... von der Nahrung der Producenten
soviel übrig bleiben müsse, daß er mit den Verarbeitern davon leben könne.
[7] Druck: des Staats

2.557*   2.) Der Austausch ist sein ausschließendes Eigentum. [Er hat] ein Recht, ihn allein zu besorgen. Alle, die verkaufen, [müssen darum] verbunden werden, an ihn zu verkaufen: die Käufer bei ihm zu kaufen; gegenseitige Verbindlichkeit[8]): er muß kaufen zu jeder Stunde, und verkaufen.

Doch ist dieses ausschließende [Recht] des Tausches bedingt durch das Grundgesetz der Zeitersparung: wo dieser Zweck nicht stattfindet, [da] fällt seine Zwischenkunft weg, und der Erbauer oder Fabrikant kann selbst tauschen. Der Kaufmannsstand hat sich darüber nicht zu beklagen; denn für diesen Teil des Austausches ist er nicht angestellt; es ist in seiner Berechnung darauf garnicht mitgezählt: durch einen Anspruch darauf griffe er selbst über den Umkreis seiner Rechte [hinaus]. Aber daraus folgt, daß durch ein Gesetz genau bestimmt sein müsse, inwiefern der Umtausch durch den ersten Besitzer, oder [inwiefern er] durch die Dazwischenkunft des Handelsmannes besorgt werden solle. [Der bei dieser Bestimmung leitende] Grundsatz [ist]: Zeitersparnis, im Großen und Ganzen, Kraftgewinnung.

[Der erste Teil des Handels ist der] Getreidehandel [oder] überhaupt [der] Viktualienhandel: [man giebt gewöhnlich als den Grund desselben an,] damit es recht wohlfeil sei[9]): [das kommt daher,] weil ihr[10]) des Bauern Zeit nicht schätzet. [Dieser muß sein, denn] sonst ist allenthalben Verlust, wenn es durch einen getrieben werden kann, [würde es nicht] durch viele [getrieben werden müssen], und [was] in weniger Zeit [geschehen könnte, würde][11]) längerer [Zeit bedürfen. Bei] gewisse[n] Fabrikanten[12]), Gold- [und] Silberarbeitern [, möchte es] zweckmäßig sein.

3.) [Der Kaufmann] muß von seinem Handel leben können, [und] muß drum [zu] teurer[n Preisen] verkaufen, als er einkauft. Der ihm gebührende Anteil von allen Preisen bleibt in seiner Hand[13]), zu seinem [eigenen] Gebrauche. Wie [der Preis

---

[8]) Druck: Doch ist dagegen er verbunden, zu kaufen ... [9]) Druck: werden solle   [10]) Druck: man   [11]) Hs: es in   [12]) Druck: Fabrikaten, ... arbeiten [13]) Druck: in seinem Hause

zu bestimmen sei], erfordert eine tiefere Untersuchung über den Wert aller Dinge [; wovon später].

4.) So [verhält es sich mit dem Kaufmannsstand] im großen und ganzen. Daß nun der Handel verteilt werden könne, teils nach den Artikeln, teils nach den Orten, versteht sich.

[Die Verteilung muß] nach dem Grundsatze der zu er- 2.558 langenden Kenntnis [, wie dieselbe am besten sein werde], durch ein Gesetz des Staats [geschehen]: [da] der[selbe] ja [einem] jeden garantiren muß, und für die Menge jeder Klasse einstehen muß. [Ebenso fällt] auch [dem Staate die] Prüfung [anheim].

Das zweite:[14]) in jedem Umkreise, da [15]) ein Kaufmann mit gewissen Waren bestehen kann, soll er sein. Denn jeder hat das Recht, die Ware, die er bedarf, so sehr in seiner Nähe zu beziehen, als die Lage des Ganzen es gestattet. Nicht allen Handel zusammendrängen [16]) in große Städte.

Also der Staat muß bestimmte, das allseitige Recht über diesen Gegenstand bestimmende Handelsgesetze haben: als ein notwendiger [17]) Bestandteil der Zivilgesetzgebung über das Mein und Dein.

[Wir haben früher gezeigt:] In dem Tausche [soll] jedem sein Eigentum verbleiben. Was ist das? [Es ergiebt sich uns daraus die] Aufgabe: einen Grundmaßstab des Werts aller Dinge [auf]zufinden.				*

1.) [Wir werden] heute nur einleiten, um vorzubereiten. Die Sätze mögen Ihnen gegenwärtig bleiben, [um] nach den Feiertagen [das Folgende darauf] zu bauen.

2.) [Dies] ist [nun] die verworrenste aller Untersuchungen, weil es ihnen [1]) [gewöhnlich] an Einfachheit fehlt. Ich hoffe, bei Ihnen dafür [2]) gesorgt zu haben, und empfehle Ihnen die Enthaltung von andern Gedanken und Einfällen, wir werden Schritt vor Schritt alles berühren. [Man] redet von Teurung und [3])

---

[14]) Fehlt im Druck [15]) Druck: wo [16]) Druck: Es darf also nicht aller H. zusammengedrängt werden. [17]) Druck: einen notwendigen

[1]) Druck: den Untersuchenden [2]) Druck: für das Verständnis derselben [3]) Druck: oder

Wohlfeilheit, ohne zu merken, daß sie da einen Grundpreis des
nicht Teuren und Wohlfeilen voraussetzen [4]), ohne zu merken,
[daß dies] W e c h s e l b e g r i f f e [sind, und] endlich in ewiger
Befangenheit vom Gelde, das alle gesunde Einsicht in diese Materie stört. Ist denn nun die Ware teurer, oder das Geld wohlfeil?
Was ist denn der eigentliche Maaßstab, der absolut bleibende
Wert? Sie [sagen gewöhnlich:] das Geld. Das ist aber unge-
heuer [schief]. Alle diese Untersuchungen müssen ohne Rücksicht auf Geld abgemacht werden. Das Geld ist an sich gar
nichts, blos der leere Reflex und das Zeichen des Werts, und aller
jener Verhältnisse [5]).

Man setze einen solchen Zustand der Dinge, als Basis, in welchem jeder der Arbeitenden durch seine Arbeit so lange leben
könnte, als er arbeitete; so wäre in diesem Zustande der P r e i s
und W e r t der Arbeit, oder des niedergelegten Produktes, das
Leben während der Zeit der Verfertigung. Kann er leben, [so
lange er arbeitet,] so hat er den Preis; nur, wenn er umkommen
muß, ist er ihm vorenthalten.

Wert der Arbeit [ist also] das Leben auf solange Zeit, als es [6])
zu ihrer Verfertigung bedurfte. [So bestimmt] Kant [diesen Begriff.] In dieser Ordnung [der Dinge müßten] 1.) A l l e ohne
Ausnahme immerfort arbeiten; denn jeder einzelne gewinnt nur
ein einzelnes Menschenleben, 2.) [müssen] alle i m m e r f o r t [ar-
beiten.] Wer da ruht, der hat nicht weiter zu essen.

Ohne mich dabei aufzuhalten, daß ein solcher Zustand schon
darum nicht möglich ist, weil in ihm keine Fortbildung [möglich]
wäre, keine Übertragung [7]) der Kinder, der Kranken, und Schwa-
chen — kein Staat, weil die Regierenden nicht übertragen werden könnten, — sprechen wir gleich das Wesentliche aus [. Ich
sage]: in einem solchen Zustande hätte das menschliche Leben
selbst durchaus keinen Wert, Bestimmung, oder Geltung, oder
selbständiges Dasein: denn es geht immerfort auf [8]) sich selbst
auf. Es geht drauf, um sich zu erhalten: warum aber soll es

---

[4]) Druck: man … voraussetzt   [5]) Druck: in allen jenen Verhältnissen.
[6]) Druck: der Arbeitende   [7]) Druck: kein Überschuß der Arbeit für die Ernährung   [8]) Druck: in

sich denn erhalten? Da heißt es, um sich zu erhalten, also ein sichtlicher Zirkel.

So kann es drum nicht sein: das Leben, das durch die Arbeit sich blos erhält, muß jenseit derselben Freiheit gewinnen, selbständig [sich] zu äußern. Außerdem hat es keinen Grund, da zu sein, noch der Lebende, sich in den Staat zu begeben. Im Staate muß es so sein, und das letztere ist die Bedingung des Staates.

Wie [muß es also sein]: Alle müssen [auch] bei unterbrochener Arbeit leben können. Wenn alle mit der Anstrengung, die als der gemeinsame Maßstab der[9] Anstrengung vorausgesetzt wird, eine Zeit lang, z. B. ein halbes Jahr arbeiten, so ist das Produkt dieser Arbeit ihr Lebensbedürfnis nicht nur auf dieses halbe Jahr, sondern [etwa] auf das ganze. Sie gewinnen durch ein halbes Jahr Arbeit Lebensunterhalt für das ganze, folglich ein halbes Jahr von Muße.

Diese Summe der Muße muß zuförderst abgegeben werden an den Staat, gegen das allererste notwendigste Lebensbedürfnis, welches dieser bestreitet: die Sicherheit aller. Dies hat zwei Folgen: zuförderst die Staatsbeamten arbeiten selbst nicht ([nämlich] für die unmittelbare Erhaltung des sinnlichen Lebens. — Für [die] Erhaltung des rechtlichen und geistigen Lebens arbeiten sie allerdings), was drum in dem erst gezogenen Resultate auf sie fiel, von Arbeit für die Erhaltung aller, müssen die übrigen unter sich verteilen. Man setze, daß um dieser Rücksicht willen auf jeden noch ein Viertel-Jahr Arbeit mehr falle, so wäre dieses Vierteljahr die Abgabe an den Staat, und diese wäre völlig gleich verteilt. Jetzt bleibt[10] jedem ein Vierteljahr Ruhe übrig.

Was ist nun der Preis der Arbeit aller: Antwort: das L e b e n; und zwar in doppelter Rücksicht, teils, daß es erhalten werde, teils, daß es frei (von Arbeit, und in Muße) sich bewegen könne. Dieser Preis wird errungen durch die Arbeit aller, und ist das ihnen garantirte Eigentum und sie haben alle darauf gleiche Rechtsansprüche: der gleiche Anteil an dem Leben ist drum das Eigentum jedes einzelnen.

---

[9]) Druck: dieser   [10]) Druck: Es bliebe

Da jedoch die Muße, die jeder rechtlich gewinnt, in concreto sich anschauen läßt, als ein Lebenkönnen, ohne Arbeit, so können wir den Preis aller Arbeit allerdings in das Lebenkönnen setzen. Der Wert einer bestimmten Zeit Arbeit ist der einer bestimmten Zeit des Lebens, ganz richtig nach der Kantischen Formel: nur nicht etwa der g l e i c h e n, denn sodann wäre das Leben selbst zu gar keinem Werte angeschlagen [11]), sondern einer größern; in der aufgestellten Lage sind 3 Zeitteile von Arbeit [12]) wert vier Teile vom Leben: und so ist denn der Wert des reinen Lebens $^{1}/_{4}$ der Zeit. Drum sind in diesem Staate 3 Stunden Arbeit (versteht sich nach dem hergebrachten Maßstabe) wert 4 Stunden des Lebens. [und] daß sie [einem] Jede[n gerade] das gelten, ist sein ihm vom Staate absolut garantirtes Eigentum, und gelten sie ihm dies nicht, so ist ihm sein Eigentum genommen. Dies [ist] der Grundpreis aller Dinge [, der also jedesmal nach folgenden Faktoren bestimmt wird]: 1ster Faktor: welche Zeit hat die Verfertigung, [13]) desselben nach dem allgemeinen Maßstabe gekostet [14]). 2ter Faktor: welche Zeit des Lebenskönnens <sic!> giebt diese Zeit in dieser Lage des Staats? [Und nun wird als] Resultat [aus diesen beiden Faktoren der Wert seiner Arbeit bestimmt.]

[Wir rechnen ohne Zweifel auf Überschuß der Kraft;] woher [soll] nun dieser Überschuß [kommen? Dieser ist] eben [der] Gewinn des reinen vernünftigen Lebens, des Verstandes, und vorteilhafter Anwendung der Arbeit. Unverständige Kraftanwendung möchte wohl den Menschen kaum [er]nähren. Der Verstand gewinnt [noch mehr Muße]. Wodurch: daß [15]) er andre Kräfte sich dienstbar macht. Zuförderst [in Hinsicht] des [16]) Boden[s]; [zu der Bearbeitung desselben macht er sich] die ganze organisirende [17]) Naturkraft dienstbar. Dazu [bedient er sich] der [18]) Tiere. Dieser arbeitet [19]): [und] lohnt eine Menschenkraft mit Unterhaltung mehrerer, die sich drum in die Arbeit teilen könnten,

---

[11]) Druck: anzuschlagen   [12]) Druck: drei Teile Zeit und Arbeit   [13]) Es folgt in der Hs ein unleserliches Wort.   [14]) Druck: Verfertigung dieses Dinges gekostet? welches nach dem angenommenen Maßstabe im Allgemeinen zu bestimmen ist; [15]) Druck: Indem   [16]) Hs: der   [17]) Druck: organisirte   [18]) Hs: die   [19]) Druck: diese ... ten

und wechselweise arbeiten[20]). Sein Leben, sein Produkt: denn dies ist billig[21]). Den Überschuß hat der Boden gearbeitet, dienend dem vernünftigen und verständigen Leben, das ihm verständig zu befehlen weiß. Wem soll nun dieser Überschuß gehören? Dem, wem der Boden gehört. So dachten eben die vermeinten Grundeigentümer. Aber der Boden gehört gar keiner Person, sondern der Vernunft und Freiheit, welche hier, um ihr Recht zu behaupten, sich zu einem Staate vereinigt hat; also sie[22]) gehört allen, muß unter alle [als] gleich verteilt [gedacht] werden, nicht dem Landbauer allein [zugehörend]: denn nur unter der Bedingung ist ihm der Landbau zugestanden, daß er seinen Überschuß werfe in die gemeinsame Masse. So [giebt] es noch viele andere Quellen dieses Überschusses [, und sie bestimmen eben den] Nationalreichtum oder Staatsreichtum.

[Recapitulation.] 2.562

[Wir stehen noch bei der Untersuchung über den] erst[en] Hauptabschnitt [der Rechtslehre, vom] Eigentumsvertrag[e. Wir haben gefunden:] Eigentlich [bedeute] Eigentum: Freiheit: Muße, durch Arbeit [erworben. Diese durch die Arbeit sich ergebende Muße sei der] Wert seiner Arbeit, [und] diesen soll[1]) der Staat [einem] jedem zusichern. [Wir suchten hierauf den absoluten Wert aller Arbeit zu bestimmen, und fanden: der] Wert jedes[2]) Arbeitsprodukts [sei] = [dem] Lebensunterhalt auf so lange Zeit, als die Zeit der Arbeit, die auf dieses Produkt verwandt wurde, in diesem bestimmten Staate abgiebt. [Ich sage:] In dem bestimmten Staate; der Wert oder Preis ist drum bestimmt durch den Staat[3]), d. i. durch den Nationalreichtum des Staats, [und ist] zu schätzen, nach der Zeit der Ruhe, die durch Arbeit [in diesem Staate] gewonnen wird. Er kann verschieden sein in mehreren[4]) Staaten. Wir betrachten das Recht dermalen nur an Einem Staate,

---

[20]) Druck: dehnen Eine Menschenkraft zum Unterhalt Mehrerer aus, die nun abwechselnd arbeiten können.　[21]) „Sein ... billig" fehlt im Druck.　[22]) Druck: er

[1]) Druck: diese müsse　[2]) Druck: eines jeden　[3]) Druck: das Verhältnis des Staates　[4]) Druck: verschiedenen

und alle Menschen, die wir in Betrachtung ziehen, als Bürger des Einen. [Dies] ist wohl zu merken. Alles Herausgehen [5]) aus der Einheit des Staats würde einen sichern Maßstab des Werts vernichten. Daher eben kommt es, daß diese Untersuchungen gewöhnlich so unsicher und schwankend sind. [Beträgt] z. B. [in einem bestimmten Staate die Arbeit] 3 Viertel [der Zeit], so geben in diesem Staate 3 Stunden Arbeit [6]) 4 [Stunden] des Lebensunterhalts und ein Arbeitsprodukt von 3 Stunden ist wert den Lebensunterhalt von 4.

A n m e r k u n g. [Was ist also der] Wert des Arbeitsprodukts. Nur die Arbeit, das bedachte Menschenwerk an ihr, [wird] in Rechnung gebracht, welche, einen Grundmaßstab des Fleißes vorausgesetzt, nur gemessen werden kann durch die Zeit. Freilich [muß dabei] alle [Arbeit in Rechnung gebracht werden.] Z. B. beim Fabrikate [7]) nicht blos die Arbeit des Fabrikanten, sondern auch die für die Stoffgewinnung angewandte, die ja der Fabrikant ersetzen muß; wo Lehrjahre, und Lehrgeld sind, [müssen] auch diese [ersetzt werden; sie sind] zu verteilen über die nach einem Durchschnitte zu berechnende Arbeitszeit. So viel Menschenarbeit [zu diesem Produkte nötig ist,] (erster Faktor), so viel [ist dasselbe] drum in diesem Staate wert. N u r sie [wird aber auch berechnet], nicht [etwa] die Naturbegünstigung[en], die Lage des Staates [u. dergl.]. Dies eben giebt den Überschuß, und wird für alle auf dieselbe Weise in Anschlag gebracht. Dies [giebt] den [8]) Maßstab für den Staat, um darnach alle Verhältnisse des Landbauern [9]), des Bearbeiters des [rohen] Stoffes, und des Handels zu ordnen.

Die [Formel der Preisbestimmung] für die Bürger untereinander [ist] einfacher. Der gebührende Gewinn der Ruhe hängt zufolge der Einrichtung des Staats jedem Arbeitsprodukte auf dieselbe Weise an, und geht ungeschmälert von jedem Besitzer über auf den andern. Unsre gesamte Arbeit [10]) hat den gleichen absoluten Wert. Wir messen drum nach relativem Wert [also:] So

2.563

---

[5]) Druck: Heraustreten   [6]) Es sind in der Hs zwei unleserliche Worte eingeschoben.   [7]) Druck: Fabrikanten   [8]) Hs: der   [9]) Druck: Landbauenden [10]) Druck: Gesammtarbeit

lange du für mich [arbeitest], so lange [arbeite] ich für dich. Drei Stunden meiner Arbeit sind wert drei Stunden deiner [11]); in beiden ist erteilt Lebensmöglichkeit auf 4 Stunden. Also eine Stunde jedes [12]) ist wert die Stunde aller übrigen ohne Ausnahme.

Alle arbeiten für alle. Jeder soll sogleich für seine Arbeit den Wert derselben in jedweder andern Arbeit, deren er bedarf, bekommen können: denn nur so ist ihm sein Eigentum gesichert: durch das letztere besonders ist der Nachteil aus der befohlnen Teilung der Arbeitszweige aufgehoben.

Welche Anstalt soll der Staat treffen, um diesen Tausch ohne Verringerung des Werts zu verbürgen.

Im Voraus: der absolute Wert der Arbeitsprodukte in einem Staate m a c h t sich selbst; denn er richtet sich nach dem Nationalreichtum, der sich selbst macht, (den der Staat befördern soll, aber nicht erzwingen kann,) der Staat kann ihn nur f i n d e n, und aussprechen.

Lösung. Es ist irgend ein Arbeitsprodukt als bleibender Maßstab alles Wertes festzusetzen; und der Wert aller übrigen Arbeitsprodukte darauf zurückzuführen. Daß jenes Arbeitsprodukt ein Lebensmittel, und zwar das allergemeinste und gebräuchlichste Lebensmittel sein müsse, z. B. ein Quantum Korn (ein Scheffel), ergiebt sich [von selbst]; denn die Lebensmöglichkeit ist ja der ideale [13]) Maßstab alles Werts der Arbeit. (Daß dieses Quantum des Grundmaßes alles Werts [14]), z. B. der Scheffel [Korn], selbst unveränderlich müsse erhalten werden, versteht sich.) Man muß, sei es auch nur in [15]) Gedanken, eine Zeit der Festsetzung dieses Werts annehmen. Zu dieser Zeit muß der Grundmaßstab, z. B. der Scheffel Korn, wirklich das wert sein, sein nicht willkürlich zu setzender, sondern durch den Nationalreichtum bestimmter Wert muß gefunden sein. Der Scheffel Korn nährt so lange einen einzelnen Menschen, setzen wir 4 aliquote Zeitteile: diese sind in dem vorausgesetzten Staate w e r t 3 gleiche Zeitteile Arbeit. So viel, und nicht mehr, aber auch nicht weniger Arbeit muß er den Landbauer kosten. Kostet er ihn mehr, so ist er nicht zu seinem

2.564

----

[11]) Druck: der deinigen; [12]) Druck: eines Jeden [13]) Druck: ideelle [14]) „des Grund ... Werts" fehlt im Druck [15]) Druck: im

Eigentume, kostet er ihn weniger, so sind die andern arbeitenden
Stände nicht zu dem ihrigen gekommen: einer von beiden muß für
die Muße des andern, ohne die gleiche Muße zu gewinnen,
arbeiten.

[Also er muß ihm grade] so viel kosten [von] seiner Zeit; es
versteht sich nach Abzug der an den Staat zu leistenden Abgaben,
welches überall das erste ist, was der Bürger leisten muß. (Es
wird sich zeigen, daß in einem solchen Staate die Abgaben unmittelbar nur vom Landbauer gezogen werden können, und daß
allein auf diese Weise, das Mittel gefunden ist, alle Bürger ohne
Ausnahme auf gleiche Weise die Staatslast tragen zu lassen.) Es
versteht sich von selbst, daß der Staat grade so viel an Abgaben
ziehen soll, als er für seinen Zweck bedarf. Daß er ferner wisse,
was er bedarf, und wirklich zieht. Daraus folgt, daß er auch in
jedem Augenblicke bestimmt übersehen kann, welche Zeit des
Lebensunterhalts eine bestimmte Zeit der Arbeit fürs erste dem
Landbauer, als dem Grundstande gebe [16]), da er die drei Faktoren,
Produktion des gesamten Ackerbaus auf dem Staatsgebiete, das
was er selbst von dieser Summe als Abgabe abzieht, [und] die An-
zahl der ackerbautreibenden [17]) Bürger immerfort weiß.

Nach diesem Grundmaßstabe ist nun der natürliche Preis
aller andern Arbeitsprodukte, der andern Lebensmittel, und Fabrikate zu f i n d e n , und dem gemäß festzusetzen. Was auf der Oberfläche des Staats durch Arbeit gewonnen wird, ist zu schätzen
nach seinem Werte in Korn, z. B. nach Mäßchen, nicht Groschen
[u. dergl.]: es kostet einen solchen Teil des Scheffels, ein Mäßchen,
so viele Mäßchen. Das Pfund Fleisch, der Arbeitslohn eines Rocks;
weil nach dem gewöhnlichen Maßstabe der Viehbesitzer, oder
der Schneider eben so viel Zeit Arbeit aufgewendet [hat], als der
Kornbauer [auf einen solchen Teil des Scheffels Korn].

[Lassen Sie uns dies noch] anschaulicher [machen] an folgendem:

Teilet die Zahl der Einwohner eines Staats in 400 gleiche
Teile, so wird, bei der vorausgesetzten Ergiebigkeit des Bodens,

---

[16] Druck: geben könne, (so ursprünglich in der Hs) [17]) Druck: arbeitenden

der Ackerbau durch die Arbeit von $^3/_4$ Jahr erzeugen müssen 400 jährige Portionen Lebensmittel.

Man setze ferner, von diesen 400 [Einwohnern] seien 100 Staatsdiener, 100 Künstler, so bleiben für den Ackerbau übrig 200. Diese behalten von den gewonnenen und in ihren Händen befindlichen 400 Portionen 200 für sich für ihre eigne Erhaltung, 100 geben sie ab an die Staatsdiener, ohne irgend einen sichtbaren Ersatz. Bis jetzt war kein eigentlicher Tausch. Nun aber weiter. Gegen das 4. Hundert sind alle Erzeugnisse des in diesem Staate durch das Gesetz geordneten Kunstfleißes, welche die Künstler bei dreivierteljährigem anzumutenden Fleiße gearbeitet haben müssen, einzutauschen, und müssen eingetauscht werden, weil der Künstlerstand Lebensmittel von Rechts wegen gegen seine Arbeit bekommen soll. Da 100 Künstler sind, so ist ein Hundertteil der ganzen Fabrikate [18]) wert eine jährige Portion Lebensmittel, und umgekehrt [eine jährige Portion Lebensmittel wert $^1/_{100}$ des ganzen Fabrikats], nicht mehr noch minder [19]). Sollte der Hundertteil mehr wert sein, so gewönne der Künstler Muße auf Kosten des Landbauern; im entgegengesetzten Falle der Landbauer auf Kosten des Künstlers; und immer wäre einem von beiden sein Eigentum verkümmert.

Man teile [nun] die jährige Portion Lebensmittel in gleiche Teile, z. B. Scheffel, und diese wieder in ihre Teile; [eben] so [teile man] die Portion von jähriger Arbeit des Künstlers, als etwa das Tuch des Tuchmachers, in gleiche Teile, z. B. Ellen, so wird sich etwa finden, daß die Arbeit des Tuchmachers an der Elle Tuch (die Wolle giebt wieder eine andere Berechnung) 2,566 wert sei so viel Mäßchen Korn, und daß der Landbauer weder mehr noch minder dafür entrichten muß, wenn nicht einem von beiden Unrecht geschehen soll.

Wie soll nun dieses 4te Hundert in die Hände der Künstler kommen? Zuförderst, die Staatsbeamten sollen nicht bloß essen; sondern sie haben auch ihren Anspruch an den auf sie kommenden Anteil an den Produkten des Kunstfleißes. Diesen können sie

---

[18]) Druck: des ... Fabrikates [19]) Druck: und nicht weniger.

vom Künstler erlangen nur gegen die gebührenden Portionen Lebensmittel, die sie nur erhalten können aus den Händen des Landbauern, und zwar ohne Ersatz; dieser müßte ihnen sonach auch noch dieses Austauschmittel als Abgabe geben. Was von dem 4ten Hundert auf diese Weise noch übrig bleibt, haben sie zum Austausch. Es versteht sich, daß auch kein einzelner Künstler bloß von Lebensmitteln lebt, sondern der übrigen Erzeugnisse des Kunstfleißes bedarf, daß ihm drum nicht blos sein Leben, sondern auch das Leben aller, die indessen für ihn arbeiten, ersetzt werden muß.

[Lassen Sie uns dies] deutlicher [machen] an dem äußern Wandel des Werts, da der innere bleibt.

Man setze: Der Wohlstand des Landes steigt, teils durch größere Ergiebigkeit des Ackerbaus, teils durch Steigerung der Künste, so werden teils mehrere Hände dem Ackerbaue entzogen, und den Künsten gewidmet werden können, teils werden selbst diese [wenigeren] mehr produciren, als vorher in derselben Zeit producirt worden wäre; doch ist [an sich] die Summe ihrer Arbeit nicht mehr wert, als die Portionen ihres Unterhaltes, die auf sie kommen. Ferner auch bleibt ein Scheffel Korn, was er war, teils äußerlich, teils innerlich. Da aber mehrere Erzeugnisse des Kunstfleißes für dieselbe Portion Korn zu haben sind, so werden diese wohlfeiler, [und] um so viel, a l s r e c h t i s t, durch Teilung im Preise herabgesetzt. Hat denn nun auch der Landbauer Anteil am allgemeinen Wohlstande? Hat denn sein Korn in der Tat denselben Preis behalten? Nein es ist auch teurer geworden; denn er bekommt mehr Waren dafür. [Also] beides [ist] im Verhältnis[20] t e u r e r [geworden], d. i. [es hat] mehr Wert, ohnerachtet keiner von beiden übervorteilt wird.

[So] wie [daher] der Wohlstand in einem Staate gewinnt, [so] steigt bei einer solchen Einrichtung des Tausches auf die gleiche Weise [auch] der Wohlstand aller einzelnen: alle arbeiten weniger, und bekommen für ihre Arbeit mehr der Arbeit des andern, weil für alle die Natur, durch Vernunft und Verstand gezogen, mit arbeitet.

---

[20]) Druck: verhältnismäßig

Hier ist der Ort, auf eine leichte Weise den gestern ver- *
sprochnen Beweis zu führen, daß, in derselben Verfassung, ohnerachtet nur der Landbauer unmittelbar Abgaben giebt, dennoch
alle Bürger auf die gleiche Art mittelbar dieselbe[n] leisten. Die
Abgabe ist nemlich eigentlich ein Abzug vom Überschusse der
gemeinsamen Arbeit, und da, durch die Ordnung [21]) des gegenseitigen Werts, der Überschuß gleich verteilt wird, so wird auch
der geschehene Abzug gleich verteilt, d. i. jeder bekommt um [22])
seinen Teil weniger. Die Summe der Fabrikate ist immer wert
den von der eignen Verzehrung der Landbauern, und der Staatsdiener übrigbleibenden R e s t der Nahrungsmittel, nähmen nun
die Staatsdiener gar keine Abgaben, so wären die Fabrikate wert
auch [23]) das mit, was sie [24]) nehmen: was sie sodann mit dem Stande
der Landbauern um der Gerechtigkeit willen teilen müßten. [Dies
ist] ganz klar. In unserm Beispiele: statt des Einen [Hundert] der
zweihundert übrigbleibenden Portionen [wären die Fabrikate
dieses Ganzen 200] wert. Nur müßten 50 [von dem zweiten Hundert Portionen [25])] dem [Land]bauer bleiben, der weniger zu
arbeiten hätte (dies als das einfachste indessen angenommen);
kurz, dem Fabrikanten wäre was 2 wert ist 3 wert; und dem
Landbauer, der nicht mehr soviel gearbeitet hätte, wäre seine
Arbeit eben so viel mehr wert. Sie teilten sich zu gleichen Teilen
in der ersparten Abgabe, sie teilen sich jetzt zu gleichen Teilen
in den Verlust, und dies mit der strengsten Genauigkeit, indem
die allgemeine Gleichheit des Gewinns an Ruhe der Grundmaßstab der Berechnung ist. So [also teilen den Gewinn] der Landbauer, und der Fabrikant. Der Staatsdiener giebt keine Abgaben:
er nimmt nur weniger für seine Person, und trägt so [seinen   2.568
Anteil]. Vermehrt sich der Wohlstand des Staates, so wird ohne
Zweifel auch er für die [26]) Person teil daran nehmen müssen; [es
wird] auf seine Besoldung um so [viel] mehr, als sein Teil davon
beträgt, gerechnet, so[nach] die Abgaben erhöht, welches auch bei
dem erhöhten Wohlstande aller denn auch recht gut möglich ist.

---

[21]) Druck: Bestimmung   [22]) Druck: nur   [23]) Druck: noch   [24]) Druck: die
Staatsdiener   [25]) Hs: davon   [26]) Druck: seine

Sie können alle mehr geben, und dennoch mehr behalten, weil die Natur mehr giebt.

In einem Staate, in welchem allen der Wert ihrer Arbeit verbürgt, und das erste Lebensmittel zum Grundmaßstabe angenommen ist, kann es nicht nur so sein, [sondern] m u ß es so sein. Denn das erste Lebensmittel ist eben der G r u n d m a ß s t a b, nach ihm muß der Nationalwohlstand berechnet werden, von ihm muß drum der Abzug gemacht werden: denn die Abgabe ist ein Abzug von dem Ertrage des Nationalwohlstandes, der nur eben nicht verteilt wird. Dies ist die einfachste Weise, dieselbe anzusehen, und sich in allen Rücksichten über sie zu orientieren. Die Ansichten, die unsre gewöhnlichen Staaten darüber nehmen (alle [die] Abgaben tragen zu lassen, sie zu verstecken in Accise, auch die Staatsdiener [dieselben geben zu lassen]), die von solch einem Standpunkte aus ganz unbegreiflich sind, haben dennoch ihren guten Grund in einer Quelle, die wir tiefer unten berühren werden.

Resultat: Der Staat wird die Preise aller auf seiner Oberfläche erzeugten und in den Handel kommenden Arbeitsprodukte aufsuchen, und deklariren, und um diesen Preis wird jeder jeden Augenblick gegen das in seinen Händen befindliche Equivalent jeder Art [27]) die begehrte Ware haben können.

Wie soll er [28]) dies sichern? Es bleibt kein Mittel übrig, als daß er den Handel selbst übernehme, daß er den oben beschriebnen dritten Stand, den Handelsstand, selbst mache. Außerdem giebt es Oberaufsichten, und Gelegenheit zu Veruntreuungen ohne Zahl. [Also er muß] selbst [den Handelsstand] machen: [daß] also die Kaufleute Staatsbeamte sind, die auf Rechnung des Staats alles ohne Ausnahme, was ihnen angeboten wird, kaufen zu dem [fest]gesetzten Preise, und so verkaufen, auf Rechnung des Staats (die Berechnung ist höchst einfach: [und] in jedem Augenblicke ist die Lösung, und der Warenbestand zu übersehen) gegen Besoldung: die der Staat als Abgabe beitreibt, und anrechnet. So geben alle ab den gebührlichen Handelsgewinn.

---

[27]) Druck: in jeder Art   [28]) Druck: nun der Staat

Wie [soll man nun aber] zum Verkaufe nötigen [, so daß bei dem Staate zu jeder Zeit alles zu finden ist]? Daß der Fabrikant nicht verkaufen wolle, sobald die [29]) Ware verfertigt ist, ist nicht zu befürchten; denn in diesem Staate ist nicht darauf zu rechnen, daß sein Arbeitsprodukt teurer werde, wohl aber darauf, daß es wohlfeiler werde. Teurer [könnte es] nur [werden] durch Verringerung des Wohlstandes; w o h l f e i l e r [wird es] bei [der] Vermehrung [desselben, und dieser vermehrt sich] in der Regel alle Jahre, nachdem sich wieder aus der Ernte, als dem Grundfaktor, eine Totalberechnug machen läßt. Ihm ist drum j e t z t immer der beste Preis. Vom Landbauer [dagegen] läßt es sich befürchten, denn dessen Ware im umgekehrten Verhältnisse wird äußerlich aus demselben Grunde teurer. Es ist zu [be]rechnen, daß er alle künftigen Jahre für seinen Scheffel Korn mehr Produkte eintauschen werde, [und] drum [ist es] sein Interesse [sein Getreide] aufzuheben.

G e g e n m i t t e l : Der Staat fodre jedes Jahr einen zweck- ∗ mäßigen Teil der Abgaben ein in Korn in natura. Magazine, [und] womöglich ausgestattete [30]) Magazine muß er ohne dies haben, aus Gründen, die sich erst tiefer unten so recht ergeben werden. Wollte [nun] der Landbauer ein Jahr über nicht verkaufen, so würde freilich der Fabrikant nicht zu seiner Nahrung kommen. Aber der Staat verkauft aus seinen Magazinen. Diese werden ihm nun freilich leerer, als billig, indeß die Fabrikate, auf deren Absatz an den Landbauer gerechnet war, ihm liegen bleiben. Drum nach der nächsten Ernte wird er die Naturallieferungen an der Abgabe um so viel größer ausschreiben, als dieser aufgedrungne Verkauf seinen Magazinen entzogen hat, und der Landbauer ist nun allerdings genötigt, das Korn, das er vorher hätte hingeben sollen, jetzt hinzugeben um den rechten Preis. Was aber die bei des Staats Kaufleuten liegenden Fabrikate betrifft, so wird, falls auch etwa die Lage erforderte, ihren Preis herabzusetzen, dies 2.570 der Staat so lange nicht tun, bis das, was früher hätte abgesetzt werden sollen, abgesetzt, und so das Gleichgewicht hergestellt ist;

---

[29]) Druck: seine   [30]) Druck: stets gefüllte

dem Ackerbauer wird indessen der Vorrat ausgehen, und will er
z. B. nicht unbekleidet gehen, so wird er wohl endlich kaufen
müssen. Und so hat es denn der Staat allerdings in seiner Gewalt, nicht nur die Preise, sondern auch den geforderten Verkauf der Waren zu erzwingen.

Weiter: Ich habe von Naturallieferungen bei der Abgabe gesprochen[31]): ich nehme drum noch ein andres Zeichen des Werts
an: auch wird ohne Zweifel meine Meinung nicht sein, daß aller
Handel durch [den] bloßen Umtausch der Ware geschehen solle
(drum in der Tat alle Waren des Landes zum Kaufmanne trans-
portirt [werden], und bei ihm eine Zeitlang liegen sollen).
Allerdings: es soll geben ein Zeichen zuförderst des Grund-
werts, [und] drum eben alles Werts, z. B. des Scheffels[32]) Korn,
und seiner Abteilungen, Mäßchen, u. s. f. [Solches Zeichen nennt
man] Geld.

[Grund]erfordernisse [des Geldes].

* 1.) Das Zeichen selbst [muß] so wenig Wert als möglich
[haben in Hinsicht auf] das Materiale[1]), [denn] sonst geht dem
Staate etwas verloren; es ist noch, indem es Zeichen ist, zugleich
Ware — was für Heilloses daraus entsteht, [davon] tiefer unten.

2.) Die Bereitung desselben [muß] nicht viel kosten: [denn die
Kosten desselben sind als] Abgabe[n einzutreiben.]

3.) Wenn es irgend möglich [ist, muß es] gar nicht nachzu-
machen sein. Der Nachmacher bemächtigt sich der Arbeit andrer,
ohne Equivalent, [dies] ist Benachteiligung des Nationalreichtums,
[und] teils Verbrechen, teils allgemein schädlich. Doch ist die
Versuchung groß. Leder [- oder] Papier[geld ist sonach, wenn das
Nachmachen desselben durch die Privatpersonen nur verhindert
werden kann, das zweckmäßigste Geld für einen isolirten Staat,
weil der Wert der Materie gar nichts sagen will gegen den künst-
lichen Wert.]

---

[31]) Druck: Ich habe gesagt, der Staat solle seine Abgaben auch in Natural-
ieferungen eintreiben. [32]) Druck: für den Scheffel

[1]) Druck: Hinsicht seines Materials

Da erschrickt man [aber]: [und] mit Recht, in unsern Verfassungen, die Gründe [davon] tiefer unten: in der hier vorgezeichneten [Staatsverfassung] fällt dieses alles [2]) weg. 2.571

Also — ein solches Zeichen heißt z. B. [ein] Scheffel Korn: und für dieses ist in jedem Augenblicke der wirkliche Scheffel Korn auszutauschen; falls nirgends anders, ganz gewiß bei dem nächsten Staatsmagazine; da wird der Landbauer, falls er sein Korn los sein will, es wohl auch dafür geben müssen.

Eben dafür [muß man auch] alles andere [haben können], was in der Preisanzeige des Staats diesem, oder einem aliquoten Teile desselben gleichgesetzt ist in jedem Augenblicke in den durch Staatsbediente verwalteten [3]) Warenlagern. Dieses Zeichen nimmt der Staat, der die Abgaben in Scheffeln Korn ausschreibt, als Überschuß dessen, was er nicht als Naturallieferung ausgeschrieben. Mit demselben besoldet er alle seine Staatsdiener, und bestreitet alle seine Ausgaben. Es kann [hier] gar keine Frage sein, ob es gilt, da der Staat, der der größte Handelsmann [4]) ist, und die größten Forderungen hat, es nimmt, und es [5]) allein nimmt, und nichts andres. Denn dies ist die stillschweigende Voraussetzung, [indem grade darin der] Vorzug des Zeichens [besteht], daß es stets für alles gilt, [und] daß jeder es nimmt.

Die an die gewöhnlichen Voraussetzungen gewöhnten sagen: Der Staat wird ein solches Geld, in Rücksicht dessen er auf keine Weise gebunden ist, ins unendliche vermehren; dadurch wird es seinen Wert verlieren! Sie haben Recht in der gewöhnlichen Voraussetzung: es haben dies Staaten getan: und daher der Schrecken, wenn ⁊⁊ [man vom Papiergeld hört]. Daher der Ruhm Frankreichs [6]). [U. s. w.]

Ich sage [7]) auf dieses alles: Der Staat, den wir bis jetzt beschrieben haben, kann dies nicht wollen; er würde dadurch sich selbst vernichten: [er würde] die Ordnung aufheben, und sich alle die Not der Unordnung auf den Hals ziehen [8]).

---

[2]) Druck: alles das zu Befürchtende [3]) Druck: durch den Staat dazu veranstalteten [4]) In der Hs gestrichen, ein unleserliches Wort darüber geschrieben [5]) Druck: er [6]) Es folgen in der Hs etwa zehn unleserliche Buchstaben. [7]) Druck: erwiedre [8]) Druck: um sich ... zu ziehen.

Wie viel soll Geld [also] sein? [So viel, daß das] Zeichen gleich [ist dem] Bezeichneten [9]). So viel Scheffel Korn die Ernte im Durchschnitte bringt, so viel und nicht mehr noch weniger Scheffel Korn sollen sich im Umlaufe befinden. Nicht weniger, [denn] der Strenge nach könnte der nicht repräsentirte Scheffel nicht gekauft werden. Doch dies könnte durch schnellen Umlauf gedeckt sein [10]): Nicht mehr: [denn] das Zeichen, das drüber ist, repräsentirt nichts: wer es macht, sei es der Staat, oder ein einzelner, ist ein Falschmünzer. Dieses [Zeichen für den Scheffel Korn wird] nun im Laufe sich verwandeln in [ein Zeichen für] Fleisch und Fisch, in Erbsen, und Kohl, in Tuch und Leinwand, in Ziegel und Kalk, u. s. f., bis es seinen Umlauf durch alle Gestalten des Werts, [und] die ihm vorgeschriebnen Metamorphosen vollendet hat. Giebt der Staat mehr aus, so findet der letzte Besitzer keine Nahrung: er muß zu Grunde gehen. Er mag um ein Jahr [11]) Arbeit betrogen sein: das wäre der Gewinn [, den der Staat davon hätte]: aber er geht sodann auch [gleich] zu Grunde. Dies ist der Verlust: die Ungerechtigkeit. Was soll denn den Staat, der ja die Abgaben erhöhen kann [12]), in eine solche Verlegenheit bringen: sich an den einzelnen zu halten, da er es ohne Schaden vom Ganzen nehmen kann.

Paradoxon. Das Arbeitsprodukt wird wohlfeiler, [wenn] die Arbeit teurer [wird]. Bei Erhöhung des National-Wohlstandes giebt der Fabrikant mehr Ware für seine Portion [Lebensunterhalt] [13]). Dennoch braucht er nicht so viel Zeit, diese größere Menge zu liefern, als er vorher brauchte, eine kleinere Menge zu liefern: seine Arbeit, recte die Zeit ist teurer [14]). Vorher bedurfte er [15]) 3 Stunden, [um] 1 Elle [Tuch zu verfertigen, und dieselbe war] wert 4 Stunden Leben. Jetzt muß er 2 Ellen liefern für 4 Stunden Leben: [seine Waare ist also] wohlfeiler. Aber er braucht [zu der Verfertigung dieser zwei Ellen] nur 2 Stunden;

---

[9]) Hs: Bezeichnetes. [10]) In der Hs folgen etwa acht nur teilweise leserliche Worte: ein Zettel repräsentiert ... neue Ernte ... [11]) Druck: eines Jahres [12]) Druck: ja nur erhöhen darf, [13]) In der Hs folgt: die Waare teurer. [14]) Druck: Sonach ist seine Arbeit oder seine Zeit teurer. Die obige Lesung ist ungewiß. [15]) Hs: statt bedurfte er: in

[seine Arbeit ist also] teurer: [Jetzt erhält er] für 1 Stunde [Arbeit] 2 [Stunden Leben], vorher [erhielt er nur] für eine 1³/₄ ¹⁶). [Seine Arbeit ist also um ²/₃ Zeit teurer geworden.]

Beim Landbauer [ist grade] das umgekehrte Verhältnis: seine Ware [ist] mehr wert an andrer Ware, weniger an Arbeitszeit des Künstlers: für den Unterhalt von 4 Stunden arbeitet er ihm jetzt nur 2 Stunden, da er vorher 3 arbeiten mußte. Dennoch bleibt das Verhältnis richtig, wenn der Landbauer auch nur 2 Stunden braucht, um diesen Lebensunterhalt zu gewinnen, da er vorher 3 brauchte. Beide gewinnen: die Natur trägt die Kosten.

[Der Staat muß den] Wert [der Arbeitsprodukte] sichern. [Es muß deshalb ein] Maßstab [des Werts aller Waren festgesetzt werden], der doch [immer] bleibt, [wie auch] der fließende ¹⁷) Wert [sich verändert.]

[Jetzt weiter.] ¹⁸)

Es ist in diesem Beweise [die] ausdrückliche, und es ist in der ganzen bisherigen Untersuchung die stillschweigende Voraussetzung, daß wenigstens das erste Lebensmittel von einer Ernte zur andern aufgezehrt werde. Zwar ist der Magazine des Staats gedacht worden, aber nur im Vorbeigehen, und ohne eigentliche Ableitung ihrer rechtlichen Notwendigkeit. Dies kann nun nicht also sein ¹⁹), weil dadurch die Erweiterung und Vermehrung eines ²⁰) Nationalreichtums unmöglich würde. (Ohnerachtet nun dies so sich verhält, wird dennoch der gelieferte Beweis dadurch nicht umgestoßen, sondern, wie sich zeigen wird, verstärkt.) Diese ist möglich nur durch das K a p i t a l. Wir werden drum unsre Lehre über die Sicherung des Eigentums beim Tausche vollenden durch eine Untersuchung über d[as] K[apital]. Diese Lehre gewinnt an Klarheit, wenn wir ihr die über [das] Metallgeld, und über den Einfluß desselben auf die Gewalt des Staats über das Eigentum, — drum auf das Eigentum aller, voranschicken ²¹). [Also

---

¹⁶) Druck: 1¹/₃ ¹⁷) Druck: äußere ¹⁸) Der Abschnitt von „Paradoxon“ bis hierher ist in der Hs eine Beilage auf besonderem Blatt. ¹⁹) Druck: bleiben ²⁰) Druck: des ²¹) Es folgt in der Hs, ausgestrichen: Paradoxon: das Arbeitsprodukt wird wohlfeiler, die A

[Vom Metallgelde.]

Alles Metall hat durch seine Dauerhaftigkeit, und Bearbeitbarkeit einen großen innern Wert, als Ware; dieses alles im höchsten Grade die edlen Metalle, Gold und Silber. Fast unzerstörbar, indem sie nicht angegriffen werden durch die Luft, und mit ihr einen chemischen Prozeß bilden[1]); daher die Reinlichkeit, und endlich die Teilbarkeit, und Biegsamkeit.

Dazu kostet ihre Gewinnung viel Zeit und Kraft: jedoch muß dieselbe bis jetzt sich belohnt haben, indem außerdem kein Staat weiter den Bergbau treiben [würde], sondern vielmehr das ihm notwendige Gold und Silber durch den Handel mit den Arbeitsprodukten, die er mit derselben Zeit und Kraft erzeugen könnte, gewinnen [würde], wenn ihm dies vorteilhafter wäre. Der äußere Wert dieser Metalle ist drum wenigstens der Unterhalt für den Gewinner des Metalls, wie dies sich verhält mit aller andern Arbeit. Nur ist dabei [der] sehr große und bedeutende Unterschied, daß jede andere Anforderung aus Arbeit an das Menschengeschlecht ablösbar ist in der Zeit, indem das Produkt verschwindet: das Lebensmittel verzehrt, das Fabrikat abgebraucht[2]) wird: die Anforderung aus Gewinnung der Metalle aber fest [und] unablösbar[3]) [ist], weil das Metall bleibt — wenn es ruhig liegt[4]), immer[5]), wenn es umläuft, oder in verschiedene[n] Gestalten verarbeitet wird, denn doch nicht sehr merklich [vergeht]. Der Besitzer edlen Metalls hat sonach eine fast unablösbare Schuldanforderung an das Menschengeschlecht, und übergiebt jedem, dem er es übergiebt, eine solche. Wie [auch] der Besitzer sich wandelt, die Schuldforderung bleibt.

Diese Dauer, und die Teilbarkeit in beliebige Teile, ohne Verlust, machten die edlen Metalle, ohne Zutun eines Staats, durch eine natürlich sich ergebende Übereinkunft zum Welt g e l d e. Es hat zugleich, gegen unsre erste dem Gelde angemutete Eigenschaft, einen innern Wert, es ist Ware, und eine sehr köstliche Ware. Es würde sich drum, wenn auch nicht zu[m] Gelde, doch

---

[1]) Druck: eingehen   [2]) Druck: verbraucht   [3]) Druck: „unauflösbar“. Es ist wohl „fast unablösbar“ zu lesen.   [4]) Druck: bleibt   [5]) Druck: nimmer

sehr gut zu einem Grundmaßstab des Werts aller Dinge schicken, wie wir dazu gemacht haben das Korn ([Dies] ist auch in der Tat die treffliche Praxis des Handels im großen. Abschreiben, [und] zuschreiben in ihren Büchern, der Buchstabe an sich selbst, dies ist ihr Tauschmittel: das Metall ist in demselben repräsentirt. [Dies] ist auch die herrschende Meinung der Staatsmänner über [das] Papiergeld. [Es müsse] Realisationscomtoirs [geben, wo man dasselbe in jedem Augenblicke gegen] Metallgeld [umtauschen könne.] Grade wie in meiner [obigen] Theorie die Getreidemagazine und Warenlager des Staats die fortdauernden in jedem Augenblicke angewendeten Realisationscomtoirs sind.)

Was geht denn nun den edlen Metallen ab, um ein schick- 2.575
liches Grundmaß des Werts zu sein? Dasselbe, was es wieder zu einem möglichen G e l d e macht, und eine Ausstellung desselben als solches mildert [6]); das allgemeine Bedürfnis desselben als Ware. Brod muß jeder haben: aber goldne und silberne Geschirre können wir alle die Zeit unsres Lebens entbehren, und die allerwenigsten kommen dazu, sie besitzen zu können. Unmittelbar als Ware wird es fast niemals gesucht; und sein Gebrauch als solche steht allein in dem allerfernsten Hintergrunde; als Geld, als Eintauschungsmittel aller beliebigen Bedürfnisse wird es gesucht; ohnerachtet es seine Gültigkeit als Geld freilich nur durch den im Hintergrunde liegenden Wert als Ware behält und behauptet. Es ist [aber eben deshalb] kein schicklicher Maßstab, weil sein Wert als Ware sich nicht aufdringt, drum kann es Zeichen sein, [Aber] man vermißt nicht den Mangel des Materials: wiederum [7]) ist es kein schickliches Zeichen, weil es wiederum seine Gültigkeit als Zeichen vom innern Werte erhält: Es ist eine Halbheit, die immerfort zwischen seiner Bedeutung als Zeichen, und zwischen seinem innern Werte schwankt.

Das zeigt der Erfolg. 1.) Sein wahrer Wert ist durchaus unbestimmt, und unbekannt. Der eigentliche Wert und Preis des Lebens ist die Muße. (Drum lag mir alles daran einen solchen absoluten Wert zu finden, woran es in diesen Untersuchungen

---

[6]) „und . . . mildert" fehlt im Druck   [7]) Druck: darum

fehlt.) Wie viel Muße aber, d. i. welchen Zeitraum Unterhalt ich
für eine Unze Gold oder Silber haben werde, weiß ich nie, und
kein Staat kann mir darüber je etwas [Festes] verbürgen, weil
jeder über diesen Punkt, wie sich sogleich zeigen wird, ebenso
abhängig ist, wie der geringste[8]) seiner Bürger. Eigentlich ist
nach diesem System[9]) alles in der Welt vorhandne Gold und
Silber wert alle in derselben vorhandne Ware, und demnach
ein aliquoter Teil des ersten[10]) einem aliquoten Teil der[11])
zweiten. Aber es giebt kein menschliches Wissen, welches die
beiden Faktoren übersähe, und das Facit ziehen könnte (wie der
vorausgesetzte Staat seine beiden Faktoren allerdings[12]) immerfort übersieht). In dieser Ungewißheit fürchten nun beide, der
Geldhaber, und der Warenhaber, zu kurz zu kommen: jeder
hofft auf einen günstigen Preis für sich: und so wird es niemals
zu einem Abschlusse des Handels kommen, außer durch die Not
eines von beiden: der Geldhaber muß die Ware, der Warenhaber muß das Geld haben. (Daher das markten[13]): dies ist ein
höfliches Ausforschen der Not des andern.) Also die Not macht
den Kauf, und so den Preis. Nun ist diese sehr wandelbar, drum
sind die Preise wandelbar. Hier ist G e w a l t , durchaus nicht
Recht. Jeder [sucht] so teuer als möglich das Seinige anzu-
bringen, [und] so wohlfeil als möglich das des andern [einzu-
kaufen]: gelingts, so gelingts. Auch ist es gar keinem zu ver-
denken; denn keiner weiß, ob er unrecht tut, da noch ein durchaus unbekanntes, das Geld, mit in den Tausch eintritt. Jeder
[muß] bei der redlichsten Gesinnung [dies tun]: [denn] wenn
der andere es nicht geben könnte, so würde er es nicht geben.

[Die] Not wandelt[14]) sich =[15]) steigt der Wert des Geldes,
so kommt mehr auf den Markt; nun fällt er: steigt der Wert der
Ware, so versteckt jeder sein Geld (außer gegen Lebensmittel,
diese haben das Zwangsrecht, wird aber der Transport gewonnen,
so entsteht, bei Freiheit des Handels, Zufuhr) nun kommt der
Warenbesitzer in Not, und die Sache ändert sich [abermals].

---

[8]) Druck: gemeinste [9]) Druck: diesen Systemen [10]) Druck: ersteren
[11]) Druck: des [12]) Fehlt im Druck [13]) Druck: Mäklen [14]) Druck: wendet
[15]) Druck: d. h.

Was ist [demnach] ein[16]) Groschen wert? Die Not des
Warenhabers zu der Zeit, da ich ihn ausgeben werde. Wer ge-
winnt dabei, und zwingt die Preise, macht sie? Wer die Not
andrer wohl zu berechnen versteht. Alle kaufmännische[n]
Spekulationen, was sind sie anders, als Voraussetzungen solcher
Not, auch wohl durch Aufkauf künstliche Hervorbringung der Not.

So unbestimmt (nun) der Wert alles Geldes [ist], so [un-
bestimmt ist] auch der Wert des [Geldes] des Staates. Wie in
eines jeden Kasse er ärmer, oder reicher wird, so [wird er es
auch] in [der] des Staats. Drum 1.) [Er muß] zuerst das [Metall-]
Geld [suchen], wo er es findet. 2.) [Er muß] drum [davon] nehmen, soviel als er kann, weil er dennoch nie eigentlich weiß, was
er einnimmt, und nun hat. 3.) [Er muß] drum [ein ganz] umgekehr-
tes Finanzprincip [haben, als das, was wir aufgestellt haben]: bei
mir [soll er einnehmen], was[17]) er braucht — aber er darf niemals
die Subsistenz, und alle Muße seiner Bürger brauchen, außerdem wäre er gar kein Staat, und es wäre bei dieser Lage der
Menschheit nicht bis zum Staate gekommen. Hier [aber ist sein
Prinzip, daß er nimmt], was er kriegen kann: denn er weiß nie,
was er hat, drum auch nicht, was er braucht, und er muß sich
sicher setzen[18]).

Noch ein[en] Umstand [im Vorbeigehen. Man spricht in
neueren Zeiten so viel von] Freiheit des Handels, [und] Freiheit
der Gewerbe. Was würde [doch] das Resultat [davon] sein?
Der Markt [würde] überfahren [werden, indem sich alle auf den
Handel legten, und] das Geld [würde] drum teurer [werden. Dies
ist] Vorteil für den Geldhaber. Fast alle Vorschläge gehen darauf hinaus [, das Geld recht teuer zu machen. Ist es auch der]
Vorteil des Käufers? Soll man [dies] sagen, weil sie[19]) von Geld-
habern, Besoldeten, u. dergl. herkommen? Doch ist dies nur auf
eine Zeit. Eine Generation etwa wird aufgeopfert: dann kommt
die Vergeltung. Nun! Dann leben wir nicht mehr.

[Man wolle] dem Publikum [Ersparnis verschaffen durch
Freiheit des Handels][20]). Wer ist dieses Publikum? Die Tuch-

---

[16]) Druck: einen   [17]) Druck: soviel als   [18]) Druck: sicherstellen   [19]) Druck:
dieselben   [20]) Hs: de 15*. dem Publikum ersparen.

macher [21]) sind doch gewiß vergessen, [denn] diese gehen zu
Grunde. Und [wie steht es denn] mit dem Gewinne [der Übri-
gen]? Der Bäcker des Orts, der Brauer, der Fleischhändler [22]
werden ihr Tuch [im Verhältnis zu den andern Preisen] wohl
teurer [22]) bezahlen. Ich sehe [also] nicht, daß jemand dabei gewinnen werde, als etwa der Herr Amtmann, der nichts zu verkaufen hat. Dieser nutzt seine Besoldung höher. Dieser, überhaupt die Besoldeten, und Kapitalisten, wären [wohl] zuletzt das
Publikum.

Freilich kann ein Staat in der Lage sein, solche Gesetze
geben zu müssen. Geldwert zieht die auswärtigen Geldbesitzer
an. Wo die Ware wohlfeil ist [23]), da [gehen sie] hin, da können
sie [ihr] Geld [recht] nutzen, das Geld ist [dort] teuer. Aber
der Staat will Geld haben, weil er nur dadurch seinen Wert und
seine Macht in der Reihe andrer Staaten behaupten kann. Also —
es ist Not, [warum er diese Gesetze giebt], bei vielleicht besserer
Einsicht. [So entsteht] alle Not aus der Einen Quelle, dem Metallgelde.

In Summa — in jedem Staate, in welchem ([in seinen Verhältnissen nach außen enthalten wir uns hier noch des Ab-
sprechens]) [24]) das Weltgeld, die edlen Metalle Geld sind, ist
das Eigentum der Bürger nur in dem allergröbsten Sinne, daß ihm
die körperlichen Objekte nicht mit Gewalt weggenommen werden
können, gesichert: das [25]) eigentliche Eigentum aber, der Wert
ihrer Arbeit, hängt ab von einem blinden Ohngefähr, einer un-
begreiflichen Naturgewalt, und sie sind darüber im Natur[zu]-
stande geblieben. Aber dazu hat der Mensch eben Vernunft,
um die blinde Naturgewalt zu vertilgen, und alle seine Verhältnisse unter einen klaren Begriff zu bringen, und mit beson-
nener Kunst nach demselben zu ordnen. Dieser klare Begriff,
und diese besonnene Kunst in Beziehung auf die Sicherung des
Eigentums ist nun oben beschrieben, und sie ist die Aufgabe des
Staats. Dies ist unsre Meinung. Und hierbei geht es denn sehr

------

[21]) Druck: Fabrikanten [22]) Druck: nicht wohlfeiler [23]) Druck: Waren . . .
sind, [24]) Hs: außerhalb des Staats vom Absprechen enthalten [25]) Druck: ihr —s

wohl an zu sagen: Diese Aufgabe hat bisher nicht gelöst werden
können, und sie kann es auch bis jetzt noch nicht, und dabei sind
die wirklich bestehenden Staaten außer aller Schuld — wir sind
selbst dieser Meinung — aber es geht nicht zu sagen: weil das
blinde Ohngefähr bis jetzt geherrscht hat, [so] soll es zu ewigen
Zeiten herrschen, niemals aber die Vernunft: und die letztere
soll auch nicht reden, und den klaren Begriff verbreiten, ohne
welchen es nie zur besonnenen Kunst kommen kann.

Mit allem, was die Staatswirtschaft innerhalb eines Staates,
der Metallgeld führt, tun kann, hat eine [reine] Rechtslehre [, die
das ewige Recht bestimmt, und von der wir allein hier reden,]
nichts zu schaffen; denn ein solcher [Staat] ist kein ausgebildeter
Staat, sondern er läßt vermittelst des Weltgeldes den alten Natur-
zustand, aus dem alle Versuche der Staaten ausgegangen sind,
als ein Ingrediens noch in sich übrig; obwohl auch eine solche
Staatswirtschaft das wahre Mittel sein dürfte, um es zum wahren
Staate zu bringen, und so, und auch [nach] der Lehre derselben [26]), an ihrer Stelle, ihr großes Verdienst hat.

[Vom Kapital.]

Hat denn nun das Metallgeld gar keinen Vorteil gehabt, und
erheben es die entzückten Lobpreiser seiner Wirkungen ganz
ohne allen Grund? [Dieses] wird sich zeigen, wenn wir vom
Kapitale reden.

Zuförderst ist in unsrer ganzen Theorie immer vorausgesetzt,
daß vom Anfange des Jahrs bis zur Ernte der Staatsbediente,
[der] Landarbeiter, und der Fabrikant, indem die beiden letzten
den Acker bauen, und ihre [1]) Fabrikate verfertigen, während der
Arbeit leben können, anständig, und gewiß, bis zum nächsten Austausch[e], der mit der [neuen] Ernte beginnt. Woher [kommt
ihnen dieser Lebensunterhalt bis zur Ernte? Offenbar] von einer
frühern Ernte, und da wieder von einer frühern, u. s. f. Wo

---

[26]) Druck: des ewigen Rechts

[1]) Druck: die

nimmt dies ein Ende; da wir doch einen Anfang haben müssen?
[Setzen wir] also — das Beginnen des[2]) Staats, und die[3]) beschriebne Anordnung der Gewerbe [; so] setzt [dieselbe schon]
voraus, daß alle bis zur nächsten Einsammlung schon leben können, [daß sie] Vorrat [an Allem] haben des Jahrs[4]). [Also] ursprüngliche[5]) Lebensmittel für alle, nach deren Entstehen im
Staate nicht gefragt werden kann, ist[6]) die absolute Bedingung
einer Entstehung des Staats. [Dies ist das] Grundkapital. — Das
absolute Kapital.

Aber weiter: es soll ein Wohlstand der Nation, ein Über-
gewicht ihrer Arbeitsprodukte über die Arbeit errungen, und
dieser fortdauernd vermehrt werden. Wie geschieht dies?[7])
[Nur also,] indem durch Arbeiten, die u n m i t t e l b a r gar nicht,
sondern nur m i t t e l b a r zweckmäßig sind, die Natur den unmittelbaren Zwecken des Menschen erst unterworfen wird. Da
geht für den nächsten Zweck der Erhaltung in der nächsten Zeit
offenbar Kraft verloren, welche freilich in einer künftigen Zeit
mit Gewinn sich ersetzen soll. Wenn Moräste ausgetrocknet, und
urbar gemacht werden, so wird in der Zeit, da dies geschieht,
durch diese Kraft nichts den Menschen Nützliches gewonnen;
wenn Maschinen ausgesonnen, und vielleicht [mit] vergeblichen
Versuchen probirt, dadurch nicht die Aufgabe gelöst [wird], verfertigt werden, so ist nicht die Absicht, diese Maschinen zu verkaufen, auch würden sich keine Käufer für sie finden.

Wie ist nun dieser Abbruch an gegenwärtigem Erwerbe zu
Gunsten eines künftigen, und entfernten[8]) denkbar, und möglich?
Offenbar bedürfen jene vorbereitenden Arbeiter a r b e i t e n d e[r]
Hände, diese aber v o r r ä t i g e, und von dem unmittelbaren Er-
werbe z u e r s p a r e n d e Nahrungsmittel[9]). Sind die letzteren
[da], so werden sich die Arbeiter finden. Sie aber müssen sein.
Sie sind der zweite Teil des für den Staatszweck vorauszusetzen-
den Kapitals: als eines Überschusses über die berechnete Zehrung.

---

[2]) Druck: eines   [3]) Druck: der —nen   [4]) Druck: für ein Jahr.   [5]) urspr.
fehlt im Druck.   [6]) Hs. über gestrichnem „sind."   [7]) Druck: kann dies geschehen?
[8]) Druck: entfernteren   [9]) Druck: Lebensmittel

Was aus diesem Teile des Staatszwecks für unsern [gesamten] Staatszweck folge, davon später. Jetzt [nur noch], wie dieser Zweck bisher besorgt [10]) worden als eine Nebenfolgerung.

Das einzig bekannte sichere Mittel, die Menschen zur Arbeit für nicht gegenwärtige, von ihnen selbst auch gar nicht begriffene Zwecke zu gewinnen, war das Metallgeld; in ihm war eine [Schöpfer-]Kraft niedergelegt, soweit über alle menschlichen Kräfte und [11]) die Anwendung derselben zu verfügen, als die Summe Geldes reichen mochte, und dies in jedem Augenblicke. — Nun sind allein dadurch [12]) solche Arbeiten im Vorrat [und] alle Verbesserungen des menschlichen Zustandes errungen, und werden fernerhin auf diese [13]) Weise errungen werden; hier ist der wahre endliche Gewinn [des Geldes] fürs Menschengeschlecht [14]). Ferner will ich auch noch dies hinzusetzen: nur durch diesen Fortschritt gewinnt die menschliche Arbeit Würde und Anstand, und wird menschlich, ausdrückend die absolute Schöpferkraft des Begriffs. Wenn die Menschen nach einem Menschenalter noch ebenso das Land bauen, noch ebenso fabriciren, als vorher, so hat die eigentliche Menschlichkeit in diesem Geschäfte bei ihnen stille gestanden, und sie sind vielmehr mit einer Heerde [15]) Bieber, oder Bienen zu vergleichen, denn als Menschen anzuerkennen. — Als Trieb- *
feder dieses höhern Glücks, und dieser höhern Würde erschien nun das liegende Geld, dieses als in sich enthaltend allen zu erringenden Nationalwohlstand, und Nationalvermögen. (Daher auch sehr oft das in den Händen einer Nation befindliche baare Kapital an Gelde Nationalvermögen genannt worden [ist]). Wo ein Geldbeutel sich etwas reichlicher auftat, sah man alles zuströmen, und sich beeilen, einen so großen Teil als möglich [davon] an sich zu bringen. Daher die Bewunderung und Vergötterung, die selbst verständige und denkende Menschen dem Gelde als dem Stifter 2.581 aller Industrie, und wenn man will, als derjenigen Macht beweisen, die den Menschen zuerst aus dem Prometheischen Leim-

---

[10]) Druck: befördert [11]) Druck: nur [12]) In der Hs das „da" durchstrichen und hinter „durch" zwei Worte eingefügt, von denen das erste „Entgelt" gelesen werden kann. [13]) Druck: dieselbe [14]) In der Hs sind noch einige unleserliche Worte nachträglich eingefügt. [15]) „einer Heerde" fehlt im Druck.

gebilde [16]) zu diesem erfindungsreichen und raffinirten Wesen gemacht hat. Es ist ihnen eben die himmlische Flamme des Prometheus. — Sie haben in der Entzückung nur einen Umstand übersehen, der gleichwohl nahe liegt [, und das ist dieser]: das Geld
tut gar nicht u n m i t t e l b a r diese Wunder, und u n b e d i n g t,
sondern mittelbar, und unter einer gewissen Bedingung. Wenn
sie zulaufen, [so] ists ihnen nicht ums Geld [zu tun], das können
sie nicht essen, sondern um die Waren, und zu allernächst um
die Lebensmittel, die sie dafür zu kaufen gedenken. Sind diese
nicht da, so werden sie sicher zu Grunde gehen, trotz deines Geldes, und sie werden sich nicht die vergebliche Mühe machen, erst
für dieses sie nicht nährende Geld zu arbeiten.

Also, es bleibt dabei, nicht das G e l d, sondern die dadurch
zu erringende L e b e n s e r h a l t u n g [, und was für Ware er für
das Geld kauft,] ist die Triebfeder der Tätigkeit, und aller Verbesserungen der Gewerbe; [und] drum auch, nicht das G e l d,
das in den Händen der Nation ist, sondern die L e b e n s m i t t e l,
die auf ihrem Boden vorhanden sind, ist das Nationalkapital: das
Geld ist lediglich das Mittel, die Erhaltung der Lebensmittel, die
doch gleichwohl da sein müssen, an eine bestimmte Arbeit zu
knüpfen. Ich setze, wenn ich der einzige bin, der Geld ausgeben
will, durch mein Geld mich in den Besitz der verkäuflichen
Lebensmittel; wer kaufen muß, der muß z. B. an der Austrock-
nung von Morästen mitarbeiten, außerdem hat er nichts zu leben,
und wird drum wohl genötigt sein, daran [mit] zu arbeiten, so
lächerlich und verkehrt ihm auch das ganze Unternehmen vor-
kommen möge [17]).

[Vom Zins.]

An dieser Stelle, wo sie am verständlichsten ist, [wollen wir]
als eine bloße Nebenbemerkung die Lehre vom Z i n s [abhandeln.]

---

[16]) P. L. an Stelle einer gestrichenen Wortfolge, deren letztes Wort „Halb-
tier" lautet. [17]) In der Hs [Bl. 17, S. 2] folgt ein Stern, der auf einen Nachtrag
hinweist. Auf der folgenden Seite befindet sich ein solcher Nachtrag: Es wird
herbeigeführt werden. Nur nicht schließen. Wer sagt das? Ich denke an keinen
Schluß. — . . . Also in der Welt. Betrachten Sie die Welt als reinen Staat,
wie dies mit dem Begriffe des Weltgeldes allerdings der Fall ist.

Der Unternehmer einer solchen Arbeit, die unmittelbar gar
keinen Nutzen, späterhin aber einen großen Gewinn verspricht, 2.582
hat kein Geld bis dahin sich irgend andere Kräfte, die er dafür in
Bewegung setzen will, zu erhalten: er wendet sich an einen andern, der Geld hat, dessen er selbst zu keinem Unternehmen bedarf (das ihm müßig im Kasten liegt). So [muß] der Fall [sein]
oder ähnlich, [wie z. B. man] dem Studierenden, dem Lehrlinge
[borgt] — aber bloß zum Verzehren kann man wohl schenken,
aber nicht leihen. Wenn er dieses Unternehmen ausgeführt
haben wird, was wird das Resultat sein: Er wird mit sehr großem
Vorteile arbeiten, mit wenig Arbeit verhältnismäßig im Staate¹)
sehr viel Arbeitsprodukt hervorbringen, weil er sich eine Naturkraft unterworfen hat. Wird ihm dieser Gewinn im Staate bleiben?
Fürs erste, ohne Zweifel; (was späterhin einmal wohl erfolgen
könne, werden wir zu seiner Zeit sehen.) Denn der Staat macht
seine Preise nach dem gewöhnlichen Maßstabe. Ein solcher gewinnt drum durch 3 Stunden Arbeit etwa 8 [Stunden] Leben, da
er eigentlich nur 4 gewinnen sollte. Diese [übrigen] 4 Stunden
arbeitet die unterjochte Natur. Aus welcher Kraft? Aus dem
Resultate beider, der Erfindung und des Geldes. Das Geld
a r b e i t e t: freilich nur zufolge des ihm eingesetzten Lebens der
Erfindung: im Kasten war es tot. Beide arbeiten in Compagnie.
Wäre es unbillig, wenn der Geldhaber sagte: was mein Geld verdient, ist mein: ich dächte, wir teilten die gewonnenen 4 Stunden,
2 behalt für deine Erfindung, 2 gieb mir ab für mein Geld? Ich
denke, nicht. Diese 2 Stunden also wären sein Z i n s. [Also]
1.) Zins ist rechtlich. 2.) Es läßt sich kein Maßstab desselben vor-
schreiben. — Doch will ich dem Kapitalisten raten, das Kapital
nicht etwa zu einem eisernen zu machen, und auf ewigen Zins zu
rechnen, sondern es zu rechter Zeit wieder zurückzufordern:
außerdem wird es ihm in nichts zergehen, und er um beides,
Kapital, und Zinsen kommen: aus folgendem Grunde.

Die dadurch gewonnene Verbesserung wird von andern nach-
gemacht werden, dadurch wird die Sache immer leichter werden,

---

¹) „im Staate" fehlt im Druck.

2.583 bis sie zuletzt das Gewöhnliche, und der Grundmaßstab wird. Dann geht sie in die Grundberechnung der Preise mit ein, und es wird [dadurch für den Einzelnen] nichts mehr gewonnen. Das Privatkapital, und der dadurch errungene Privat- und abgesonderte Wohlstand ist aufgenommen in dem Allgemeinen. So soll es sein. (Z. B. urbar gemachtes Land aus Morästen muß freilich auf eine Zeit lang von der Abgabe befreit werden, um dadurch die Erfindung, und die aufgewandte Arbeit, das Kapital, zu ersetzen: das hat einen Durchschnitt, der sich etwa berechnen läßt, und welcher, nach der Maßgabe [2]), ob es noch mehr oder unbearbeitetes Land im Umkreise des Staatsgebietes giebt, und drum die Bearbeitung aufzumuntern ist, höher oder niedriger gesetzt werden [muß] [3]). Nur durch diese Abgabenfreiheit wird ihm der höhere Preis seiner Arbeit gewonnen. Nach Ablauf dieser Zeit tritt es — auch dies kann auf einmal geschehen, oder allmählich — in die allgemeine Bedingung aller Ländereien ein, und nun ist der Gewinn wieder gleich. So Kunstarbeiten mit Maschinen [, von denen] oben gemeldet [ist]. Aber allmählich [wird die Erfindung] verbreitet. Es muß [sogar] verboten werden, diese Kunst anders als mit Maschinen zu treiben, und der, der derselben sich nicht bedient, geht ein und stirbt ab. Von nun an [sind] die Preise nach dieser Berechnung [zu bestimmen.])

In Summa: ein Privatkapital, das durch sein Arbeiten wird ein Privatvermögen, und nach einer Zeitfrist übergeht in das öffentliche Vermögen [4]): wo denn das Privatkapital an einem andern Orte wieder denselben Kreislauf vollbringen mag.

[Von den operariis oder Lohnarbeitern.]

[Aus allem bisher Gezeigten entspringt] für den Staat die Verbindlichkeit, Lebensmittel und Waren im Überschusse, und auf diese nicht unmittelbar nützende Arbeit berechnet zu haben: weil ohne diese das Geldkapital keinen Wert hat; also nicht alles auf den gewöhnlichen und dauerndsten [1]) Zustand der Dinge zu

---

[2]) Druck: Maaßstabe   [3]) Druck: gesetzt wird.   [4]) Druck: das . . . Privatvermögen wird, geht . . . über in . . . .

[1]) Druck: dauernden

verteilen. Dazu [muß] der Überschuß in seinen Magazinen [sein],
der aus der gewöhnlichen Naturalabgabe erwächst. ([Ich sage:]
aus der gewöhnlichen, abgerechnet die oben[2]) erwähnte Correk- 2.584
tion.) Dieser [Überschuß] ist wieder von keinem Werte, wenn *
es nicht Arbeiter giebt, die ihn gegen jede aufzulegende Arbeit
verzehren. Er muß drum in seiner Berechnung Menschenhände
vom Ackerbau, und von den regelmäßigen Gewerben für diese
freie und nicht zu berechnende Verfügung übrig lassen. Also
— die Sache [ist] höchst einfach — außer jenen beiden [Ständen
der Ackerbauer und Künstler muß es] noch ein drittes[3]) [geben]:
Arbeiter, über die die freie Erfindung verfügen kann, und Nahrungsmittel für sie.

Dieses festgesetzt, sind folgende Fälle [möglich].

[Erster Fall.] Es ist keine Privatperson [da], die sie braucht.
So beschäftigt sie der Staat selbst, in öffentlichen Bauten, und andern Anstalten, [Anlegung von] Kanälen, Brücken, Straßen
u. dergl., welche Dinge alle ja so sehr zum öffentlichen Wohlstande gehören, und von Rechtswegen nur durch den Staat unter-
nommen werden, der die Folge[n] in ihrer relativen Notwendigkeit aus seinem Standpunkte am besten übersehen kann. Es folgt
daraus, daß diese Freiarbeiter eigentlich in den Diensten des
Staates stehen, der ohnedies schon als Staat um der allgemeinen
Verbindlichkeit [willen] gegen sie als Bürger ihnen Arbeit, (da
er ihnen in der allgemeinen Verteilung keine zugeteilt hat,) und
gegen diese den gebührenden Unterhalt verschaffen muß. Es
findet sich [nun] ein Privatunternehmen, zu bestreiten mit dem
Metallgelde eines Kapitalisten. Man wendet sich an den Staat;
dieser gibt seine[4]) begehrten Arbeiter in Sold, bezahlt sie, wie
gewöhnlich, oder wie es begehrt wird, und dem Staate wird dagegen das Metallgeld, das ihr[5]) bestimmt war, abgereicht[6]). So
kommt er allmählich zum edlen Metalle. Die Wertbestimmung
wird sich tiefer unten finden. (Vergessen Sie es nicht: es ist ein
wichtiger Punkt. Will ich das Metallgeld in den Staat[7]) auf-

---

[2]) S. 569 [hier: 83] [3]) Druck: einen dritten [4]) Druck: die [5]) so die Hs,
ihr = der Arbeit; es könnte auch „ihnen" bedeuten sollen. Druck: dazu
[6]) Druck: übergeben. [7]) Druck: dem Staate

nehmen, [so] muß ich es von seinem Gebrechen der Unbestimmtheit heilen). Der Unternehmer bezahlt zu seiner Zeit das Kapital zurück in Landgelde, das allein er ja für seine Arbeit einnimmt, [und] ebenso die Zinsen, wie sich von selbst versteht. Der Gläubiger[8]) kann es ohne Bedenken nehmen, denn es hat denselben Gebrauch. Besteht er darauf, [sein Metallgeld wieder zu haben], so kann er auch beim Staate Metallgeld einwechseln; es ist dies der strengen Gerechtigkeit gemäß, und geschieht ohne Nachteil des Staats.

Zweiter Fall: [Es findet sich ein] Privatunternehmer, ohne Metallgeld [aber] mit Landesgelde. [Dies] ist ganz dasselbe. Es kann einer, durch die schon beschriebnen Privatvorteile, durch größern Fleiß, Geschicklichkeit, u. s. f. sich ein Kapital in Landesgelde erwerben: zur Ruhe seines Alters; dies muß im freistehen, und die öffentliche Gerechtigkeit erforderts, daß sein Geld gelte. Das Verfahren [bleibt dabei] dort ganz [dasselbe, wie wir es in Absicht] des Metallgeldes [geschildert haben], auch in Absicht der möglichen Zinsen. Das einzige, was dabei zu bedenken ist, ist[9]), daß [das] Landesgeld sich versteckt, und außer die Cirkulation kommt. Repräsentirt muß es immer sein, und es ist auch immer repräsentirt in den Magazinen des Staats. Nur könnte, falls es nicht auf Wegen, wie der eben angezeigte, bald wieder in die Cirkulation tritt, [es] nötig sein, dasselbe durch Ausgabe neuen Geldes zu ersetzen. Diese Notwendigkeit kann der Staat, der ja den Handel selbst führt, und [al]so ihn übersieht, allemal übersehn, und muß ihn[10]) [zu diesem Austausch] zwingen. Das versteckte Geld ist nun zu rechnen, als garnicht vorhanden. Sobald es aber wieder heraustritt, zieht der Staat das Surrogat [, das neue Geld,] zurück. Der Grundsatz ist der bleibende; jedes umlaufende Stück Geld ist repräsentirt durch seinen Scheffel Korn.

Der dritte Fall: es sind wohl Unternehmer da, und Erfinder, aber kein Privatkapital, weder im Landgelde, noch Münze. So tritt das Kapital des Staats unmittelbar dazwischen. Der Unter-

---

[8]) In der Hs. ein anderes unleserliches Wort.   [9]) Druck: wäre dies,
[10]) Druck: einen Jeden

nehmer kann bei ihm [11]) ein Darlehn machen, auf dieselben Bedingungen [, die wir bei den beiden ersten Fällen festsetzten. Doch
kann es ihm der Staat borgen, nur] gegen Prüfung. Der Kapi-
talist kann auch [sehr wohl das Unternehmen vorher] prüfen [, ehe
er sein Kapital dazu giebt;] und tut ers nicht, so handelt er nicht
sehr [12]) besonnen. [Aber] er wagt immer Kapital [13]), der Staat
kann weit weniger wagen. Vom Zins wird kaum die Rede sein
können; wozu soll der Staat Zins nehmen, wohl aber von Ver-
kürzung der Frist des ausschließenden Gewinns. [Dieses] wird
abgemacht durch einen von beiden Seiten wohl überlegten Kon-
trakt.

Es giebt in der Verbesserung des Ackerbaus, und des Kunstfleißes eine gewisse Stufenfolge. Erst [muß] gesundes und reines
Korn gewonnen [werden], ehe [man] Gartenkräuter [und] feine
Gemüse [baut]; erst ein festes, und dauerhaftes Tuch [bereitet
werden], ehe [man] feine mit Gold und Silber durchwirkte
Seidenstoffe [fabricirt]: und so vieles andere, was hier noch zu
bemerken wäre, und was jeder in [14]) seiner Kenntnis leicht hinzusetzen kann. Es muß in [15]) Begünstigung solcher Unternehmungen
dies eine Hauptrücksicht des Staats sein: Projekte, die nicht an
der Tages-Ordnung [sind, muß er] zurückweisen, [dagegen solche,]
die durch sie [so] recht begehrt werden, begünstigen.

Unmittelbar eingreifen kann der Staat nicht [in die Industrie];
ihm fallen anheim [nur] die öffentlichen Arbeiten [, und diese leitet
er]: der Acker [dagegen], und die Gewerbe sind verteilt. ([Die]
Domänen sind [noch] ein Überrest aus dem beschriebnen Zustande, da der Staat ein Bund der Landeigentümer, und der Regent der größte Gutsbesitzer war.) [Doch] Ackerbauschulen, die
zugleich die Normal-Wirtschaft [16]) präsentiren, [so wie] auch me-
chanische Kunstdeputationen, die in diesem Fache dasselbe leisten,
kann er haben, und in diesen kann er [seine Versuche und Unter-
nehmungen] ausführen. Außerdem kann er auch leiten, grade von
diesen Departements aus, und mit dem Lichte derselben, durch
Belehrung, durch Aufforderung, [und] durch aufgestellte Preise:

---

[11]) Druck: beim Staate [12]) Druck: so [13]) Druck: mag sein Kapital immer
wagen, [14]) Druck: aus [15]) Druck: bei [16]) Druck: Vor-Wirtschaft

alles nach der angegebnen Grundregel. [Denn] außerdem [würde er] Treibhausfrüchte [erhalten], und wir bekommen [17]) die pretiösesten Ananas, ohne die gesunde Kartoffel [18]), und galonirte Kleider, ohne ein tüchtiges Hemd.

In Summa: alles beruht darauf, daß der Staat 1.) einen Begriff habe vom menschlichen Wohlstande, [und] von den Mitteln denselben zu erhöhen, und von den richtigen [19]) Folgen dieser Mittel. 2.) Daß er in jedem Zeitpunkte den eigentlichen und wahren Zustand seiner Nation, und ihren Standpunkt in jener Rücksicht genau kenne. Das erste, als ein apriorisches, ist ihm ohne Zweifel anzumuten. Das zweite ergiebt sich aus der Verfassung, indem er den Zustand des Ackerbaus und der Gewerbe und der Resultate [20]) derselben, der Handlung, die er selbst treibt, immerfort übersieht, und von Zeit zu Zeit genötigt ist, sich genaue Rechenschaft darüber abzulegen, indem er die Preise der Waren machen muß. An Gewalt, der National-Industrie die Richtung zu geben, fehlt es ihm gar nicht, indem ohne seinen Willen keine Hand im Staate zu diesem Zwecke sich regt, und er stets eine Summe von Kräften zur freien Verfügung hat, die er auch beliebig vermehren, oder vermindern kann. Vor dem Heere der Officianten, und der Arbeit und Schreiberei derselben, die dies herbeiführen würde, fürchte man sich nicht: es käme noch auf die Berechnung an, um zu zeigen, daß dies [21]) auch in dieser Rücksicht gegen die gewöhnlichen Staaten ersparen würde: denn eine Arbeit, die in [einer bestimmten] Ordnung und Folge einhergeht, und keinen Schritt zurück tut, liefert in kürzerer Zeit ganz ein andres Produkt, als eine solche, bei der es immer stockt, und die immer [wieder] zurücknehmen, [und] ändern muß, so daß man zuletzt gar nicht weiß, was da [übrig] bleibt.

[Von dem] Handel mit dem Auslande.

(Denn bis jetzt ist durchaus [nur vom Handel] zwischen Bürgern desselben Staats [die Rede gewesen, und wir haben oben]

---

[17]) Druck: bekämen   [18]) · Druck: ehe wir gesunde Kartoffeln hätten,
[19]) Druck: wichtigen   [20]) Druck: des Resultates   [21]) Druck: diese Verfassung

wegen einer bleibenden Ausmittelung¹) des Metallgeldes darauf²) vertröstet.)

[Allgemeine] Grundsätze ihn zu beurteilen.

1) Was man nicht braucht, ist umsonst zu teuer. [Es darf] keine Ware des Auslandes in Umlauf [kommen], welche nicht der Staat auf dieser Stufe der Kultur verdient¹), und haben soll: und welche nicht ganz unabhängig davon, daß sie im Auslande eben ist, ohnedies in die Berechnung der notwendigen Gewerbe eingehen müßte. Alles muß sich naturgemäß entwickeln: [Etwas] brauchen [wollen], weil man hört, andere haben es, ist ein Gelüsten, zuwider der Vernunft. Prahlerei, Eitelkeit, kurz, nichts 2.588 achtbares.

2) Dieser Handel [mit dem Auslande] muß zurückgeführt [werden, und] T a u s c h h a n d e l sein. Was sonst: [Soll er ein Kaufen mit] Geld [sein]? soll denn nun ein Land Geldleer werden²), im Durchschnitte [ist] das Metallgeld verteilt, es sei denn, es habe über den gewöhnlichen Durchschnitt Bergbau-Ertrag³): so ist es [das Hingeben des edlen Metalls für Ware] in der Tat Tauschhandel, Produkten-Handel.

3) Beiden Teilen muß, nach unserm Maßstabe, die Ware, die sie im Tausche erhalten, dadurch wohlfeiler werden: d. i. mit weniger Aufwand von Zeit in dem verkaufenden Staate erzeugt werden, als sie in dem kaufenden es könnte. [Und] dies [muß der Fall] von beiden Seiten [sein]. ([Dies] kann geschehen durch klimatische Vorteile, durch besondre Richtung einer Nation auf eine gewisse Kunstfertigkeit, u. dergl.) Es versteht sich, den weitern Transport noch abgerechnet. Auch abgerechnet einen andern Nachteil (wovon sogleich) muß der Gedanke dieses Handels, [und] die Sorge dafür, sich begründen und bezahlen.

---

¹) Druck: wegen der Ausmittelung eines bleibenden Wertes   ²) Druck: auf diesen Abschnitt

¹) Druck: bedarf   ²) Druck: , so würde der Eine Staat leer an Geld werden ³) Druck: es sei denn, der Staat habe Bergbau-Ertrag, der über den gewöhnlichen Durchschnitt des Geldes hinausläuft,

Folgerung: Dieser wenigere [4]) Aufwand an Arbeit ist der beiden handelnden Staaten Nationalwohlstand. Diesen tauschen sie jetzt aus mit Gewinn für [5]) höhern Nationalwohlstand für beide; denn dies ist der Handelsgewinn, Erhöhung des Weltwohlstandes, durch den Handel der Staaten, und Teilung des Nationalwohlstandes [, der hervorgeht aus dieser Teilung] nach demselben Gesetze, wie aus der Teilung der Arbeitszweige im Staate der Nationalwohlstand entstand. Höchst bedeutende Idee unter dieser Bedingung [6]): [und daher die] Begeisterung [für denselben] [7]). [Man wirft mir mit Unrecht vor,] ich [sei] ein Feind desselben [8]); Sie hören es [ja, wie ich es bin].

4.) Diese erforderlichen Berechnungen, ob [es] nötig [sei, ein Produkt vom Auslande einzutauschen, und] ob [man es] wohlfeiler [dadurch haben kann, als wenn man es selbst verfertigt,] kann nur der Staat, der das Ganze übersieht, machen; also der auswärtige Handel fällt ganz ihm anheim, sowie aller Handel. Daß er nicht des Gewinns bedarf, also die Preise zu stellen hat, wie sie seinen sonstigen Berechnungen gemäß sind, versteht sich.

5.) Jedoch wird der handelnde Staat, und seine Nation dadurch abhängig von einer Macht, die nicht in ihrer [9]) Gewalt steht in doppelter Hinsicht: teils in Erlangung der Ware, die sie [10]) nimmt, [die Nation gewöhnt sich an dieselbe, der freie Staat hebt den Handel auf, und den Bürgern ist ihr Recht genommen.] teils im Absatze derer, die sie [11]) dagegen giebt. [Die Arbeit der Bürger ist auf den Absatz an das Ausland berechnet.] Wenn nun der Handel aufhört? [so wird diesen für das Ausland arbeitenden Bürgern ihre Nahrung entzogen.]

Gegen das erste [müßte sich der Staat also schützen: er müßte] jede Ware denn doch im Lande verfertigen lassen, die Kurs hat: [er müßte] keinen in das System einschlagenden Arbeitszweig ganz eingehen lassen. a.) Zur Ausmittelung des wahren

---

[4]) Druck: geringere   [5]) Druck: zu beiderseitigem   [6]) Druck: Unter dieser Bedingung ist also die Idee des Handels höchst bedeutend: [7]) Die Hs ist nicht zu entziffern.   [8]) Druck: des Handels   [9]) Druck: seiner   [10]) Druck: er   [11]) Druck: der Ware, die er

Preises [, den diese Ware haben würde, wenn man sie im Lande
verfertigte.] b.) [Damit,] wenn der Fall eintritt, [daß das Ausland
dieselbe nicht mehr austauschen will,] so kann dieser Zweig nur
stärker besetzt werden [12]). c.) Die [durch solche Stockung des
Handels entstehenden] teurern Preise [können] auf zwei Weisen
[vermieden werden], entweder, daß der Staat, um den Preis des
Auslandes verkaufend, sie teurer einkauft, als verkauft. (Reste [13])
der alten Denkart: da verliert der Staat: ist denn unser Staat so
ein armer bedrängter, [und stets] auf dem halben Bankerutte
stehender. Ich denke, er wirds [wohl] an den Abgaben wieder
einziehen [, was er verliert].) Oder, was ich für besser halten
würde [(falls nur der Schleichhandel der Privatpersonen zu ver-
hüten ist)], er verkauft es [die Ware] um den Preis, um den es
[sie] im Lande gewonnen [werden] würde, falls das Einschwärzen
zu verhindern ist, wie ich denke [14]). Da bedarf es auf den Fall des
Stockens des auswärtigen Handels, keine Veränderung des
Preises — „da zieht er [also] den Handelsgewinn?" Was soll er
denn damit machen? Er wird ihn drum wohl an den Abgaben
schwinden lassen, und so [wird] allerdings auf dieselbe Weise die
Vermehrung des Nationalwohlstandes durch den Handel eingetreten sein.

[Was das Zweite, die] Stockung des Absatzes [, betrifft]: er 2.59c
muß [15]) diese [Arbeits-]Zweige um soviel eingehen lassen [, als sie
für den Absatz an das Ausland arbeiteten]: fürs erste sogar [noch]
etwas m e h r , um den Überschuß, den die, die nun einmal nichts
anderes [arbeiten] können, liefern, zu übertragen. Ich hoffe, die
Waren halten sich. Von dieser Natur sind sie allerdings, da sie im
auswärtigen Handel eintreten. Sollte etwas dabei verloren gehen:
auch diese[s] Wagnis muß der Gewinn des Handels übertragen.
Dies war der [16]) oben [S. 103, Nr. 3] schuldig gebliebne [17]) [Nach-
teil, der hier erledigt ist.]

---

[12]) Druck: Damit . . . besetzt zu werden braucht. [13]) Druck: Ein Rest . . .
würde sein, wenn man mir einwürfe, daß der Staat . . . verlöre. [14]) „Falls . . .
denke" fehlt im Druck. [15]) Druck: so muß er [16]) Hs: das [17]) Druck: oben
angedeutete

Maßstab des Werts des Geldes.

[Man setze, daß][1]) einer der handelnden Staaten solches [Metall-]Geld führt, [, so ist das Verhältnis dies]: was die Ware, die ich im Tausch erhalte, in Geld wert ist: [das] ist [auch] die Ware eines Landes [, die ich dagegen austausche,] wert, und da diese zu dem Scheffel Korn, und dieser[2]) [Scheffel Korn] zu allen andern Waren ein bestimmtes Verhältnis hat, [so ist] soviel der Scheffel Korn in Gelde wert [, als diese Ware gegen den Scheffel Korn wert ist]. Dieser Preis ist der ganz richtige. Ich kann allen meinen Bürgern, die Geld haben, erlauben, den auswärtigen Handel selbst zu führen: falls ich um den Preis des Auslandes verkaufe. Was im Auslande mit Vorteil zu kaufen ist, verkaufe ich eben so: was nicht mit Vorteil zu kaufen ist, werden sie da nicht holen, sondern denk ich lieber im Inlande, wo es wohlfeiler ist. So wird das Metallgeld zum unnützen Liegen verurteilt, und dem Staate zum Austausch, eben um den rechten Preis im Landgelde nach und nach zugeführt werden. Es wird nun Ware, und wir haben eine treffliche Ware gewonnen, für den Privatmann, der sie bezahlen kann, und auf die Ewigkeit seiner Familie rechnet, oder auch für den ewigen Staat, der diese Rechnung mit mehr Sicherheit macht.

2.591 *   [Kehren wir jetzt zu unsrer ursprünglichen Untersuchung über den Eigentumsvertrag zurück.]

[Es hat sich uns ein Eigentum ergeben von sehr verschiedener Natur: relatives und absolutes. Der Staat hat Jedem sein Teil] A r b e i t [als Eigentum, aber] nur [als] relatives Eigentum, [für die ausschließliche Bearbeitung zugeteilt; dem Landmann seinen Acker, dem Künstler sein Gewerbe. Er nimmt immerfort alles Übriggebliebene von dem eigenen Bedürfnisse, die Produkte des Producenten, und die Fabrikate und Arbeit des Künstlers in Anspruch für den notwendigen Tausch, zufolge des im Staatsvertrage enthaltenen Grundsatzes: J e d e r muß leben können durch seine

---

[1]) Hs: Wie   [2]) Druck: der

Arbeit und muß arbeiten, um leben zu können. So lange also Korn
beim Landbauer und Tuch beim Tuchmacher ist, muß getauscht
werden. Nun aber ist jedem Bürger, der seine Abgaben an den
Staat richtig bezahlt hat, das absolute uneingeschränkte Eigentum
dessen, was ihm übrig bleibt zufolge des Staatsvertrages, zugesichert.]

[Aber der Staat nimmt jenes Übriggebliebene nicht in Absicht
seiner Form als Übriggebliebenes und Eigentum in Anspruch,
sondern um der Materie willen, weil] an der Materie haben alle
Anspruch ³) [, indem sie für die Erhaltung des Lebens Aller notwendig ist.] Die Form dagegen ist sein. [Die] F r e i h e i t von
der Arbeit.

[Es müßten daher Form und Materie geschieden werden, und
der Staat müßte die Materie in Anspruch nehmen können, ohne
dadurch die Form zu berühren. Es müßte also eine bloße F o r m
des Eigentums, ein bloßes Z e i c h e n desselben geben, das alles
Nützliche und Zweckmäßige im Staate bezeichnete, ohne doch
selbst die geringste Zweckmäßigkeit zu haben, indem es außerdem der Staat für den öffentlichen Gebrauch in Anspruch zu
nehmen berechtigt sein würde. Dies ist aber das] G e l d [; dieses
Geld, das jeder für seine Arbeit erhält ⁴), ist nun sein] a b s o -
l u t e s [und reines] Eigentum: [die] F r e i h e i t die ⁵) F r e i -
h e i t zu brauchen [, wie er will, auf welches a b s o l u t e E i g e n -
t u m der Staat gar kein Recht mehr hat. Jedes Stück Geld, das
ich besitze, ist zugleich das Zeichen, daß ich allen meinen bürgerlichen Verbindlichkeiten ein Genüge getan habe. Ich bin hier-   2.592
über der Aufsicht des Staates gänzlich entzogen. Abgaben vom
G e l d b e s i t z e sind völlig absurd; alles Geld ist seiner Natur
nach schon vergeben.]

[Vom Hause.]   *

Wie Eigentum bezeichnen. Durch den Gebrauch. Durch
das Haus. Weiter nichts. [Der Staat ist zufolge des Bürgerver-

---

³) Druck: alle Anspruch haben,   ⁴) Hs: und der Repräsentant desselben Geld
⁵) Druck: seine

trags schuldig, das absolute Eigentum zu schützen, und jedem die Sicherheit desselben zu garantieren. Nun sind aber alle diese Dinge, die wir als absolutes Eigentum bezeichnet haben, und besonders das Geld von der Art, daß das Eigentum davon in Beziehung auf einzelne Personen gar nicht bestimmt werden kann. Wie dieser bestimmte Thaler m e i n gehöre und keinem andern, läßt sich nicht entscheiden; denn alle Thaler sehen einander gleich, und sollen es, weil sie bestimmt sind, ihre Eigentümer ohne weitere Formalität zu wechseln.]

[Auch kann der Staat gar nicht Notiz davon nehmen, wie viel bares Geld u. dergl. jeder besitze, und wenn er könnte, darf er nicht, der Staatsbürger braucht dieses nicht zu dulden; denn er ist in dieser Rücksicht über alle Aufsicht des Staates hinaus. Wie soll nun der Staat schützen, was er nicht kennt, noch kennen soll, und was seiner Natur nach ganz unbestimmbar ist? Er müßte es u n b e s t i m m t, d. i. ü b e r h a u p t schützen. Zu diesem Behuf aber müßte es an etwas Bestimmtes angeknüpft und damit unzertrennlich verbunden werden, welches, da diese Gegenstände ihr ganz eignes, und ihnen allein zukommendes Recht haben, ausdrücklich als Inbegriff alles absoluten, dem Staate selbst unverletzlichen und seiner Aufsicht gänzlich entzogenen Eigentums wäre. Dieses Bestimmte müßte ein solches sein, das sichtbar, bekannt, und durch die Person des Eigentümers bestimmbar wäre.]

[Dieses Bestimmte, an welches das Unbestimmte angeknüpft wird, kann zweierlei sein. Nämlich, der Staat hat jedem, nachdem er die Staatslasten getragen, den Gebrauch der selbst erbauten, fabrizierten oder erkauften Güter zugestanden. Durch den unmittelbaren, vom Staate zugestandenen Gebrauch wird sonach ein Eigentum im Staate bezeichnet und bestimmt. Was Jemand unmittelbar gebraucht, davon ist vorauszusetzen, daß es ihm gehöre, bis das Gegenteil erwiesen ist; denn es ist in einem wohl verwalteten Staate anzunehmen, daß er gegen den Willen des Gesetzes gar nicht zum Gebrauch gekommen wäre. Aber durch den unmittelbaren Gebrauch wird etwas mit dem Körper verknüpft. Was also jemand in den Händen, auf und am Leibe hat, ist sein Eigentum, und ist dadurch als solches bezeichnet. Nun ist aber nicht

nur das, was ich unmittelbar gebrauche, sondern auch was ich
für den künftigen Gebrauch bestimme, mein absolutes Eigentum.
Es ist aber mir nicht zuzumuten, daß ich das alles stets auf dem
Leibe trage. Es muß daher ein Surrogat des Leibes geben, durch
welches das, was damit verknüpft ist, als mein Eigentum bezeichnet werde. So etwas nennen wir das Haus. (Gehäuse im
weitesten Sinne, Zimmer, Kasten, Koffer u. dergl.) Mein Haus
überhaupt steht unmittelbar unter dem Schutze und der Garantie
des Staates, und dadurch denn auch unmittelbar alles, was darin
ist. Gegen gewaltsamen Einbruch bürgt der Staat.]

[Aber der Staat weiß nicht, und soll nicht wissen, was darin
ist. Die einzelnen Gegenstände als solche stehen unter meinem
eignen Schutze und unter meiner eignen absoluten Herrschaft, so
wie alles, was ich in meinem Hause tue. Die Aufsicht des Staats
geht bis zum Schlosse, und von da geht die meinige an. Das
Schloß ist die Gränzscheidung der Staatsgewalt und der Privat-
gewalt. Dafür sind Schlösser, um die Selbstbeschützung möglich
zu machen. In meinem Hause bin ich selbst dem Staate heilig
und unverletzlich. Er hat dort] keine Inspektion [, kein Recht,]
Rechenschaft [6]) [zu fordern; denn gänzliche Freiheit vom Staate
heißt eben absolutes Eigentum. Er darf auch darin in Zivilsachen
nicht angreifen, sondern muß warten, bis er mich auf öffentlichem
Boden findet. Wodurch jedoch dieses Hausrecht verloren wird,
wird sich in der Lehre der Kriminalgesetzgebung zeigen.]

[Vom Rechte der persönlichen Sicherheit und Unverletzlichkeit.] [1]) *2.594

[Die Freiheit und absolute Unverletzlichkeit der Freiheit
jedes Staatsbürgers wird im Staatsbürgervertrage nicht ausdrücklich garantirt, sondern zugleich mit der Persönlichkeit beständig
vorausgesetzt. Auf sie gründet sich die ganze Möglichkeit des
Vertrags, und alles dessen, worüber man sich verträgt. Man kann

---

[6]) in der Hs folgt: , oder des etwas. Und dann drei Zeilen, aus denen sich
kein Zusammenhang herstellen läßt.

[1]) Fichte verweist in der Hs. auf sein „Angew. Naturrecht" S. 76 J. das
Folgende beruht auf S. 76—81.

den Bürger nicht stoßen, schlagen, nicht einmal halten, ohne ihn im Gebrauche seiner Freiheit zu stören, sein Leben, sein Wohlsein und seine freie Tätigkeit zu vermindern. Jeder hat das Recht, so w o h l zu sein, als er kann, und die Natur es ihm erlaubt, das freie Wesen darf ihn darin nicht stören. Angriff auf den Körper ist Verletzung a l l e r Rechte des Bürgers auf einmal; sonach allerdings ein Verbrechen im Staate, weil der Gebrauch aller seiner Rechte durch die Freiheit seines Körpers bedingt ist. Auf öffentlichem Gebiete (Alles außer dem Hause ist öffentliches Gebiet) stehe ich immerfort unter dem Schutze und der Garantie des Staates.] Jeder persönliche. Angriff ist eine Rechtsverletzung, und strafbar [2]. [Der Staat muß es ex officio und ohne daß es dazu noch einer besondern Klage bedürfe, untersuchen und bestrafen, und die Privatpersonen können sich darüber nicht vergleichen.]

[Werde ich aber in meinem Hause gewaltsam angegriffen an meinen Gütern oder an meiner Person, so müßte ich, da der Staat nicht wissen darf, was in meinem Hause vorgeht, es selbst als auf eine rechtsgültige Art dem Staate bekannt machen, d. h. ich müßte klagen. Alsdann ist der Staat verbunden, meine Klage anzunehmen, weil er mich dem Bürgervertrage gemäß in meinem Hause mit all dem Meinigen schützen muß; nur darf er das nicht unmittelbar, weil das gegen mein Recht laufen würde, sondern nur mittelbar, wenn ich dadurch, daß ich selbst dem Staate freiwillig von dem, was in meinem Hause vorgefallen ist, Notiz gebe, mein absolutes Eigentumsrecht aufgebe, und dem Staate freiwillig unterwerfe, was vorher ihm nur mittelbar unterworfen war. Es versteht sich, daß im Strafgesetze hierauf Rücksicht genommen, und diese Einrichtung angekündigt werden müsse, damit niemand Straflosigkeit hoffen dürfe.]

[Wie nun diese Sicherheit öffentlich und im Hause jedem garantirt werden könne und müsse:] wie, [wenn jemand in seinem Hause ermordet worden, und also nicht klagen kann, und auch keine Familie da ist, die klagen kann, der Staat den Verbrecher

---

[2]) Druck: Jeder Angriff auf meine Person daselbst ist ein öffentliches Verbrechen,

vor Gericht zu ziehen befugt ist, und welches die darüber festzusetzenden Strafen sind,] gehört [noch] nicht hierher. [Wohl aber gehört hierher die Lehre:]

[Von der Selbstverteidigung.]

[Nur dadurch bekommt ein Individuum ein Recht, daß es sich aller e i g n e n Gerechtigkeit begiebt, und sie der Staatsgewalt überläßt. Bei der] S e l b s t v e r t e i d i g u n g [aber] werfe [ich] mich [selbst] als[1]) Richter [auf], was ich [durch meinen Eintritt in den Staat] aufgegeben habe. [Sie] ist drum durchaus verboten, [und] der Wille des Rechts[2]) [kann sie] nur [da zulassen,] wo er[3]) nicht [schützen] k a n n, [denn] da ist kein Staat, und wir treten auf das Gebiet des Natur[zu]standes. Wo kann er nicht[4]). [daher sind folgende zwei Fälle möglich:]

1.) [Niemand hat das Recht, durch den Staat] bezeichnetes Eigentum [mit seinem Leibe auf Leben und Tod zu verteidigen; denn jeder kann seinen Besitz nachher erweisen, in den vorigen Stand wieder eingesetzt, und der Täter bestraft werden, (z. B. wenn jemand den Acker abpflügt). Doch darf er dafür Sorge tragen, und es liegt ihm ob, sich Zeugen und Beweise für die Person des Täters zu verschaffen.]

2.) [Dagegen] unbezeichnetes [Eigentum, d. h. solches, dessen Besitz nur dadurch bezeichnet wird, daß es jemand an sich und bei sich trägt, oder in seinem Hause hat, hat jeder] allerdings[5]) [das Recht, selbst mit Lebensgefahr des Angreifers zu verteidigen. Hier tritt das Recht der Selbstverteidigung ein. Man könnte hier einwenden: was ist menschliches Leben gegen Geld? so antwortete ich darauf: das ist Gewissenssache, von der reden wir hier nicht.] Was hätte denn der Staat [an meiner Stelle] tun müssen: [Er hätte] kämpfen [müssen] auf Leben, und Tod, wie er [es] im Kriege tut, [damit mir mein Geld nicht gestohlen werde, wenn es auf keine andre Weise möglich gewesen wäre;] und das

2.596

---

[1]) Druck: zum [2]) Druck: Rechtswille [3]) Druck: der Staat [4]) „Wo — nicht" fehlt im Druck. [5]) a. fehlt im Druck. Es folgt in den Hs: Gegen die Feinde . . . bei meinem Gewissen verantworten.

ändert sich niemals, es ist seine Pflicht, [und] dazu ist er als Staat
da, Recht, bloßes Recht ist seine Sittlichkeit. Da ich nun hier an
seine Stelle trete, wie kann er mich t a d e l n [, daß ich, wie er,
mein Recht geschützt habe?] Bei ihm bin ich [also] sicher [, und
gerechtfertigt]. Freilich ist [mein] Recht nicht [Eins mit] m[einer]
Sittlichkeit: das mag ich [aber] mit mir ausmachen. (Ich sage
[also] nicht, man soll, um einen Groschen nicht zu lassen, den
andern lieber totschlagen, d. i. den Kampf b e g i n n e n. Denn
da liegts. Die moralische Beurteilung ist inzwischen schwer.)

[Also jeder hat das absolute Recht, sich nichts mit Gewalt
nehmen zu lassen, und durch jedes Mittel zu verhindern, daß
dieses geschehe. Gewaltsamer Angriff meines Eigentums wird,
wenn ich dasselbe durch meine Person schütze, selbst Angriff auf
meine Person. Geht der Angriff gleich von Anfang auf meine
Person, so habe ich natürlich dasselbe Recht der Selbstverteidigung. Der Grund dieses Rechts liegt darin, daß die Hülfe des
Staates nicht sogleich bei der Hand ist, die Verteidigung aber, da
der Angriff auf unbezeichnetes Eigentum geht, auf der Stelle geschehen muß.]

[Dies bezeichnet zugleich die Grenze des Rechts zur Selbstverteidigung. Ich habe dieses Recht nur, inwiefern der Staat mich
nicht verteidigen kann; es muß sonach nicht an mir liegen, daß
er es nicht kann, und ich bin rechtlich verbunden, so viel an mir
liegt, es möglich zu machen, daß er es kann. Ich bin verbunden,
die Hülfe desselben unmittelbar in der Gefahr anzurufen; dieses
geschieht durch S c h r e i e n u m H ü l f e. Das ist absolut notwendig, und die ausschließende Bedingung eines Rechts zur
Selbstverteidigung. Dieser Umstand muß in die Gesetzgebung gebracht, und von Jugend auf den Bürgern eingeprägt werden, damit sie sich daran gewöhnen. Denn wenn jemand durch mich ermordet ist, und ich sage: er hat mich angegriffen, und ich konnte
mein eigenes Leben nur durch seinen Tod retten, der Gemordete
kann mich nicht der Lüge strafen, und es läßt sich sonach nicht
einsehen, warum ich dasselbe nicht vorgeben sollte, wenn ich
selbst der Angreifer war. Habe ich aber um Hülfe geschrien, und
kann ich dieses b e w e i s e n , oder kann mir wenigstens das

Gegenteil nicht bewiesen werden, so habe ich die Präsumtion der Unschuld für mich.]

[Der Angriff geschieht entweder auf öffentlichem Gebiete (in der erklärten Bedeutung des Wortes), oder in meinem Hause. Im ersten Falle hat die Anwendung der aufgestellten Grundsätze keine Schwierigkeit. Im zweiten hat ja keine Privatperson, und selbst der Staat nicht das Recht, mein Haus zu betreten. Aber durch das Geschrei um Hülfe berechtige ich den Staat und Jedermann, dasselbe zu betreten, ich unterwerfe dann dem Staate unmittelbar, was er zunächst nur mittelbar zu schützen hat. Mein Geschrei ist Klage, sonach Verzichtleistung auf mein Hausrecht.]

[Jeder, der um Hülfe rufen hört, ist durch den Staatsvertrag rechtlich verbunden, herbei zu kommen, nach obigen Grundsätzen. Denn alle Einzelnen haben allen Einzelnen versprochen, sie zu schützen. Nun ist der Hülferuf die Ankündigung, daß eine Gefahr vorhanden ist, welcher der Stellvertreter der schützenden Macht, der Staat, nicht sogleich abhelfen kann. Jedem Einzelnen wird sonach durch einen Aufruf zur] Hülfe[6]) [nicht nur das Recht, sondern auch die B ü r g e r p f l i c h t , unmittelbar zu schützen, wieder] übertragen. [Wem nachgewiesen werden kann, daß er den Ruf gehört und nicht herbeigeeilt, ist strafbar; denn er hat gegen den Bürgervertrag gehandelt; und die Gesetzgebung hat darauf Rücksicht zu nehmen.]

[Strenger Beweis der] V e r b i n d l i c h k e i t zum Recht herbeizukommen[7]): die Schutzpflicht ist ursprünglich Pflicht der[8]) einzelnen: [und sie ist] nur dem Staate übertragen. [So] wie [nun aber] jener[9]) in sein natürliches Recht der Selbstverteidigung [wieder] eingesetzt [wird], so [werden auch] alle in die natürliche Pflicht der Verteidigung[10]) [wieder eingesetzt. Dieser Schutz in der Not ist also nicht etwa nur Gewissens- und Christenpflicht, sondern sie ist absolute Bürgerpflicht.]

[Die zur Hülfe Herbeigekommenen haben nichts weiter zu tun, und dürfen nichts tun, als daß sie die Kämpfenden trennen, 2.598

---

[6]) Hs: Hülfe Schrei, übertragen   [7]) Druck: herbeizueilen. In den Hs folgt: schärfer beweisen: [8]) Druck: des   [9]) Druck: jemand   [10]) Druck: des Schutzes

und dem Fortgange der Gewalttätigkeit zwischen ihnen Stillstand auflegen. Wenn der Grund wegfällt, fällt auch das Begründete weg. Aber das unmittelbare Schutzrecht gründet sich auf die gegenwärtige Gefahr. Diese ist nun durch ihre Gegenwart gehoben, und die Hülfe des Staates, der der einzige rechtmäßige Richter ist, kann erwartet werden, und muß es darum;] Wiederum das Prinzip [11]): der Staat soll k ö n n e n: [Daß z. B. der ergriffene Dieb durch den Pöbel geprügelt werde, ist eine rechtswidrige und strafbare Barbarei. Sobald die Gefahr des Leibes oder Gutes vorüber ist, wird die Obrigkeit. wieder alleiniger Beschützer und Richter [12]).]

[Geschieht der Angriff auf das Leben gleich unmittelbar, und entwickelt er sich nicht erst aus dem Eigentumsangriffe, so verstehen sich die angeführten Gesetze von selbst.]

Und so möchte denn diese, durch eine gewisse [13]) Weichlichkeit der Gesetzgebung, und Vermengung des moralischen Standpunktes, Einfluß der Religion [u. dergl.] oft übel geordnete Materie klar sein für die Gesetzgebung. [Wozu soll man] da noch lange Beweis [14]) führen? [und] sich auf den status causae einlassen. Dem Staate ist durch die Notwendigkeit einer [solchen] Untersuchung schon der faktische Beweis geführt, daß seine Aufsicht, und Schutzgewalt nicht bei der Hand war. [Er darf darum auch] die Selbstverteidigung [nicht] erschweren, durch Verbot der Waffen, und des [15]) Gebrauchs, [da,] wo er [16]) offenbar doch nicht schützen kann. Das Mitleiden gegen Verbrecher [ist] oft größer, als gegen rechtliche [Männer]: aus zu großem Gleichheitssinne der Juristen.

[Vom Notrechte.]

Notrecht, ut supra [1]). [Es giebt noch einen andern Fall der Selbsthülfe, nach einem vorgeblichen Notrechte, dessen Theorie

---

[11]) Druck: wieder nach dem Principe:　[12]) In der Hs: also — scheiden die Streitenden erst richten oder strafen.　[13]) Druck: große　[14]) Druck: Beweise　[15]) Druck: ihres　[16]) Hs: man

[1]) Das soll wohl heißen, wie oben ist das Angew. Naturrecht hier heranzuziehen. Das Folgende beruht auf Seite 85 f.

wir hier gleich mit abhandeln wollen. Dieses soll eintreten, wenn zwei freie Wesen, nicht dadurch, daß der eine den andern angegriffen, sondern durch bloße Naturkausalität in die Lage kommen, daß einer von beiden sich nur durch den Untergang des andern retten könne, und wenn nicht einer von beiden aufgeopfert wird, beide zu Grunde gehen. Wie wenn in einem Schiffbruche zwei ein Brett ergreifen, welches nur einen retten kann.]

[Man hat sich viele Mühe gegeben, diese Rechtsfrage zu lösen, und hat sie auf verschiedene Weisen beantwortet, weil man sich das Prinzip aller Rechtsbeurteilung nicht scharf genug dachte. Die Frage der Rechtslehre ist: wie können mehrere freie Wesen, als solche, neben einander bestehen? Indem nach der Art und Weise gefragt wird, wird die Möglichkeit des Beisammenbestehens überhaupt vorausgesetzt. Fällt diese Möglichkeit weg, so fällt notwendig die erstere Frage nach der Bestimmung der Möglichkeit, also die Frage nach dem Rechte, ganz und gar weg. Dieses aber ist der ausdrücklichen Voraussetzung nach hier der Fall. Sonach giebt es kein positives R e c h t, das Leben des andern meiner eignen Erhaltung aufzuopfern; es ist aber auch nicht r e c h t s - w i d r i g, d. i. streitend mit einem positiven Rechte des Andern, sein Leben um den Preis des meinigen zu erhalten, denn es ist hier vom Rechte überhaupt nicht mehr die Frage. Die Natur hat die Berechtigung f ü r B e i d e, zu leben, zurückgenommen, und die Entscheidung fällt der physischen Stärke und Willkür anheim. Da aber dennoch Beide betrachtet werden müssen, als stehend unter dem Rechtsgesetze, unter welches sie denn auch nach der Tat in Beziehung auf andre wieder kommen werden, so kann man das Notrecht beschreiben, als das Recht, sich gänzlich exempt von aller Rechtsgesetzgebung zu betrachten. Wir sagten soeben: die Entscheidung fällt der Willkür anheim. Nun steht die durch das Rechtsgesetz nicht bestimmte Willkür unter einer höheren Gesetzgebung, der m o r a l i s c h e n, und in diesem Gesetze könnte denn wohl eine Verordnung für unsern Fall liegen.] Die Natur oder Gott muß entscheiden, und dieser entscheidet dadurch, daß ich der stärkere bin, der entschlossenere. Selbst das Entgehen [2])

2.599

2]) Druck: Fehlen

der Überlegung, der Eintritt des mächtigen Dranges der Selbsterhaltung ist hier Gesetz der Natur. Welche Untersuchung anzu-
raten ist? Wie weiß ich? Gott mag reden: aber er redet hier
durch die Natur.

[Über] Acquisition [und Dereliction des Eigentums.][1]

2.600

[Es ist hier nur von der Eigentumserwerbung im eigentlichen
Sinne des Wortes die Rede, durch welche] das Vermögen [jeman-
des sich wirklich] vermehrt in Absicht des Wertes, oder [wenig-
stens] ändert seine Natur [2] [nach den zweierlei Bestimmungen,
die dem Eigentum zukommen können,] als relativ und absolut [3]);
[keinesweges aber von der bloßen Vertauschung einer Sache von
bestimmtem Werte gegen eine andre von demselben Werte, oder
vom Handel, der eigentlich keine Erwerbung, sondern ein Tausch
ist, und über den wir schon gesprochen haben. Eben so wenig ist
die Rede von der ursprünglichen Erwerbung, die zugleich eine
Erwerbung für den Staat, eine Vermehrung des Staatsvermögens
selbst sein würde. Diese steht unmittelbar unter den Bedingungen
des ursprünglichen Eigentumsvertrages. Es ist nur die Rede von
völliger Übertragung des Eigentums eines Staatsbürgers auf den
andern, also einem eigentlichen Objekte der Zivilgesetzgebung,
von welcher allein wir hier reden. — So daß das Staatseigentum
dasselbe bleibe, und nur das Verhältnis der Bürger verändert
werde; an einen Bürger, der entweder dieses Eigentum gar nicht
hatte, oder den Wert desselben nicht in dieser Art des Eigentums
besaß.]

[Das Eigentum ist entweder a b s o l u t e s , Geld und Geldes-
wert, oder r e l a t i v e s , unter der unmittelbaren] Aufsicht des
Staats [stehendes, Acker, Gerechtsame, u. dergl. Wird beiderlei
Art gegeneinander umgetauscht, absolutes gegen relatives, oder
umgekehrt, so erwirbt jeder eine Art des Eigentums, das er nicht
hatte, und die Untersuchung gehört sonach hierher. Es ist keine
Frage, ob der Kaufkontrakt unter Aufsicht des Staats (gerichtlich)

---

[1]) Vgl. Angew. Naturrecht Seite 88 f.   [2]) Druck: seiner Natur nach sich verändert   [3]) Druck: daß es entweder relatives oder absolutes sei.

geschlossen werden, und unter seiner Garantie stehen müsse. Der Staat hat ja das Objekt des Eigentums unter seiner Aufsicht, schützt es, und eignet es der bestimmten Person zu: er muß also den bestimmten Eigentümer wissen. Keiner ist rechtmäßiger Besitzer eines solchen Gegenstandes, außer zufolge seiner Anerkennung durch den Staat.]

[Nur darüber könnte die Frage entstehen, inwiefern der Staat gehalten sei, zu allen über dergleichen Gegenstände getroffnen Verabredungen zwischen Privatpersonen seine Einwilligung zu geben, und inwiefern er sie versagen, und den Vertrag ungültig machen dürfe.] 2.601

Bedingung: 1.) Daß der Erlanger des relativen Eigentums es brauche. 2.) Daß der Käufer leben könne⁴). [Zuförderst ist die rechtlich begründete Absicht des Staats bei allem zum Gebrauche verliehenen Eigentum, daß es zweckmäßig für die Staatsbedürfnisse gebraucht werde. Der Käufer muß also angehalten werden, es zu brauchen, und in der Lage sein, es brauchen zu können, z. B. den Ackerbau auf seinem erkauften Acker, das Gewerbe, dessen Gerechtsame er erlangt hat, treiben zu können, außerdem würde dem Staate etwas entzogen.]

[Ferner, da der Verkäufer in Absicht seines Geldes, welches absolutes Eigentum ist, gemäß der Natur eines solchen Eigentums, der Aufsicht des Staates sich ganz entzieht, der Staat aber doch für seinen sichern Unterhalt zu sorgen hat, so muß der Kauf so geschlossen werden, daß die Subsistenz des Verkäufers auf jeden Fall gesichert ist, und er nie dem Staate zur Last fallen könne. Diese Sicherung kann entweder dadurch geschehen, daß dem Verkäufer ein sogenanntes A u s g e d i n g e in seinem Hause oder an seinem Grundstücke verbleibe, oder daß sein Kapital unter Aufsicht des Staats sicher angelegt werde. Er ist nicht absoluter Eigentümer seines Geldes, weil es sein einziger Unterhalt bleibt, und er dem Staate über die Möglichkeit seiner Subsistenz verantwortlich ist. Wer da verkauft, giebt ein Eigentum auf, indem

---

⁴) Fehlt im Druck. Für das Folgende vgl. Angew. Naturrecht Seite 90.

er ein andres erhält, und eben so der Käufer, wie sich dieses von
selbst versteht.]

Auch [Tausch der] Gerechtsame gegen Gerechtsame: es wäre
das nur [eine] Deklaration an den Staat.

[2. Schenkung.]

[1]) [Eine zweite Art der Acquisition und Dereliktion ist die
absolute, wo derjenige, der ein Eigentum acquiriert, dem, der es
ihm zu Gunsten derelinquiert, gar kein Äquivalent giebt:] Schenkung und Erbe (ein drittes findet nicht statt.)

2.602   [Zuerst von der Schenkung.]

[Das Eigentum, welches durch Schenkung abgetreten wird,
ist entweder] relatives (Cession einer Gerechtigkeit), [oder] absolutes. [Wie über das Erstere überhaupt kein außergerichtlicher
Vertrag gültig ist, so ist auch eine außergerichtliche Schenkung
desselben nicht gültig. Schenkung des a b s o l u t e n Eigentums
aber wird gültig durch Übergebung von] Hand in Hand. [Es kann
sonach nie ein Streit darüber entstehen, ob das Geschenk angenommen sei oder nicht. Hat der Beschenkte im ersten Falle nicht
von den Gerichten die Schenkung angenommen, hat er im zweiten
das Geschenk nicht an sich genommen, oder nicht erklärt, daß er
es an sich nehmen wolle, so ist die Schenkung unrechtskräftig [2]).]

[Es findet bei der Schenkung gerade die Bedingung statt, die
beim Verkaufe stattfindet. Der Schenker muß so viel übrig behalten, daß er leben könne.]

[Niemand hat das Recht, das Verschenkte zurückzufordern,
denn durch den Vertrag wird der Beschenkte rechtmäßiger und
unumschränkter Eigentümer. Übrigens] der Staat hat damit nichts
zu tun.

[3. Lehre vom] Erbe.

Die Rede kann [auch hier] nur sein vom absoluten Eigentum
[, d. i. von] Geld und [Geldeswert,] dem Werte von Arbeits-
erzeugnissen im Gelde, Geräte u. dergl., [kurz] vom Inventarium.

---

[1]) Vgl. Angew. Naturrecht Seite 91.   [2]) Im Angew. Naturrecht S. 92: rechts-
unkräftig.

[Dagegen] keine Gerechtsame ist zu vererben, [sondern die] wird nach dem Tode durch den Staat vergeben [, da er dieselbe nur als relatives Eigentum erhalten hat zur Bearbeitung, welches, sobald er es nicht mehr bearbeiten kann, dem Staate wieder anheim fällt.]

[Das] absolute [1]) [Eigentum wäre eigentlich] auf den Todesfall res nullius: nicht prius occupantis, sondern allen [, alle müßten davon] ihren Teil [bekommen], also [am Füglichsten fiele es] dem Staate [2]) [der Obrigkeit, dem Repräsentanten Aller anheim, der durch Verminderung] der Abgaben [es gleichmäßig unter allen verteilte [3]).]

So wäre die Regel. Nun aber können gewisse Verbindlichkeiten und vorauszusetzende Absichten auf dem absoluten Eigentume eines Verstorbenen ruhen; [er] hinterläßt unversorgte [, d. i. noch nicht in den Stand gesetzte Kinder, sich selbst ein Eigentum zu erwerben;] unausgestattete, [d. i. noch] nicht aus der Familie getretene Kinder [4]), [eine] Witwe; kurz, eine Familie bleibt, obwohl das Haupt derselben verloren ist. Sagen Sie [5]), wenn dieses Vermögen nicht hinterlassen wäre, was müßte der Staat tun? Sie erhalten. Jetzt kann er das Vermögen einziehen, und sie erhalten. Lasse er beides, so kommt die Sache ins Gleiche [, es entsteht eine natürliche Erbschaft, die] Erbschaft ab intestato. Grundsatz: die Familie ist der Eigentümer [, nicht das Haupt derselben]: so lange diese nicht ausstirbt, ist das Vermögen nicht ohne Herrn. [Dies ist] durchaus billig, und angemessen. Wie beigetragen worden ist [6]) durch Arbeit, Sorge, Abdarben, [zu der Erwerbung des Vermögens, das sie nun durch den Tod ihres Hauptes verlieren soll,] wer kann es wissen? Wer soll sich in diese Dinge, absolutes Eigentum betreffend, mengen [7]).

[Es] folgt jedoch [, da die Ernährung der Familie, wenn kein hinreichendes Vermögen hinterlassen wird, dem Staate an-

---

[1]) Hs: absolutes [2]) fehlt im Druck [3]) In der Hs fünf Worte, 2 u. 3 davon lauten: der Abgabe. [4]) Druck: Töchter [5]) Fehlt im Druck. [6]) Druck: wie die ganze Familie beigetragen hat [7]) Es folgt in der Hs eine Einschiebung, die heißen könnte: Nur die Frauen kennen die Mitarbeit der Kinder.

heim fällt,] ein Recht der Aufsicht [des Staats.] Die Obervormund-
schaft hat der Staat ohnedies. Also bei der Mutter nicht anders.
Ist sie denn weniger Familienhaupt[8]). [Überlebt die Frau den
Mann, so wird sie das Familienhaupt, und tritt in dieselben Rechte
des Vaters ein, hat also keine andere Aufsicht des Staates, als der
Vater,] nur [daß ihr der Staat] mehr Schutz gegen Rohheit, falls
er[9]) nötig ist [zusichern muß.]

[So erhalten wir das Recht der] Familie, und [ein] Gesamt-
eigentum derselben. Doch [ist dieser Grundsatz einzuschränken
blos auf die zusammenlebende Familie; darum kann das Ver-
mögen] nicht [auf] Seitenverwandte, [und] der Strenge nach nicht
auf die ausgestatteten Kinder[10]) [übergehen]. (Doch da giebt es
ein Präservationsrecht des alten Familienverhältnisses.)

[Etwas Andres ist] Erbe durch Testament, = [oder] Schenkung auf den Todesfall. [Das testamentum ab intestato läßt sich
eigentlich keine Schenkung nennen, denn es läßt sich nicht bestimmen, wie viel Anteil die Familie an der Erwerbung gehabt
habe; das Vermögen ist Familiengut, außerdem ist der Vater den
Kindern Versorgung schuldig. Ein Testament für Fremde aber ist
Schenkung.]

[Es ist hierbei die wichtige Frage:] Wie kann der Wille des
Toten[11]) die Lebendigen verbinden [? Der Begriff des Rechts
gilt nur von Personen, die im wechselseitigen Einfluß auf einander
in der Sinnenwelt stehen können, und wirklich stehen; der Tote
hat sonach auf den ersten Anblick keine Rechte.] Antwort. [Es ist
sehr möglich, daß ein Mensch in seinem Leben Wünsche hege für
Andre, auf die Zeit nach seinem Tode. Der feste Glaube, daß dieselben werden erfüllt werden, oft ein wirklicher Vorteil, der aus
dem festen Glauben der dabei Interessierten entsteht, z. B. bessere
Pflege, Anhänglichkeit und Liebe derer, die wir zu Erben einsetzen können, sind ein beträchtliches Gut im Leben. Kurz, die
Überzeugung von der Gültigkeit der Testamente ist ein Gut für
die Lebendigen [; sie] wünschen es[12]) um ihrer selbst willen. (sie

---

[8]) Fehlt im Druck.   [9]) Hs: sie   [10]) Kinder fehlt im Druck.   [11]) Druck: eine
Verstorbenen   [12]) Druck: die Gültigkeit ihrer Testamente

brauchen eigentlich die Meinung ihres Vermögens noch im Leben,
es ist eine Art von Wucher mit dem absoluten Eigentumsrechte.)
Sie [13]) wünschen [daher] den allgemeinen Glauben an Gültigkeit
der Testamente, also ein Gesetz [14]) [, worauf sie also auch wohl
ein Recht erlangen können. Nur aus diesem Gesichtspunkte hat
man die Sache zu betrachten. Es ist keinesweges vom Rechte der
Toten die Rede, sondern nur vom Rechte der Lebendigen.]

[Wie kann nun aber der Glaube an die Gültigkeit der Testamente Statt finden? Nur indem beim ursprünglichen Eigentumsvertrage auf diese Wünsche der Menschen Rücksicht genommen
wird, und alle einander diese Überzeugung garantieren. Aber
dieser Vertrag ist, was nicht aus der Acht gelassen werden muß,
ein willkürlicher, d. h. es ist ein rechtliches Verhältnis unter den
Menschen überhaupt gar wohl möglich, ohne ihn. Es ist nicht
notwendig, daß darüber ein Rechtsstreit entstehe, der Staat ist da,
die Hinterlassenschaft an sich zu nehmen.]

[Aber jene Überzeugung kann nicht anders hervorgebracht 2.605
werden, als dadurch, daß die Testamente ohne Ausnahme, d. i.
nach einem Gesetze gelten. So gewiß demnach Alle diese Hoffnung sich garantieren, wollen sie jenes Gesetz; und es wird sonach ein Gesetz des Staates: Testamente sollen gelten.
Alle garantieren um ihrer selbst willen dem Sterbenden die Gültigkeit seines letzten Willens, sie garantieren, indem sie dieses
tun, sich selbst die Gültigkeit ihres letzten Willens, das Recht des
Sterbenden wird an das Recht aller überlebenden Bürger gebunden. Nicht sein Wille, sondern der allgemeine Wille verbindet
die dabei interessierten Lebenden, und besonders den Staat, der
außerdem das Recht der Erbfolge hätte.] Sie haben kein [15]) absolutes Recht es zu fordern [, daß ihr Testament gelte]: denn alles
Recht erlischt mit dem Tode. (nicht wie sie andere Gesetze
fordern können. Bemerken Sie [dies] die Sache ist wichtig [16]). Der
Staat hat aber keinen Grund, es zu verweigern. Hier macht der
allgemeine Wunsch das Gesetz. Ein rechtliches Verhältnis kann

---

[13]) Druck: Alle [14]) also ein Gesetz fehlt im Druck. [15]) fehlt im Druck.
[16]) Die Hs könnte auch „einzig" gelesen werden.

ohne diese Einmischung <?> bestehen, absolut entscheidend ist nur der <Staat>. Das willkürliche [17]).

Beschränkung der Legate [18]). [Daß überhaupt Testamente rechtsgültig sind, ist völlig willkürlich: es ist sonach gleichfalls ganz willkürlich, und hängt lediglich von der Disposition des allgemeinen Willens, d. h. vom Gesetzgeber, ab, wie weit das Recht gehen soll, seine Güter durch Testamente zu vererben. Doch muß darüber Etwas ausdrücklich bestimmt, also es müssen Gesetze gemacht werden. Es hängt vom Gesetzgeber, der auf die besondre Lage des Staates Rücksicht zu nehmen hat, ab, ob die Intestaterbschaft eingeführt werden und wie sie die freie Disposition über das Eigentum, das L e g i e r e n, beschränken solle. Es giebt nur eine notwendige Beschränkung a priori, gerade dieselbe, welche bei der Schenkung überhaupt Statt fand:] die Hinterlassenen [, etwa die Witwe,] müssen leben können, [und die Kinder] müssen erzogen werden können [, d. i. in den Stand gesetzt werden, sich selbst ein Eigentum zu erwerben. Diese Möglichkeit darf durch die Freiheit der Testamente nicht aufgehoben werden; denn der Staat muß ja für die Versorgung der Hinterlassenen Bürge sein. Also] die Intestaterbschaft (eben die Lebensmöglichkeit) geht über das Testament, und beschränkt es. Die R ... [19]) ist nicht der rechte Maasstab [20]). Nur über einen solchen Vermögensstand [21]) hinaus, [durch welchen Witwe und Kinder leben können,] nach dem Stande [22]), kann überhaupt legirt werden, außerdem nicht.

2.606ˇ　[Außer den angezeigten Erwerbsarten kann es keine im Staate zu erlaubende geben. Unsre Untersuchung über den Eigentumsvertrag ist sonach völlig abgeschlossen.]

---

[17]) „Ein ... willkürliche" fehlt im Druck.　[18]) Fehlt im Druck.　[19]) Hs unleserlich.　[20]) Dieser Satz fehlt im Druck.　[21]) Druck: ein solches Vermögen ... welches　[22]) Druck: ihrem Stande gemäß

[Dritter Teil.]

[Über den] Staatsbürgervertrag.

[Vom] Strafgesetz.

In der Tiefe ist Klarheit. Wir haben auch schon [im Obigen] *
die Grundlage [zu dieser Untersuchung] gelegt. Es sind auch
hier sonderbare Verirrungen, Streitigkeiten, [und] Misverständ-
nisse, weil sie [1]) [immer nur] auf der Oberfläche schweben [2]), [und]
auch diese Frage [nach der Rechtlichkeit eines Zwangsgesetzes]
besonders aufwerfen [3]), ohne daß Frage und Antwort aus einer
systematischen Übersicht eines Ganzen hervorgehe[n]. [Ge-
schieht dies,] da fallen die Irrtümer von selbst weg.

1.) Der Einzelne hat Rechte im Staate nur dadurch, daß er
die Rechte aller übrigen anerkennt.

2.) Diese Anerkennung muß eine tätige sein (nicht bloß mit
Worten), und [muß sich erstrecken] auf [4]) alle Zeit, hinweggesetzt
über die [5]) Wandelbarkeit seines Willens.

3.) Diese Unveränderlichkeit [6]) erhält der Wille des einzelnen nur dadurch, wenn er eine, gleich wie aus einem Naturgesetz folgende Unmöglichkeit aufzeigen konnte, und hervorbringen, daß sein Wille jemals anders [7]) sei, als der erforderte
rechtliche.

Es ist [8]) [daher] die Aufgabe, ein solches allen unrechtlichen
Willen vernichtendes Prinzip zu finden, und wirklich zu machen;
und alle leisten allen die ihnen allein Rechte gebende Bürgschaft
nur dadurch, daß sie eine solche Macht errichten.

---

[1]) Druck: man   [2]) Druck: bleibt   [3]) und sich die Frage ... aufwirft,
[4]) Druck: über   [5]) Druck: alle   [6]) Druck: Unwandelbarkeit   [7]) Druck: ein andrer
[8]) Druck: entsteht

4.) Eine solche Macht wäre [nun] eine den an sich freien Willen zwingende Macht.

2.607   [9]) Alle sollen ein gewisses bestimmtes Wollen von diesem und diesem Inhalte haben: falls sie Rechte haben wollen.

Dieses Wollen kann man nicht von ihrer Freiheit erwarten, weil dieses Wollen die Bedingung ist, unter der man [allein] ihnen Rechte geben kann, sie diesen Willen drum, ehe man ihnen Rechte giebt, zur Stelle beweisen müssen: Beweisen, d. i. die Unmöglichkeit zeigen, daß sie je einen andren haben [können]. Sie müssen sich drum unter ein Prinzip einer solchen Unmöglichkeit, d. i. unter ein Prinzip, aus dem der rechte Wille notwendig erfolgt, das den rechten Willen erzwingt, [ver]setzen.

NB. Die Unterwerfung unter dieses Zwangsgesetz, vorher die Errichtung eines [10]) solchen, ist Bedingung der Rechte, des Bürgertums. Was wir vorher im allgemeinen erwiesen haben, [ist] jetzt im besondren auf die Zwangsgewalt [11]) [angewandt]. Der Staat ist eine solche.

(Wie nach dem Naturgesetze der Körper fällt, so soll nach diesem Gesetze der ernste Willen erfolgen; das rechtswidrige durchaus unmöglich seyn *) [12]).

So lautet wenigstens die Aufgabe.

Wie läßt sich nun d e r W i l l e, als solcher, e r z w i n g e n. Wie ist eine Zwangsanstalt möglich.

1.) ist hier gar nicht von dem innren Wollen, von den Wünschen des Menschen die Rede, sondern von dem Willen, der in Tat ausbricht. Keine, weder positive, noch negative Rechtsverletzung, diese erfolgt nicht durch innere Wünsche, sondern nur durch einen in Tat ausbrechenden Willen . . . ist hier vom Willen die Rede, als einem Prinzip der Tat, oder Nichttat, . . .

---

*) Erster Satz: Die Errichtung einer Zwangsanstalt und die Zwangsanstalt selbst ist rechtlich, denn sie ist die Bedingung unter welcher allein der einzelne Rechte hat, und . . . [unleserlich, etwa 8—9 Worte]
Es gehört zur . . . daher die Strafgewalt über . . . [Schluß der Anmerkung]

---

[9]) Das Folgende ist in der Hs. durchstrichen. [10]) Druck: einer [11]) Druck: Zwangsanstalt [12]) Dieser Satz mit der Anmerkung fehlt im Druck.

2.) Der Wille des Menschen geht überhaupt auf Wohlsein, Freiheit der Person, der edle wie der unedle, darin sind sie sich gleich: der unedle will sie bloß haben, und fühlen, der edle will sie brauchen . . .[13])

[Unsre] Aufgabe [ist also]: ein gewisses Wollen zu erzwingen: d. i. es als Resultat eines mit Naturnotwendigkeit gebietenden Gesetzes hervorzubringen (es zu einem Naturprodukte zu machen).

1.) Ein gewisses Wollen: also nicht das innere Wollen und Wünschen, das im Herzen bleiben mag, sondern das äußere, das in Tat ausbricht. Man will keine ungerechte Handlung, und wenn diese unterbleibt, ist man zufrieden; ob auch im Herzen der Zwang verhaßt sei. Wünsche was du willst: gelüste nach der Ungerechtigkeit: dein B e s c h l i e ß e n aber des Ungerechten wollen wir verhindern. [Also] Wollen [bedeutet uns hier so viel als] = Beschließen. ([Man meint auch wohl,] man müsse das Gesetz auch lieben können. [Es müsse dasselbe] liebenswürdig [und] wünschenswürdig[14]) [sein]. [Aber] da würde es niemals zu einem Gesetze kommen. Liebe des Gesetzes [entsteht nur] aus Einsicht, und sittlicher Veredlung. Für solche aber ist das Gesetz vernichtet, wie wir tiefer unten sehen werden.

(Der gewöhnliche Gang der Menschen aber ist, daß sie erst durch Legalität[15]) zur Sittlichkeit kommen, die Wildheit erst gezähmt, die Zügellosigkeit gebrochen werden muß. Also: ihr Wille muß erst durch das Gesetz gezähmt werden: dies ist die Vorbereitung. Das Gesetz aber, wo[16]) es wirksam ist, wird notwendig gehaßt, denn die Luft, die es voraussetzt, ist ihm zuwider: es kann nur schrecken, nicht zur Liebe einladen. Sündigen wollen sie gern, aber die Strafe haben sie nicht gern. Wo das Gesetz sein[em] Inhalt[e nach] geliebt wird, ist kein Gesetz mehr, der Form nach. Man muß das Gesetz lieben können, heißt drum: es soll gar kein Gesetz sein; welches, wenn es recht verstanden wird, auch wahr ist, und trefflich.)

2.608

---

[13]) Bis hierher die Hs. gestrichen. [Blatt 20a—b]   [14]) Hs: menschenwürdig? Druck: wünschenswert   [15]) Druck: Loyalität   [16]) Druck: wenn

2.) Alle Menschen wollen notwendig durch ihre Natur[17] [, als freie Wesen,] einen Zweck: ihre Freiheit nämlich in dem oben beschriebnen Sinne des Vermögens sich mit Freiheit (Willkür) ihre Zwecke[18] zu setzen. [Der Edle wie der Unedle, in diesem Zwecke sind sie sich gleich,] der Edle [will sie,] um sie[19] zu gebrauchen; der Unedle, um sie zu genießen und ihres wohltätigen Gefühles sich zu erfreuen. Drum heißt es Wohlsein. Dies ist der substantielle Zweck aller. A.[20] [und dieser Wille kann und soll nicht verändert oder modificirt werden. Alles sein tätiges Wollen und Wirken hat zur Absicht, diese Freiheit hervorzubringen.] Wenn nun die Natur so eingerichtet wäre, daß dieser Zweck nur durch Beschließen des rechten im Einzelnen erreicht werden könnte, jedes Beschließen des unrechten aber den entgegengesetzten Erfolg der Beraubung der Freiheit und des Wohlseins nach sich zöge, so wäre unter der Herrschaft einer solchen Natur der materielle Wille durch sich selbst [und] seine bestimmte Eigenschaft [, dieses Wohlsein zu wollen,] gezwungen, nur das rechte zu beschließen. Da er nun [ein]mal nicht umhin kann, Wohlsein der Person zu wollen, so mußte er wohl wollen das rechte, indem er außerdem zum Wohlsein nicht kommen kann. Die Aufgabe ist[21] gelöst: der rechte Wille ist[22] erzwungen.

Man hat eine solche Welteinrichtung überhaupt, unter der Regierung eines gerechten Gottes, begehrt, und vermißt, in welcher die Tugend notwendig gute Folgen für die Glückseligkeit, das Laster die entgegengesetzten, habe[23], die erste Belohnung, die[24] zweite Strafe nach sich zöge. Ich hoffe schon die gegenwärtige Darstellung hat gezeigt, warum eine solche Forderung ganz verkehrt ist. Dann wäre die Sittlichkeit erzwungen, und es gäbe gar keine Liebe derselben, sondern nur eine Liebe des Lohns, keinen Haß des Lasters, sondern nur [einen Haß] der Strafe. (und die, die eine solche Weltordnung begehren, setzen das auch kecklich voraus, und sie verzweifeln an der Möglich-

---

[17] Druck: ihrer Natur nach [18] Druck: ihren Zweck [19] Druck: diese Freiheit [20] Druck: aller = A, [21] Druck: wäre [22] Druck: wäre [23] Druck: hätte [24] Druck: das

keit der Sittlichkeit ohne eine solche Weltordnung, und sie wollen
selbst die Sittlichkeit nicht um ihrer selbst willen, sondern um
ihrer guten Folgen willen.)

Alle Vorstellungen, die darauf ausgehen, eine solche Weltordnung, wenn auch nicht etwa in dieser, dennoch [25]) in der künftigen Welt vorzuspiegeln, und die Sittlichkeit durch den aus-
gesetzten Preis derselben zu erzwingen, gehen darauf aus, sie
gänzlich und mit der Wurzel auszutilgen aus den Gemütern der
Menschen.

So in Absicht der gesamten Weltordnung. Die bürgerliche
Ordnung des Staats aber hat es mit der innren Sittlichkeit, der
Liebe des Guten um sein selbst willen gar nicht zu tun, sondern
nur mit der Rechtlichkeit der äußern Handlungen. Sie drum *
kann eine solche Anstalt treffen, in welcher nur die rechtliche
Handlung zum Zwecke, die rechtswidrige sicher zum Gegenteile
derselben [26]) führt, und der Entschluß abgezwungen wird, und
[sie kann] sichs gefallen lassen, daß den Bürgern diese Ordnung
noch [27]) zuwider ist, indem sie alle lieber rauben möchten, als arbeiten für den Zweck, den sie eigentlich haben, wenn es nur
irgend möglich zu machen wäre.

3.) Fassen Sie scharf die Gesinnung, welche die Errichtung
einer solchen Ordnung der Dinge voraussetzt. An den rechtlichen *
Willen ist die begehrte Folge, an den rechtswidrigen die verhaßte
geknüpft, drum, weil vorausgesetzt wird, daß jeder das Rechte
nur um der guten Folge[n] willen tun, das Rechtswidrige nur um
der bösen Folge willen unterlassen werde; nicht aber aus Liebe
des Rechts und Haß des Unrechts, um sein selbst willen ohne alle
Folge [tun oder lassen werde]. Auf wen wirkt nun [28]) jene Einrichtung [und] wen z w i n g t sie; natürlich nur auf [29]) den, mit
dem es sich in der Tat so verhält. Wer aber das Rechte um sein
selbst willen will, ohne alle Rücksicht auf die Folge[n], wie
könnte der durch ein Gesetz gezwungen werden, das nur von der

-----

[25]) Druck: doch [26]) Druck: desselben [27]) fehlt im Druck. Das Wort ist
schwer zu lesen, es könnte z. B. auch „arg“ heißen. [28]) Druck: also [29]) fehlt
im Druck

2.610 Folge [30]) redet. Ehe die Vorstellung des Gesetzes eintritt, will er ja schon, was das Gesetz will, nicht weil das Gesetz es will, sondern weil er es will. Zur Vorstellung des Gesetzes, und zum Zwange durch dasselbe kann es nur kommen bei dem zur Gesetzwidrigkeit versuchten Willen, der sie auch sicher beschließen würde, wenn das Gesetz ihn nicht schreckte [31]).

Es ist drum klar, daß für einen solchen das Gesetz gar nicht da ist, indem er ohne alles Gesetz nichts andres will, noch tut, als was das Gesetz auch will. Beföhle das Gesetz etwas Ungerechtes, so würde er es doch gleichwohl nicht tun, und den Folgen sich ruhig unterwerfen. Er ist über das Gesetz [hinaus] und gibt dem Gesetze selbst das Gesetz durch die Sittlichkeit seines Willens, des höchsten Vorbildes aller Gesetze.

Es ist drum klar, daß eine solche Anstalt der Sittlichkeit durchaus keinen Eintrag tut. (Der Haß gegen die Gesetze, der allenthalben aus der schlaffen Handhabung derselben entspringt, hat sich auch wohl in dieser Rede ausgesprochen: wir wollen es [32]) frei tun, nur nicht nach dem Gesetze, man soll es uns nicht befehlen! Sehr wohl; steht euch denn das Gesetz bei dem freien Vollbringen im Wege; wenn das Gesetz euch nicht bewegt, sondern eure Einsicht und Liebe, so tut ihr es allerdings frei. Ja aber man soll es auch erkennen, [daß wir es mit Freiheit tun;] so möchte es aussehen, als ob wir uns vor dem Gesetze fürchteten. So, seid ihr so eitel? Das ist ein schlechtes Zeugnis für eure Freiheit und Sittlichkeit. — Damit es nicht so aussehe, [als unterließen wir das Unrecht aus Furcht,] tun wir es grade weil es verboten ist; überließe man sich unsrem guten Willen, o wie sittlich und außerordentlich würden wir sein. Das Gesetz ist für uns grade ein Mittel uns zur Übertretung zu reizen. — Ihr müßt unter einer saubern Verwaltung der Gesetze stehen, wenn man euch die Lust, dem Gesetze zu trotzen, nicht vertreiben kann. An der äußern Gesetzmäßigkeit kann auch und soll die Sittlichkeit sich niemals zeigen. Denn diese liegt über alles bürgerliche Gesetz hinaus, und kann nicht geboten werden. Diese zeigt sich

---

[30]) Druck: den Folgen   [31]) Druck: einschränkte.   [32]) Druck: das Rechte

in andren Äußerungen, [sie] erscheint nur [in dem, der] durch die Sphäre des bürgerlichen Gesetzes hindurch ist. Es ist drum ∗2.611 nur ärgerlich, diejenigen von Sittlichkeit und Freiheit reden zu hören, aus deren bloßem natürlichen Sein sich nicht schon äußere Zucht und Rechtlichkeit von selbst ergiebt, und die sich noch als leibeigene Knechte zeigen der allergemeinsten Rohheit.)

Nun versteht es sich, daß der Staat keine andere Naturordnung hervorbringen kann, als die da eben ist: er muß drum selbst die freie und besonnene Naturgewalt sein, die dem gerechten Willen den Zweck sichert ([dies] ist schon durch die ganze Verfassung, wie wir sie auch nur [33]) bis jetzt beschrieben haben, geschehen, und was etwa in dieser Rücksicht noch mangeln dürfte, wird sich ergeben) [und] an den ungerechten [Willen] das Gegenteil des beabsichtigten Zwecks, die Strafe knüpft.

4.) [34]) Diese Naturordnung soll den Willen zwingen. Aber der Wille wird gezwungen durch Vorstellungen: die V o r s t e l l u n g drum dieser Ordnung ist das eigentliche Glied, das sich an den Willen fügt. Es folgt daraus mancherlei: a) die Vorstellung muß eben wahr sein, außerdem bewegt sie nicht; die angedrohte böse Folge muß unausbleiblich durch die rechtswidrige Handlung gesetzt sein, wie der Fall des Körpers durch den Stoß. Wer ∗ sündigt, muß wissen, daß die Strafe nicht ausbleibt: sie muß ihm so sicher sein als die Sünde; ist sie ihm nicht so sicher, so wagt ers. Wer von einer Sünde erfährt, der muß sicher auch erfahren von der [35]) Strafe. Darum a) [36]) der Staat muß suchen jedes Vergehen [37]), und den Täter desselben aus[zu]mitteln. b) [38]) das Vergehen ohne alle Ausnahme und Milderung auf die angedrohte Weise bestrafen. Sodann, die V o r s t e l l u n g von der Sache [soll den Willen bewachen]; der Staat muß drum die Ordnung, die er gemacht hat, das Gesetz, das er sich selbst gegeben hat, aussprechen: sagen, welche Folge jedes Vergehen [39]) haben werde. Diese Ankündigung ist das Strafgesetz.

---

[33]) auch nur fehlt im Druck [34]) Hs: 3) [35]) Druck: ihrer [36]) Druck. b) [37]) Druck: Verbrechen [38]) Druck: c) [39]) Druck: Verbrechen

5.) [40]) [Wozu ist das Ganze? Den rechtswidrigen Willen zurückzuhalten und den ermangelnden rechtlichen Willen hervorzubringen. Was soll darum eigentlich wirken? Die Vorstellung der Strafe. Ohne] Vorstellung davon soll [also] keine Strafe sein. [Ist also die Strafe Zweck? Schlechthin nicht. Die Vorstellung davon soll nur den unrechtlichen Willen zurückhalten. Kann es aber zur Strafe kommen? Allerdings; um das Gesetz, das für jetzt nicht gegolten, für die Zukunft geltend zu machen. Überall ist also das] Strafgesetz das erste; die Strafe selbst [ist] nur um des Gesetzes willen. (Sie haben von Gott eben so geredet [, er strafe nur um zu bessern].) [Die Strafe tritt nur mittelbar ein [41]), sie ist ein Übel, und zeugt von der Ohnmacht des Gesetzes, sie stört Freiheit und Kräfte, die sich für den Wohlstand des Staates hätten vereinigen können. Sie ist] [42]) nur um der Form des Gesetzes willen: damit die Vorstellung [desselben] wahr sei, und bleibe. Sie, die Strafe, geht gar nicht notwendig, sondern nur zufällig, ein in die Organisation des Staats.

[Also die] Deduktion der Strafe, und eines Strafrechtes [ergiebt sich] gar nicht unmittelbar [43]). Unmittelbar [ergiebt sich] nur das Strafgesetz. Dies [ist] die Bedingung der Rechtlichkeit überhaupt, und daraus [, daß] Jeder die Unmöglichkeit [, seinen Zweck auf eine widerrechtliche Weise zu erreichen,] einsieht [, kann erst die Strafe selbst] abgeleitet [werden]. Die Strafe [ist] nur um des Gesetzes willen [44]).

Darin [liegt eben] der Fehler [der gewöhnlichen Ansicht], daß sie es [45]) unmittelbar [46]) [deduciren] wollte [47]). Hierbei die Unrechtlichkeit, nicht es erzwingen zu wollen, um das Faktum zu rechtfertigen.

a) [48]) Absolutes Strafrecht.

a) Jedes Handlung muß sich ansehen lassen, als die durch Freiheit schlechthin gesetzte (richtig) — also die Norm, und das

---

[40]) Hs: 4) [41]) Hs: Strafgesetz ist das Mittel [42]) Hs: die Strafe
[43]) Druck: nur mittelbar [44]) Im Druck folgt: (Vgl. angewandtes Naturrecht II. S. 98.) [45]) Druck: die Strafe [46]) Druck: mittelbar [47]) Druck: wollen. [48]) Fehlt im Druck.

Muster gebend für das Handeln aller Freien. — Jeder, der auf
eine bestimmte Weise handelt, müßte das zugeben. b) Er könnte
drum nicht e r w e i s e n , daß es gegen die Vernunft sei, wenn er
eben so behandelt würde. — Ganz richtig. Der Beweis trifft:
aber er erweist [auch] nicht mehr, als, daß d e r das Unrecht nicht
erweisen könne: ists denn drum nicht [49]). Wer hat denn das
Recht, ihm sein Recht anzutun, wenn das sein Recht ist. E r
nicht; wie denn aber i c h; wie denn die andern. Zwischen dem
n i c h t v e r b o t e n [sein] und zwischen der p o s i t i v e n B e -
r e c h t i g u n g ist doch noch eine große Kluft.

W e i s u n g : jenes ist ein heuristisches Prinzip, und in dieser
Rücksicht auch ein willkürliches. Wer heißt euch denn das zu
einer Konstitution machen. Hat er denn darum ein solches Gesetz aufgestellt? als allgemein gültig auch g e g e n alle; wenn
einer raubt, drum müssen nun alle rauben? Das sagt ihr auch
nicht. — Aber [es ist] gegen i h n gültig? Gut: er könnte es
nicht a b w e h r e n d u r c h V e r n u n f t g r ü n d e. Aber wer
hat denn den positiven Grund [50]) es [51]) [gegen ihn] zu gebrauchen.

Ist es denn b e i u n s anders? Wenn an seinen rechtswidrigen Willen derselbe, eigentlich rechtswidrige Erfolg geknüpft
wird, wird er da nicht behandelt nach dem Gesetze, das [52]) er aufgestellt hätte, falls er gemeingültig zu handeln glaubte? Richtig:
aber nicht darum, sondern weil dies das Mittel ist, seinen rechtswidrigen Willen zu vernichten. Es [53]) trifft zusammen. Auch
dieses Zusammentreffen hat seinen guten Grund.

Falls drum hier Einigkeit ist, so ist der dort fehlende Grund,
woher das positive Recht, durch das Mittelglied des Strafgesetzes,
als durch die gegenseitige Garantie, beantwortet; es ist hier kein
Sprung wie dort. Aus der Theologie. Gottes Gerechtigkeit [ist]
die wesentliche, unabtrennliche [Eigenschaft desselben]. Nach
diesem Begriffe ist er [54]) eine Natur, die jeden behandelt eben
nach dem Gesetze, das er aufstellt. Anthropomorphistische Be-

---

[49]) Druck: Recht?   [50]) Druck: das positive Recht,   [51]) Druck: das Gesetz
[52]) Hs: daß   [53]) Druck: Beides   [54]) Druck: Gott

griffe [55]) von Gott, abgezogen von einem solchen Herrscher. Gerechtigkeit, etwas selbst beim Menschen so untergeordnetes, Gott bei[zu]legen.

2.) [Die Strafe ist] Präkaution. Daß ers nicht tue. Allerdings, woher aber das Recht [dazu?]

3.) [Sie dient] zu seiner Besserung? Ich hoffe, zur b ü r g e r -
* l i c h e n (denn bis zur sittlichen, zur Liebe des Rechts, langt es nicht.) Dazu war nun schon das Gesetz. Woher aber das Recht, ihn zu bessern.

4.) Zum Beispiele für andere? Ganz recht, unter andern auch. Aber woher das Recht, jemanden für andere zum Exempel zu machen. Ich bedanke mich für diese typische Würde.

5.) [Der] Inhalt [des Strafgesetzes ist ein doppelter]: 1.) Für den [positiv] ungerechten [Willen erfolgt] das Gegenteil des Zwecks: Bedingung: [Jeder muß notwendig von seinen eigenen
2.614 Rechten und Freiheiten (seinem Eigentum in der weitesten Bedingung des Wortes) grade so viel auf das Spiel setzen, als er die Rechte des Andern aus Eigennutz oder Ungerechtigkeit zu verletzen in Versuchung ist. Der Geist dieses Prinzips ist: es muß dem ungerechten Willen, oder der Unbesonnenheit ein hinlängliches Gegengewicht gegeben werden.]

[Dieses Gegengewicht ist bedingt dadurch, daß der Wille ein materialiter böser, ein eigennütziger und nach fremden Gütern lüsterner Wille ist. Also durch die widerrechtliche Handlung wird] ein materieller Erfolg beabsichtigt, G e w i n n. [Da tritt das Gesetz dazwischen, und sagt:] Nein: das grade [, was du gewinnen wolltest,] sollst du verlieren.

[Wenn dem Räuber nur wieder abgenommen würde, was er entwendete, so hat er weiter nichts getan, als sich vergebens bemüht. Da er notwendig als möglich voraussetzen mußte, daß er nicht entdeckt werden würde, weil er außerdem sich diese vergebliche Mühe nicht gemacht hätte, so war seine Rechnung die: entweder ich werde entdeckt oder nicht; geschieht das erstere,

---

[55]) Druck: —er Begriff

so gebe ich wieder heraus, was ehnedies nicht mein war; geschieht das letztere, so gewinne ich. Verlieren kann ich in keinem
Falle. Ist aber die] Strafe des gleichen Verlustes [eingeführt, so
ist im Falle der Entdeckung der Verlust des Verbrechers eben so
groß, als im Fall der Nichtentdeckung der Gewinn. Das Über-
gewicht der Wahrscheinlichkeit müßte sonach für die Nichtentdeckung sein, wenn er doch das Vergehen wagen sollte.] Je geringer [aber diese Wahrscheinlichkeit wird], desto sicherer [wird]
der entgegengesetzte [56]) Reiz [gezügelt]. [Aber eine solche bloße
Wahrscheinlichkeit soll in einem wohl eingerichteten Staate nicht
Statt finden.]

Was du dem andern nehmen willst, [das] nimmst du dir.
[Dies wird ihm wohl] den Willen vertreiben [, poena talionis] [57]).

2.) [Wenn Jemand das Recht eines Andren verletzt] [58]), ohne
diesen materialen [59]) Willen, aus Unachtsamkeit [, Unbesonnenheit und Gedankenlosigkeit: so verhält es sich mit demselben
eben so. Auch hier gilt das Gesetz:] Was du den andern
schadest, schadest du d i r. [Der Zweck ist hier,] Jemandem den
Willen (die Aufmerksamkeit) [zu] m a c h e n , die er haben soll.   2.615
[In diesem Falle findet nur Schaden-]E r s a t z [statt, weil vorausgesetzt wird, daß der Wert am Eigentume des Andern ganz verboten sei. (S. 101.)]

[3.] Der Arme [, der aus Eigennutz etwas entwendet, und   *
nichts hat, um es zu ersetzen, wenn das Entwendete nicht mehr
vorhanden ist, und die Strafe zu entrichten, hat ein Eigentum an
seinen Kräften, und muß den Ersatz sowohl als die Strafe a b -
a r b e i t e n; es versteht sich, sogleich; denn ehe abgearbeitet ist,
ist er nicht Bürger; wie denn, da durch jedes Verbrechen, der
Strenge nach, das Bürgerrecht verwirkt wird, dies bei allen
Strafen Statt findet. Ferner muß diese Arbeit] [60]) aber [notwen-
dig] unter Aufsicht [des Staates geschehen. Er verliert also, bis
nach erlittener Strafe, seine Freiheit. Dies ist die Strafe des Ar-

---

[56]) Druck: gegenüberstehende   [57]) Im Druck folgt noch: (Vgl. a. a. O.
S. 100 ff.)   [58]) Hs: Verletzen   [59]) Druck: materialiter bösen   [60]) Hs: Der Arme
arbeitet

beitshauses. Teils wird auf diese Weise dem Gesetze des gleichen Verlustes Genüge getan, teils ist die Strafe von der Art, daß man, wenn nur die Polizei so eingerichtet ist, daß die Verborgenheit des Verbrechers nicht zu hoffen sei, wohl darauf rechnen kann, es werde Jeder durch[61]) die Androhung desselben vom Vergehen zurückgehalten werden.]

*   [Dieser Unterschied, ob das Verbrechen aus Absicht oder aus Unbesonnenheit geschehe, ist der bekannte] Unterschied zwischen dolus und culpa. Also NB.[62]) moralische Untersuchung der Triebfedern, von der die Juristen sprechen, [ist] sehr[63]) anmaßend, besonders, wenn es angewendet[64]) wird, um das Gesetz für den Fall zu machen. [Kein Mensch kann oder soll über die wahre Moralität des Andern der Richter sein. Der einzige Zweck der bürgerlichen Bestrafung, der einzige Maßstab ihrer Größe ist die Möglichkeit der öffentlichen Sicherheit. Moralität ist überhaupt nur Eine, und gar keiner Grade fähig: Wollen der Pflicht, lediglich, weil sie als Pflicht erkannt wird. Gleichwohl] das Gesetz [und die Strafe] muß genau auf die Gemütsstimmung des Versuchten passen. Das drum, das da paßt, muß angewendet werden. Gedankenlosigkeit um das Gut des andern, [und] Lüsternheit nach demselben ist zweierlei: Wie es steht, zeigt der Erfolg, und dieser muß ausgemittelt werden[65]).

2.616   6.) Immer ist die Voraussetzung, daß der Wille seinen Grundzweck, die Glückseligkeit wolle, und sich nur in der Wahl der Mittel vergreife, nur auf einen solchen Willen [ist] das aufgestellte Strafgesetz berechnet. Nur ihm sein Inhalt begreiflich[66]).

Wenn aber — welches der erste Fall [ist] — gar kein bestimmter Wille, gar keine Besonnenheit da ist, der Mensch handelt wie eine wilde, nicht zu berechnende Naturkraft; oder wenn der Wille der Verletzung des Rechts, [und] der Beschädigung da ist, positiv, nicht nur sich ergiebt wegen einer andern Begierde und als Modifikation derselben, so ist das [Straf-] Gesetz nicht

---

[61]) Druck: doch   [62]) fehlt im Druck   [63]) fehlt im Druck   [64]) Druck: angewandt   [65]) In der Hs folgen einige Worte, deren Anfang gelesen werden könnte: Ist einer verdorben worden? ist ...   [66]) Diese letzten 5 Worte fehlen im Druck.

wirksam [und anwendbar. Der boshafte, schadenfrohe Mensch unterwirft sich wohl gern dem Verluste, wenn nur sein Feind auch in Schaden kommt.] Welches [Gesetz soll] nun [gegen diesen angewandt werden?] [67])

Was zeigen diese? Einen Willen, der durch das Z w a n g s - g e s e t z n i c h t zu bewegen ist. Unfähigkeit des Zwangs, Abwesenheit der bürgerlichen Tugend. Besonnenheit, als das Formale, und Selbstliebe, als das Materiale, so daß das Selbst zur Triebfeder gemacht werden könne, [und sie] Alles um ihrer selbst willen [tun], das kann der Staat wohl dulden, und er muß meistens das voraussetzen. Wer dies nicht [hat, der ist] auch nicht einmal ein Mensch.

Also kurz, sie sind unfähig, den übrigen Bürgern Sicherheit zu leisten, ihre Unfähigkeit zeigt sich jetzt: als man nach einem allgemeinen Durchschnitte sie aufgenommen, hat man sich geirrt. Nur Eine Ausnahme [findet statt]: gegen den beharrlich unbesonnenen, der sich nur durch Beschädigung des Eigentums vergeht; so lange er [noch etwas] hat, leistet er durch das, was er hat, Sicherheit, weil nur [68]) vom Schadenersatze die Rede ist. Hört er auf zu haben, so fällt er freilich unter die gemeinsame Regel. Es kann drum nichts andres erfolgen, als ihre Ausschließung vom Staate: ihre Erklärung des Verlusts des B ü r g e r r e c h t s. Der nervus probandi ist klar, die Sicherheitsleistung, das Band wo[durch] alle gehalten werden, fällt [bei ihnen] weg.

7.) Zuförderst diese Vergleichung. Wer [den Bürgervertrag, oder] das Recht in irgend einem Stücke verletzt, [sei es nun mit Willen oder aus Unbedachtsamkeit, da, wo im Vertrage auf seine Besonnenheit gerechnet wurde, verliert] der Strenge nach [69]) [dadurch alle seine Rechte als Bürger und als Mensch, und wird völlig rechtlos; denn er] beweist, daß er nicht von dem Rechtswillen durchdrungen sei, und dieser [70]) als Naturgesetz in ihm herrsche. Er ist drum seiner Rechte verlustig, da dies ja die Bedingung ist [71]). [Denn es hat Jemand zufolge des Rechtsbegriffs

---

[67]) Im Druck folgt: (a. a. O. S. 102.)   [68]) Druck: noch   [69]) Diese 3 Worte in der Hs am Beginn des Satzes.   [70]) Druck: sondern der Wille   [71]) „Da … ist" fehlt im Druck.

überhaupt Rechte, lediglich unter der Bedingung, daß er in eine Gemeinschaft vernünftiger Wesen passe, d. h. daß er sich die Regel des Rechts zum unverbrüchlichen Gesetze aller seiner Handlungen gemacht habe, und fähig sei, durch die Vorstellung dieses Gesetzes auch wirklich in allen Äußerungen seiner Freiheit, die unter demselben stehen, bestimmt zu werden. Wer sich mit W i l l e n gegen das Gesetz vergeht, ist nicht in dem ersten Falle, wer sich aus U n b e s o n n e n h e i t dagegen vergeht, ist nicht in dem zweiten. So fällt also die Bedingung der Rechtsfähigkeit, und darum auch das Bedingte, die Rechtsfähigkeit selbst weg. (a. a. O. S. 95. 96.)]

[Dieses Verhältnis ist durch den Staatsbürgervertrag als solchen nicht geändert. Alle positiven Rechte, die der Bürger hat, hat er nur unter der Bedingung, daß die Rechte aller übrigen Bürger vor ihm sicher seien. Sobald dies nicht ist, sei es durch Unbesonnenheit oder durch einen bedachten rechtswidrigen Willen, ist der Vertrag vernichtet. Es findet zwischen ihm und den übrigen Bürgern nicht mehr das durch den Bürgervertrag errichtete rechtliche Verhältnis, und da es außer diesem keines und keinen möglichen Grund desselben giebt, überhaupt gar kein rechtliches Verhältnis zwischen beiden mehr statt.]

*   [Jede Vergehung schließt aus vom Staate, der Verbrecher wird v o g e l f r e i, d. h. seine Sicherheit ist so wenig garantiert, als die eines Vogels, er wird exlex. G e g e n s a t z. Der Zweck der Staatsgewalt ist kein andrer, als der der gegenseitigen Sicherheit der Rechte Aller vor Allen; und der Staat ist zu Nichts zu verbinden, als zum Gebrauche der hinreichenden Mittel für diesen Zweck. Wenn nun derselbe ohne jene absolute Ausschließung aller, die sich auf irgend eine Weise vergangen haben, zu erreichen wäre, so wäre der Staat nicht notwendig verbunden, diese Strafe auf eine Vergehung, gegen die er seine Bürger auf eine andre Weise schützen könnte, zu setzen.]

[Nun ist dem Staate eben so viel an der Erhaltung seiner Bürger gelegen, wenn nur sein Hauptzweck mit derselben zu vereinigen ist, als jedem Einzelnen daran liegt, nicht um jedes Vergehens willen für rechtlos erklärt zu werden. Es würde daher in jeder Rücksicht zweckmäßig sein, in allen Fällen, wo die öffentliche Sicherheit dabei bestehen könnte, an die Stelle der der Strenge nach allerdings durch jedes Vergehen verwirkten Ausschließung andre Strafen zu ersetzen.]

[Dies könnte nur durch einen Vertrag Aller mit Allen geschehen, der späterhin Norm für die exekutive Gewalt würde. Der Inhalt dieses Vertrags würde folgender sein: Alle versprechen Allen, sie, inwiefern dies mit der öffentlichen Sicherheit vereinbar ist, um ihrer Vergehungen willen nicht vom Staate auszuschließen, sondern ihnen zu verstatten, diese Strafe auf [eine] andere Weise abzubüßen. Es wäre dies also der Abbüßungsvertrag. (a. a. O. S. 97 ff.)]

[Dieser Vertrag ist möglich sowohl für den Staat, als für die Einzelnen. Der Staat erhält dadurch die Aussicht, den Bürger, dessen Nützlichkeit seine Schädlichkeit überwiegt, zu erhalten, und die Verbindlichkeit, die Abbüßung Aller anzunehmen; der Einzelne das vollkommene Recht, zu fordern, daß man sie statt der verwirkten größeren Strafe annehme. Es giebt ein Recht des Bürgers, abgestraft zu werden.]

[Der Abbüßungsvertrag erstreckt sich aufgestelltermaßen nicht weiter, als inwiefern neben ihm die öffentliche Sicherheit bestehen könne. Weiter ausgedehnt ist er unrechtmäßig und vernunftwidrig, und ein Staat, in welchem er über diese Gränzen ginge, hätte gar kein Recht, d. i. die öffentliche Sicherheit wäre in ihm nicht garantiert.]

[Verletzt nun Jemand das Recht aus Unbesonnenheit, wie wir] *
den [72]) ersten Fall [bestimmt haben], dessen Charakter eigentlich der ist, daß das Recht nicht um des Rechts willen, sondern [nur] um einer Begierde willen, ohnerachtet diese beiläufig unrecht ist, angegriffen ist, [so] findet eine Abstrafung statt: ein [73]) Abbüßungs- 2.639 vertrag [ist gültig]. Hat er [74]) seine Strafe erlitten, so ist er wieder eingesetzt in sein Bürgerrecht. Im zweiten Fall, wo entweder gar kein Wille, oder ein gradezu unmittelbar rechtswidriger Wille da

---

[72]) Hs: Im ... Falle   [73]) Druck: der   [74]) Druck: ein solcher

ist, findet eine solche Abbüßung nicht statt, sondern das Bürgerrecht geht verloren.

Jenes [ist] ein bürgerliches Strafgesetz, dies ein hochnotpein-
liches [oder Kriminalgesetz [75]).]

8.) Zuförderst welche Fälle [76]). [Wodurch zeigt sich nun ein
durch die hier gedachten Motive nicht zu bestimmender Wille?]

a) [77]) Wenn ein nach dem Gesetze des gleichen Verlustes be-
strafter dasselbe Vergehen wiederholt. Das Strafgesetz wirkt
nicht. [In einem solchen herrscht daher] wenigstens Willenlosig-
keit, [er ist in dem] Zustand[e] eines [78]) Affekts, der nicht zu bewegen ist. Man dürfte sagen: die Strafe [müsse] gegen ihn ge-
schärft [werden]! [Dies wäre nützlich] nur in dem Falle, wenn
Wahrscheinlichkeit ist, der Entdeckung zu entgehen. Diese soll
im voraus nicht sein, und von einem solchen Staate rede ich nicht.
Das Gesetz ist so berechnet, wie wir gesehen haben: was du dem
andern nimmst [79]), das nimmst du dir; [so] daß Wirkung zu hoffen
ist. Nun ist es noch dazu vollzogen. Er kann [darum] weiter kein
Zutrauen einflößen.

b) [80]) Bei formal bösem Willen: Beschädigung um der Beschädigung willen: teils [Beschädigung] des Eigentums. ([Dieser
Fall] hat Ähnlichkeit mit unvorsichtiger [81]) Verletzung, wie sich
auch oben in der Beweisführung gezeigt hat: wie [beide Fälle] zu
unterscheiden und auszumitteln, [davon] an einer andern schick-
lichen Stelle [82]).) [Teils Beschädigung] der Person, jeder persönliche Angriff; Menschenperson ist heilig und unverletzlich; wer
diese nicht ehrt, ehrt überhaupt kein Recht.

c) [83]) [Wenn ein Wille mittelbar gegen das Gesetz und die
Macht desselben sich auflehnt. Das Höchste, was geschehen kann
und geschehen soll, ist, daß das Gesetz nur seine Autorität be-
haupte, wie es festgesetzt ist; aber es kann nicht etwa, als Gegenteil dessen, was der Staat beabsichtigte, eine doppelte Strenge

---

[75]) In der Hs. sind nachträglich einige nicht entzifferte Worte eingeschoben.
[76]) Fehlt im Druck.   [77]) Hs: 1)   [78]) Druck: des   [79]) Druck: nehmen willst,
[80] Hs: 2)   [81]) Druck: einer —gen   [82]) Im Druck folgt: (Vgl. a. a. O. S. 103.)
[83]) Hs: 3)

gegen Alle, eine doppelte Macht durch den Beitrag Aller annehmen, Alle würden dann gestraft für das Vergehen eines Einzigen. Hier sonach findet die Strafe des gleichen Verlustes der
Natur der Sache nach nicht statt, und die Strafe der Rechtslosig-
keit ist nicht abzubüßen.]

2.620

Unmittelbarer Angriff des Rechtszustandes überhaupt [84]) durch
Rebellion und Hochverrat. Unterschied dieser beiden. [R e b e l -
l i o n ist es, wenn man gegen die Gewalt des Staates sich eine
Macht zu verschaffen sucht, und mit derselben sich der Staatsgewalt widersetzt. Hochverrat, wenn man sich der vom Staate
selbst verliehenen Macht bedient, um die Zwecke desselben zu
stören oder zu vernichten; oder auch, wenn man sich der anver-
trauten Macht absichtlich nicht bedient, um diese Zwecke zu befördern, sonach des Vertrauens der Nation sich bedient, um ihre
Absichten zu vereiteln. Rebellieren können nur Privatpersonen;
des Hochverrats sind nur die Teilhaber der öffentlichen Gewalt
fähig.]

9.) [Alle die bisher aufgestellten Arten der Vergehungen
qualifizieren sich zur absoluten] Ausschließung vom Staate, [dem]
Verlust[e] des Bürgerrechts [; darum, weil die einzige Art der
Abbüßung, die wir bis jetzt kennen, die des gleichen Verlustes
hier nicht stattfinden kann. Mit dieser Ausschließung kann noch]
die Strafe des Ersatzes, [des] gleichen Verlustes, [und die] Behandlung nach den Gesetzen, die man aufgestellt hat, kann, inwiefern es die Aufrechthaltung des Rechts erfordert, noch damit verknüpft sein.

a.) Aus der Ausschließung vom Staate folgt die Einziehung
des Vermögens ohnedies. Er [85]) hat es im Staate erworben, zu
dem er, wie sich jetzt zeigt, mit Unrecht gehörte. Aus ihm [86]) kann
ersetzt [87]) werden. Welchen Modifikationen diese Einziehung
unterworfen sein könne, davon tiefer unten.

b.) Körperliche Mißhandlungen andrer sollten öffentlich vor
den Augen aller mit der gleichen [Mißhandlung] bestraft werden

---

[84]) Druck: Unmittelbar an dem Staate vergeht man sich   [85]) Druck: Der
Verbrecher   [86]) Druck: diesem Vermögen   [87]) Druck: der Ersatz bestritten

— nicht als absolut zufolge jenes Gesetzes der gleichen Behandlung, als eines kategorischen, sondern weil dies in der Hand des Gesetzes ein Mittel werden soll, dieses Vergehen ganz auszurotten, die größte Unbesonnenheit zu zügeln, dem bösesten Willen ein Gegengewicht zu setzen, daß er wenigstens soweit sich nicht vergehe. Menschengestalt soll dem Menschen heilig und unverletzlich werden. Von ihr geht alle Anschauung, und aller Begriff des Rechts aus. Jeder soll drum wissen, daß, so wert ihm diese Gesinnung [88]) in seiner eignen Person sei, so wert solle sie ihm in jeder andern Person sein, denn es ist nicht die Person, sondern die Menschheit überhaupt, die sie heilige. Daß man körperliche Mißhandlungen durch ein Strafgeld, oder durch einige Zeit Gefängnis abbüßen kann, scheint mir eine barbarische Verachtung der Menschheit überhaupt auszudrücken. Mord gehört wenigstens unter die körperlichen Mißhandlungen, als die höchste Stufe derselben, und drum zunächst unter dieses Gesetz. Ob auf ihn Todesstrafe gesetzt werden könne, wird sich erst tiefer unten ermessen [89]) lassen. [Die Beantwortung dieser Frage hängt ab von der:]

10.) Ist das Bürgerrecht schlechthin alles Recht, oder giebt es jenseits desselbigen noch eins [90]), und auf welche Weise. Dies ist eine gar nicht leicht zu beantwortende Frage, von deren Entscheidung es abhängt, was der Verlust des Bürgerrechts nach sich ziehe. Ist es alles Recht, [so folgt daraus] Fortjagen, ohne [alle] Barmherzigkeit, Totschlagen, wenn man sich seiner [91]) [sonst] nicht erwehren kann, wie ein wildes Tier. Behält er aber dennoch, nach [dem] Verlust alles Bürgerrechts, ein rein menschliches Recht übrig, so müssen wir dieses wenigstens schonen, und sehen, welche Gränze dies unsrer Behandlung desselben zieht.

[Ich sage] allerdings [giebt es noch ein rein menschliches Recht außer dem Bürgerrechte], alles, was Mensch [ist,] ist möglicher Weise ein Werkzeug des Sittengesetzes: Dazu eben ist die formale Freiheit. Wenn er es nun jetzo sichtlich nicht ist, so

---

[88]) Druck: Unverletzlichkeit   .[89]) Druck: ermitteln   [90]) Druck: ein Recht
[91]) Druck: des Verbrechers

kann er es doch werden. Jeder, in welchem die Vernunft nur zum klaren Bewußtsein durchgebrochen [ist], erkennt auch dafür jeden an.

Giebt nun dies dem, der offenbar die erscheinende Bedingung jener Fähigkeit zur Sittlichkeit, die formale Freiheit, und Besonnenheit nicht zeigt, einen Rechtsanspruch auf Schonung. Offenbar nicht: der Rechtsbegriff ist ein gemeinsamer Begriff; ein wechselnder zwischen Individuen, [sich] gründend auf ein Faktum, auf das Beide sich berufen können, über welches sich dieselben einander müssen überführen können. Die Prämisse des Beweises <?> ich habe recht, ist immer [92]) die: ich habe einen freien, d. i. durch mich zu richtenden, besonnenen Willen. Diese Prämisse kann der vorausgesetzte nicht aufstellen, er kann drum keinen Rechtsbeweis führen gegen die Gemeine [93]), oder den Staat; kommt es drum allein auf das Recht an, so ist kein Grund [, ihn zu schonen]; es ist nicht unrecht, daß ihn der Staat willkürlich behandle [94]). 2.622 *

Äußerlich und objektiv gültig also erweisen kann er nicht. Aber in seinem Gewissen sieht es doch die Gemeine, und der Staat ein, und weiß es gut [95]). (NB. So sagen wir: die Rechtslehre entwickelt den für alle Zeiten gültigen Vernunftstaat, in welchem die Vernunft durchgebrochen [ist], nicht den nur in einer frühern Zeit möglichen, rohen. Diese Betrachtung geht uns nichts an.) Also jener Zustand legt ihnen eine Pflicht auf. Ob es also auch gleich nicht gegen das Recht ist, so ist es doch gegen die Pflicht, das Recht aber kann nie etwas pflichtwidriges gebieten.

Also, sein Menschenrecht, das ihm zwar nicht durch sein Recht, wohl aber durch die Pflicht aller andern zu Teil wird, ist zu schonen. — Was sagt dies: er kann frei, und dem zufolge sittlich werden. Sein Leben ist dazu die Bedingung; also sein Leben ist zu schonen. Was hat sein Leben für eine Bedin-

---

[92]) Druck: nimmer [93]) Druck: Gemeinde [94]) Druck: behandelt. [95]) Druck: wohl.

gung? Besonnene Freiheit, bürgerliche Tugend zu entwickeln. Weiter keine: also es muß durchaus auf diese Bedingung beschränkt werden. B ü r g e r kann er nicht sein, aber zum Bürger kann er erzogen werden (eben so wie das unmündige Kind). Er gehört, nachdem er die besondre Strafe, die etwa sein Vergehen verdient hat, und die nicht zur Besserung ist, sondern zur Verhinderung des Verbrechens bei ihm, und sodann bei andern dienen soll, was ⁹⁶) bei körperlichen Angriffen, und so auch beim Morde, [in] körperliche[r] Züchtigung [besteht], in das Besserungshaus.

[Das Resultat dieser Sätze wäre:] Die L e b e n s s t r a f e ist in keinem Falle zulässig. (Ich habe mich bestrebt, bei dieser so sehr bestrittenen Materie, wo ich die Untersuchung auf ein der gewöhnlichen Ausübung widersprechendes Resultat geführt habe, so klar zu sein, als möglich.)

2.623   Daß man einen Menschen unter keiner Bedingung mit Bedacht, und Besonnenheit um irgend eines Zweckes willen töten dürfe, erkennt das allgemeine Bewußtsein an. Wer hält es für erlaubt, einen Rasendën, an dessen jemaliger Wiederherstellung alle Kunstverständige verzweifeln, oder einen unheilbaren Kranken, zu töten, um sich der Mühe [zu] entbinden, den erstern zu bewachen, dem zweiten die Qual zu verkürzen: ohnerachtet niemand Hoffnung hat, daß dieselben jemals sich oder andern werden nützlich werden? Nur beim Verbrecher macht man diese Ausnahme. Warum bei diesem? Weil man seinen Zustand als mit Freiheit sich zugezogen betrachtet, wie man den der andern nicht ansehen kann: weil man ihm Sittlichkeit anmutet. Mit welcher Wahrheit, davon nachher. Weil man dieser Voraussetzung zufolge ein absolutes Strafrecht aufstellt, jeden zu behandeln nach dem Gesetze, das er durch sein Handeln aufstellt. Zugestanden; das Recht ist nicht dagegen: wer drum nichts Höheres kennt, denn das Recht, auch dieser zwar hat keinen positiven Grund, aber der erste Grund, sei es auch nur der, weil er nicht weiß, was er mit dem Verbrecher machen soll, reicht ihm hin, ihn weg-

---

⁹⁶) Druck: welche

zuschaffen, weil nichts dagegen ist. Wer aber ein sittliches Gewissen hat, und Religion, als absolute Hingebung in den Willen Gottes, dem ist seine Pflicht dagegen, und es wird ihm die Pflicht aufgelegt, den Verbrecher dennoch in der Welt zu dulden, bis die Natur, d. i. Gott, ihn wegnimmt. [Man setzt bei ihnen voraus] einen freien Willen: diesen [aber] haben sie gerade nicht: und das ist der Grund ihrer Ausschließung. Sie sind allerdings Wahnsinnige, nur von einer gefährlichern Art als die, die wir alle dafür erkennen. Die letztern verlieren die wirkliche Sinnenwelt und den Zusammenhang der Dinge in ihr. Jene verlieren die Rechtswelt, und den Zusammenhang der Freiheitsäußerungen. So muß man sie betrachten, und behandeln. —

Richtige Maxime: man muß schlechthin jeden behandeln, als ob er frei, und der Sittlichkeit empfänglich wäre, diese Forderung durchaus keinem schenken. (Es wird im Leben sehr dagegen gefehlt, durch Unterlegung psychologischer Erklärungsgründe).

Nämlich, d a m i t e r s i e [97]) b e k o m m e (daß er sie nicht hat, 2.624 weiß der Verständige wohl). Also im [98]) L e b e n: [denn] daß ich aber [99]) jemanden, der keine Freiheit hat, totschlage, damit er sie bekomme, läßt sich nicht sagen: also [das Recht geht] nicht bis zur Todesstrafe.

[Die] subjektive Bedingung der richtigen Beurteilung dieses Gegenstandes [ist die]: daß man die Sittlichkeit, und die Rechtlichkeit rein geschieden habe, und die letztere gar nicht betrachte als einen Teil der ersten, sondern nur als ihre Bedingung. Es kann etwas nicht [100]) recht sein, das doch durchaus unsittlich ist. Die absolute Anmutung der Freiheit, und das Wegwerfen des Menschen ohne sie, ist aller Ehren werte streng rechtliche Denkweise. Wer zu ihr sich nicht einmal erhoben hat, sondern alle Erscheinungen in der Menschheit erklärt als psychologische Phänomene nach einem Naturgesetze, [der] ist tief verächtlich; in ihm ist nicht einmal die ganz gemeine Rechtlichkeit zum Durchbruche

---

[97]) Druck: diese Freiheit   [98]) Druck: Zum Freiwerden aber gehört   [99]) fehlt im Druck   [100]) fehlt im Druck

gekommen. Beide sind jedoch einseitig. Wer das Reich der psychologischen Notwendigkeit gar nicht verkennend, jene Anmutung betrachtet als das durch die Vernunft verordnete Erziehungsmittel zur Freiheit, und sie auf die Sphäre, in der sie ein solches Mittel sein kann, beschränkt, der vereinigt alles in dem höhern Standpunkte der Sittlichkeit. Der Sittliche hat gar keinen Gesichtspunkt, als den der sittlichen Erziehung und Vervollkommnung seiner selbst und anderer. Dies ist ihm der Lebenszweck. In der Ausübung [ist die Bedingung]: daß ein Volk, und ihre [101]) Regierung wirklich über die bloße Rechtlichkeit sich zur Einsicht in die Sittlichkeit erhoben habe. Das mag sich nun in der Wirklichkeit verhalten, wie es will; in den Schulen der Philosophie [darf darauf nicht Rücksicht genommen werden [102]).]

Mein Einwurf [103]). Wer soll den Mörder hüten, und wie [, ist leicht zu beantworten.] Wer [104]) den durch unsern Arzt für wahnsinnig erklärten hütet, den wir drum nicht töten, und eben so [105]).
* Behandelt ihn als einen gefährlichen Wahnsinnigen.

[11.) Wenn also auch jemand aus formal bösem Willen fehlte, so ist es doch nicht schlechterdings notwendig, daß der Verbrecher in diesen Gesinnungen verharre. Es kann daher ein 2.625 zweiter Vertrag der Abbüßung der [für] die Gegenwart ohne allen Zweifel für rechtlich zu erklärenden Ausschließung errichtet werden, des Inhalts: Alle versprechen Allen, ihnen Gelegenheit zu geben, sich des Lebens in der Gesellschaft wieder fähig zu machen, wenn sie desselben für die Gegenwart unfähig befunden werden, und sie nach erfolgter Besserung wieder unter sich aufzunehmen. Durch diesen Vertrag erhält der Verbrecher ein R e c h t , auf den Versuch der Besserung.]

[Doch ist diese Abbüßung der Ausschließung eine R e c h t s - w o h l t a t ; es steht daher bei einem Jeden, ob er sie annehmen wolle oder nicht; verschmäht er sie, so ist er ohne Weiteres auszustoßen, welche Ausstoßung in einem wohleingerichteten Staate

---

[101]) Druck: seine   [102]) In der Hs nicht zu entziffern.   [103]) Im Druck folgt: (a. a. O. S. 120.)   [104]) Druck: Eben der, der   [105]) Druck: auf dieselbe Weise.

gewiß das schrecklichste Schicksal ist, das dem Menschen begegnen kann. Bei jeder Strafe steht es frei, die Ausschließung statt derselben zu wählen.]

[Wenn von Besserung die Rede ist, so sprechen wir nicht von moralischer Besserung, der innern Gesinnungen; denn darüber ist kein Mensch der Richter des andern; sondern lediglich von politischer, der Sitten und Maximen für das wirkliche Handeln. So wie die moralische Gesinnung Liebe der Pflicht um der Pflicht willen ist, so ist die politische Liebe seiner selbst um seiner selbst willen, Sorge für die Sicherheit seiner Person und seines Eigentums. Diese Liebe seiner selbst wird in der Hand des Strafgesetzes eben das Mittel, den Bürger zu nötigen, daß er die Rechte andrer ungekränkt lasse, indem jeder, was er dem andern Übeles zufügt, sich selbst zufügt.]

Besserungshaus. [Also Besserungsanstalten mussen * sein, und müssen zweckmäßig eingerichtet sein. Zuförderst von der Gesellschaft wirklich abgeschieden, denn die Besserungshäuser haben] außer der Besserung [noch] die Bestimmung der Sicherung des gemeinen Wesens [106]); also festes Gefängnis; nicht eher Entlassung als bis man sich von der Besserung überzeugt hat. Besserung: welche? S. 114. S. 116 [107]). [Für allen Schaden, den diese aus der Gesellschaft völlig ausgeschlossen anrichten, hat der Staat schwere Verantwortung. Also sie haben insofern ihre Freiheit gänzlich verloren. Wer sich aber bessern soll, muß frei sein, und über wessen Besserung man urteilen soll, der muß gleichfalls frei sein. Es ist also eine Hauptmaxime: Diese Menschen müssen innerhalb der Begränzung frei sein, und unter 2.626 sich in Gesellschaft leben. Sie müssen arbeiten, und durch ihre Arbeit allein ihren Unterhalt verdienen; was sie verarbeiten, muß ihnen als Eigentum verbleiben, damit Liebe der Arbeit und des Eigentums entstehe. Sie müssen unter Aufsicht stehen, und auch nicht darunter stehen. Solange sie nicht gegen das Gesetz handeln, muß die Aufsicht nicht bemerkbar sein, sobald sie sich dagegen vergehen, muß die Strafe dem Vergehen auf dem Fuße folgen.]

----

[106]) Druck: Gemeinwesens   [107]) Die Worte: „also . . . 116" fehlen im Druck.

Unterschied einer reinen Verletzung (nicht Entwendung) aus
Unbedachtsamkeit, und aus bösem Willen. S. 104 [108]). [Wir sind
noch die Beantwortung der Frage schuldig, wie man wissen und
rechtsgültig beweisen kann, in welchem Falle der, welcher sich
gegen das Gesetz vergangen hat, aus formal bösem Willen,
oder aus Unbesonnenheit oder Eigennutz gefehlt habe,
da wir für das Erstere eine schwerere Strafe bestimmen.]

[Wer nachweisen kann, daß er das dem Andern Entwandte
nötig gehabt, zu welchen Zwecken er es nötig gehabt, daß er es
zu denselben verbraucht u. dergl., von dem ist anzunehmen, daß
er sich um des Vorteils willen vergangen habe. Wer aber das
Eigentum eines Andern ohne eines Menschen Nutzen verdorben,
und es auch gar nicht an sich genommen hat, der kann nur aus
Bosheit oder aus Unvorsichtigkeit verdorben haben. Für die boshafte Verletzung giebt es zwei Kriterien, ein äußeres und ein in-
neres. Das äußere, wenn freie Handlungen vorhergegangen sind,
die sich nur als Mittel für den Zweck der Verletzung denken
lassen. Wer sich durch Unbesonnenheit entschuldigt, muß einen
ganz andern Zweck der freien Handlung, mit welcher die Beschädigung zufällig verknüpft war, nachweisen können. Wer
diesen Beweis nicht führen kann, ist der bösen Absicht schon so
gut als überwiesen; doch bleibt noch immer eine Verkettung
der Umstände übrig, die den Anschein der prämeditierten Bosheit geben können, ohne daß dieselbe Statt gefunden hat. Es ist
daher auch Rücksicht zu nehmen auf das innere Kriterium, Haß
und Feindschaft gegen den Verletzten, und Streitigkeiten
zwischen Beiden, und Verdacht ähnlicher Gesinnungen des Ange-
klagten im früheren Leben. Wird der Verdacht nicht bewiesen,
aber auch nicht aufgehoben, so ist die Untersuchung nicht ge-
endet, der Beklagte wird weder verurteilt noch losgesprochen,
und hat vorläufig die Strafe der Unbesonnenheit zu tragen. Er
gehe hin und handle, damit man ihn näher kennen lerne, bleibe
unter der besondren Aufsicht der Obrigkeit, ohne daß er es merkt;
bestätigt er durch seine künftigen Handlungen den Verdacht, so

---

[108]) Diese Worte fehlen im Druck. Vgl. S. W. 3, 265; M. 2, 269.

wird das Verfahren gegen ihn erneuert, hebt er ihn durch dieselben auf, so wird er nach Verlauf der durch das Gesetz bestimmten Zeit förmlich losgesprochen. Diese Suspension des ge-
richtlichen Verfahrens ist bei allem unerwiesenen Verdachte zu
empfehlen. Niemand soll unschuldig gestraft werden, es soll aber
auch kein Verbrecher ungestraft bleiben.]

[Zweiter Abschnitt.]

[Über die] Konstitution.

Absolute Begründung des Rechts in der Wirklichkeit.

Keiner hat Recht, bis er allen die Sicherheit ihrer Rechte zugesichert [1]) hat, ihnen ein mit mechanischer Gewalt gebietendes
Gesetz nachgewiesen hat, daß sie verletzt gar nicht werden
können. Wir haben diesen Satz bisher nur teilweise angewendet,
und untergeordnet, [nicht aber ihn in seiner ganzen Gültigkeit
aufgestellt; wir zogen aus ihm bisher bloß die Notwendigkeit der]
Unterwerfung [seines Willens] unter das Gesetz überhaupt, und
zur Sicherheit [, daß sein Wille nie sich ändern werde in Hinsicht
dieser Unterwerfung, der Unterwerfung] unter das Strafgesetz.
[Alles] dies [2]) [aber ist bedingt dadurch,] wenn das gerechte Gesetz da ist, und sicher gehandhabt wird [: nur dann erst hat überhaupt jemand Rechte. Dies] geschieht durch einen Willen, der
im allgemeinen (in der Gesetzgebung) sowie in jedem besondern
Falle (in der Anwendung des Gesetzes) [gerecht ist], worin wieder zweierlei liegt, 1.) daß das Gesetz in allen Fällen wirklich
zur Anwendung komme, 2.) [daß] das rechte für diesen Fall ge- 2.628
hörige Gesetz [jedesmal angewendet werde.]

Die Sicherheit ist drum geleistet, nur, wenn ein s o l c h e r
W i l l e, durchaus ein solcher aufgestellt ist. Das R e c h t, in
einen lebendigen unfehlbaren Willen verwandelt setzt 1.) E r -
k e n n t n i s [des Rechts], 2.) das unfehlbare kräftige Wollen des

---

[1]) Druck: garantirt   [2]) In der Hs folgt: nur,

Erkannten: p o s i t i v , niemals Nichtwollen: negativ, [das] niemals etwas andres wollen.

(Wert der Formel: diese ohne Zweifel ist gut.) [Die rechte Wahl derselben ist immer wichtig: indem sie den Menschen nötigt, auf irgend etwas Bedacht zu nehmen, nötigt sie ihn überhaupt, mit Bedacht zu Werke zu gehen. Diese ist ohne Zweifel die richtige.] Dieser Wille nun ist die O b e r h e r r s c h a f t , S o u v e r ä n i t ä t . Keiner [im Staate] kann einen andern Willen haben [, als den, welchen der s o u v e r ä n e W i l l e hat], ohne aller seiner Rechte verlustig zu werden. Dieser Wille, der wie eine übermächtige Naturgewalt herrschen soll, muß mit einer Kraft ausgestattet werden, gegen die alle andere Kraft in nichts verschwinde[t] ³).

[Es ist sonach die Aufgabe, einen Willen zu finden, von dem es schlechthin unmöglich ist, daß er anders sei, als der gemeinsame, und] einen solchen Willen [zu] errichten. Ist klar, leicht [und] einfach.

2.) Wie [soll] nun [dies geschehen]? [Ein] wirklicher Wille ist nur in Personen. [Unsre Aufgabe heißt also:] den Willen gewisser Personen zu diesem Willen zu machen, und als solchen aufzustellen.

Zuförderst g e w i s s e r Personen. Es müssen schon nach dem Prinzipe der Teilung der Geschäfte, eine oder mehrere, durchaus nichts andres zu tun haben, und für nichts anderes verantwortlich sein, als für das allgemeine Recht, [sie müssen] ihre Zeit und Kraft ausschließend darauf wenden, von allen andern Geschäften durchaus losgesprochen [sein].

Die Regierung muß ü b e r t r a g e n werden [an ein Personale aus der Gemeine]: keine ⁴) reine Demokratie. [ist keine Rechtsverfassung; denn in ihr gälte das Recht nur, wenn die Gemeinde versammelt wäre.] Der Wille des Rechts muß [aber] nicht [nur] von Zeit zu Zeit da sein, sondern immer leben.

2.629 3.) Diese Personen haben nun ihr persönliches Maß von Erkenntnis; wer leistet uns nun die Bürgschaft, daß diese die des

---

³) Im Druck folgt: (I. S. 186.) = S. W. 3, 155; M. 2, 159. ⁴) Druck: eine

absoluten Rechts sein werde, [und] daß sie sich nicht irren werden. [Und] selbst wenn sie sie [5]) hätten und haben könnten, sie
haben auch ihren persönlichen Willen, Neigungen, Wünsche: wer
leistet die Bürgschaft, daß sie diese [6]) stets und ohne Ausnahme
dem erkannten Rechte unterordnen werden.

Doch ist ohne diese Bürgschaft weder das Recht des Einzel- *
nen, noch seine Rechtlichkeit (daß er [7]) das Recht aller wolle) gesichert. Einem Willen unterworfen sind sie wohl. Darauf kam
es aber nicht an; sondern [darauf], daß dieser der Wille des persönlich [8]), und Mensch gewordenen Rechts sei. Nur unter dieser
Bedingung ist das Recht begründet: es ist eine Konstitution desselben. Nur unter dieser Bedingung auch ist jener Stellvertreter
souverän. Nicht seinem persönlichen Willen, sondern dem in ihm
durchgebrochnen Willen des Rechts haben wir die Souveränität
beigelegt. Rex eris, si recte facies. Dem persönlichen Willen
des Rechts sei die Oberherrschaft zu verleihen [sagten wir] (die
Erkenntnis [desselben] schließe ich mit ein.)

4.) [Es sind] zwei Lösungen [dieser Frage möglich]: entweder [a)] dem persönlichen Willen des Rechts, oder falls dieses
nicht zu erreichen [9]) sein dürfte [10]), dem, der sich ihm am meisten
annähert, die Oberherrschaft zu verleihen: der Beste soll herrschen: — oder [b)] umgekehrt: den persönlichen Willen, der da
[faktisch] herrscht, zum rechtlichen, oder am meisten sich ihm
annähernden Willen zu machen. Der Herrscher soll der Beste sein.

Die bisherigen Untersuchungen, auch meine eigne frühere [11]),
haben die Aufgabe meist von der zweiten Seite genommen. Wir
wollen bei derselben anheben.

Das zuerst sich ergebende Mittel [, seinen Willen zum rechtlichen zu machen, wäre]: sein Wille muß unter ein Zwangsgesetz gebracht werden, wie der Wille jeder Privatperson: durch
die von einer andern freien Intelligenz an die Rechtsverletzung

---

[5]) Druck: diese [6]) Druck: dieses [7]) Druck: der Regent [8]) Druck: persönlichen [9]) Druck: nicht möglich [10]) Druck: sollte [11]) Im Druck folgt: (Thl. I.
S. 192 ff.) = S. W. 3, 159; M. 2, 163.

zu knüpfende Strafe muß der rechtliche Wille erzwungen werden. — Es ist [jedoch] klar, daß dies nicht geht. Denn wie will man sich denn dieser zweiten freien Intelligenz, die nun der wahre höchste Wille wird, versichern? Durch einen dritten, und dieses durch einen vierten, und so ins unendliche. Wohl werden in dem Personal der Regierung Unterordnungen, Aufsicht [12]), und Verantwortlichkeit des Einen von einem andern statt finden: aber diese Reihe des Aufsteigens muß irgend einmal geschlossen sein, und wir müssen zu einem Willen kommen, der allen [13]) andern zwingt, ohne selbst gezwungen werden zu können. Einem auch äußerlich souveränen Willen.

Also offenbarer physischer Zwang ist nicht anzuwenden, oder Strafgesetz.

Zweiter Weg: einen sittlichen Weg durch sittliche Motive. 1.) N e g a t i v: die äußerlich souveräne Person oder [die] Personen müssen so gestellt werden, daß sie gar keine Versuchung haben, ungerecht sein zu wollen. [Sie müssen so viel als möglich] ohne persönliche Verhältnisse zu den Bürgern, ohne Verwandtschaften, [Verbindungen u. dergl.] gleichsam Wesen einer andern Sphäre [sein; sie müssen ferner] ohne Versuchung durch Eigennutz [sein], indem sie alles haben, und so bestehen können [14]) [ihr rechtliches und sichres Auskommen haben, so daß ihnen keine Privatperson Wohltaten erweisen könne, und daß alles, was man ihnen anbieten könnte, in Nichts verschwände]. Auch ihre Kinder, [und] Angehörigen [müssen] eben so gesetzt sein. — In der erblichen Monarchie, die darin, und in der Kraft der Regierung ihre Vorteile hat vor den andern Regierungsformen.

2.) P o s i t i v e Motive: in der Ehre, dem Ruhme, der Liebe der Untertanen. Dazu Publizität aller Regierungsakte [15]). [Dazu müssen alle Verhandlungen der Staatsgewalt, mit allen Umständen und Gründen der Entscheidung, die höchste Publizität haben, wenigstens nachdem jene geschlossen sind. Dies] ist ohnedies ein Teil der Konstitution. Denn es gehört zu dem Rechte jedes Bür-

---

[12]) Druck: Aufsichten   [13]) Druck: alle   [14]) „alles — können" fehlt im Druck   [15]) Fehlt im Druck.

gers, zu fordern, daß der Rechtswille herrsche: und darum die Publizität zu der Rechenschaft die ihm abgelegt werden kann, unbeschadet des Verhältnisses.

[Dies ist] alles gut, und ehrenwert. Bei der herzlich guten Meinung, die wir nun solchen Erb-Monarchen ohne alle Ausnahme zutrauen wollen, wer sichert uns denn ihre Einsicht des Rechten? Wir wollen ihnen eine vortreffliche Erziehung geben, sagt man. 2.631 Gut: wer erzieht denn nun die Erzieher; und wer die, die [16]) die Erzieher wählen.

Ein anderes rationales Zwangsmittel durch eine künstliche *
Verfassung, durch Trennung der gesetzgebenden, richterlichen, und ausübenden Gewalt (seit der französischen Revolution) ist unter der Kritik, und es gehört unter die wunderbaren Ereignisse unsrer Zeit, wie auch verständige Deutsche so etwas in den Mund nehmen konnten. Eine äußerlich souveräne, alles zwingende, und selbst nicht zu zwingende Gewalt, eine erste Triebfeder des politischen Lebens, müßt ihr haben, wenn ihr einen Staat haben wollt.

Diese setztet ihr ursprünglich als die ausübende Gewalt (pouvoir exécutif). Nun laßt ihr eine zweite Gewalt, die gesetzgebende [(pouvoir législatif)] Gesetze machen, bis ans Ende der Welt: es bleiben scripta, wenn die ausübende Gewalt sie nicht in Tätigkeit setzen will, und ihr sie nicht dazu zwingen könnt. Oder soll etwa die gesetzgebende Gewalt s i e zwingen? So ist diese nicht mehr bloß gesetzgebend, sondern zugleich ausübend, und was ihr die ausübende [Gewalt] nennt, ist gar keine erste Gewalt [mehr], sondern untergeordnet, ohne souveränen Willen; die gesetzgebende Gewalt ist jetzt souverän, und ihr habt nichts geschieden. Oder setzet: die ausübende Gewalt nimmt die Gesetze der gesetzgebenden Gewalt freiwillig an, so werden sie erst dadurch Gesetze: sie ist die gesetzgebende zugleich, und jene ist nur eine gesetzvorschlagende, ohne Souveränität. Ein solches Kollegium wird nun der Souverän ohne Zweifel [selbst] errichten.

[Ganz zwecklos ist] nun gar die richterliche [17]) Gewalt. Diese ist ihrer Natur nach unterworfen, so gewiß sie richtet nach einem

---

[16]) Druck: welche   [17]) Druck: die Trennung der richterlichen

Gesetze, und sie muß unter einer Aufsicht, und unter einem
Zwange stehen, ob [18]) sie richte nach ihm. Ist dies nicht, so ist
sie zugleich die Gesetzgebende. Damit nun ihre Urteile nicht
bloße scripta bleiben, so müssen wir ihr zugleich die Gewalt der
Exekution geben, mittelbar, oder unmittelbar, und nun ist sie der
Souverän: und wir haben nicht geteilt.

In Summa: der souveräne Wille muß alles erzwingen können,
ohne gezwungen zu werden. Er muß also das freie Ermessen
[dessen], was er erzwingen will, in sich haben. Es ist eine Teilung desselben nicht möglich.

Das war eben das Kunststück dieser Konstitutionen, daß sie
eine Souveränität haben wollten, und auch nicht haben wollten.
Sie sollte nicht sein in irgend einem einzelnen Gliede, wohl aber
sollte sie sein im Ganzen. Sie haben eben ein anderes Ganze,
denn die Allheit der Glieder: und es kann nach ihnen in allen
sein, wenn sie zusammen kommen, was in keinem einzigen ist.
Gleichwie nach ihnen das Leben und der Gedanke auch nur ist
das Resultat der Zusammensetzung des Ganzen. Man sieht doch,
aus welcher Philosophie solche Staatenschöpfungen hervorgingen.

Den Vorschlag eines sehr zusammengesetzten Zwanges habe
ich selbst ehemals gegeben, der positiven Staatsgewalt an die
Seite zu setzen eine absolut negative [19]), ein Ephorat, welches, im
Falle es glaubt, daß nicht der Wille des Rechts herrsche, auf
seine Verantwortlichkeit durch ein Interdikt alle Staatsgewalt aufheben, und das Volk zum Gericht zwischen sich und der Staatsgewalt einberufen sollte. Die Rechts-Prinzipien, die dabei zu
Grunde liegen, sind ganz richtig. Das Personal der Regierung
ist allerdings jedem verantwortlich darüber, daß sein Wille der
Wille des Rechts sei, und es drum recht gut sei [20]), wenn diese
Verantwortlichkeit in der Sinnenwelt sich in einem wirklich ge-
haltenen Gerichte vollziehen ließe. Es ist ferner ganz recht, daß
der nicht ihr [21]) Regent sein könne, über dessen Rechts-Einsicht
sich eine höhere beim Ephoren, oder beim Volke vorfindet. Was

---

[18]) Druck: damit   [19]) Im Drucke folgt: (S. 207 ff.) = S. W. 3, 170 ; M. 2, 174.
[20]) Druck: und es wäre darum recht gut,   [21]) Fehlt im Druck

aber die Ausführbarkeit, d. i. die Erzwingbarkeit dieses Zwanges
selbst anbelangt, so muß ich mich jetzt nach reiferer Überlegung
gegen sie entscheiden. Denn 1.) wer soll denn das Ephorat wieder
zwingen, daß es nicht auch, wenn das Recht nicht verletzt ist, aus
irgend einem Grunde die Revolution beginnt; und [nur] wenn das
Recht verletzt ist, sie allemal beginnt. Wie viele Reizungen zum
Gegenteil lassen sich denken. 2.) Die Regierung, die alle Gewalt
in den Händen hat, wird sich derselben ohne Zweifel bedienen,
das Ephorat gleich beim Beginn zu unterdrücken. Des Zeuge
[ist] das Römische Patriziat. Sie schlugen [die tribunos plebis]
tot. Die Rechtfertigung, die giftigsten Beschuldigungen werden 2.633
sich, wenn jene nicht mehr reden können, schon finden. 3.) Daß
das Urteil des Volks formaliter recht sei, eben weil es keine
höhern Richter giebt, ist bewiesen. Aber wie materialiter? Es
läßt sich zu einer Auswahl der Weisesten immer mehr Vertrauen
haben, als zu einer Majorität, die, Gott weiß wie, zu Stande gekommen. *

Es ist mir dies auch damals nicht entgangen. Was hier gesagt ist, wird dort [22]) zugestanden, und damit [23]) geschlossen: Ein
Volk, dessen Ephoren, als die Auswahl seiner Besten, so wenig
Tugend haben, um jenen Versuchungen nicht zu widerstehen, das
selbst sie nicht zu schützen vermöge, das einen unrichtigen
Spruch fälle, verdiene eben keine bessere Verfassung, und sei
keiner bessern fähig. Dies ist eben das Wahre an der Sache,
und das allgemein Annehmbare. Die Realisation eines Ephorats,
als eines Gliedes der Konstitution, ist unausführbar [24]), weil die
Menschen im Ganzen viel zu schlecht sind: bis sie aber im ganzen
besser werden, wird sich wohl eine Verfassung ergeben haben
müssen, die keines wirklich aufgestellten Ephorats bedarf.

Nur ein Umstand ist allen, die über diese Idee sich befremdet
gefunden haben, entgangen, dieser, daß dadurch eine Verfassung
ausgesprochen wird, die in der Tat ohne eine besondre künstliche
Einrichtung allenthalben, wo ein gebildetes, und sich bildendes
Publikum ist, sich von selbst macht. Wo das Denken sich entwickelt, [entwickelt sich] auch [ganz von selbst] über die Regie-

---

[22]) Im Druck folgt: (S. 221.)   [23]) Fehlt im Druck.   [24]) Druck: ausführbar

rung, und ihr Betragen ein beobachtendes Ephorat. Das Ephorat
soll zweierlei tun, [es soll] zuförderst den Regenten warnen, falls
dies nicht hilft, das Volk einberufen. Das erste, wenn man ihnen
nur das Reden nicht verbietet (und dies ist sehr gefährlich) tut es
in der Regel immer, und unvermerkt hört auch die Regierung [auf
diese Warnung], und folgt [ihr]. Hinter der Bildung der Nation
gar zurückzubleiben, wagt keine [Regierung], und drum soll sie
eben dieselbe auch in Staats-Rücksichten sich äußern lassen, damit
ihr das nicht begegne. Geschieht dies [nicht], so erfolgt das
zweite: das Volk wird einberufen. Dies ist, zum sichern Beweise,
daß es geschehen kann, in unserm Zeitalter unter unsern Augen
geschehen, und das regierende Personal ist darüber zu Grunde
gegangen. Es ist aber, so viel man dermalen urteilen kann, auch
dem Volke schlecht bekommen; und das nicht etwa durch ein
Ohngefähr, sondern nach einem notwendigen Gesetze. Denn so
lange noch mehrere schlechte sind, denn gute, kann man mit
Sicherheit darauf rechnen, daß nicht der Vorschlag des Weisen
und Guten, sondern der des Unweisen die Majorität für sich gewinnen werde. Der Weg der Einberufung des Volks durch das
Ephorat, der [25]) der Revolutionen, ist drum, ehe nicht eine gänzliche Umkehrung mit dem Menschengeschlechte vorgeht, mit
Sicherheit anzusehen, als der, statt eines Übels ein anderes, und
gewöhnlich ein noch größeres zu erhalten. Ein größeres: [denn]
die Regierungsmaximen, die durch das Zeitalter angegeben werden, werden sich nicht ändern, aber der Regent einer Nation, die
revolutioniert hat, wird seine Macht [nur] um so fester gründen,
damit sie es nicht wiederhole. Das Einzige drum, wovon sich
Verbesserung erwarten läßt, ist der Fortschritt der Bildung zu
Verstand und Sittlichkeit, und die stille Wirksamkeit des Ephorats
bei diesem Fortschritte. So die Sache von der Einen Seite an-
gesehen, daß der Herrscher jeden [26]) gerechten Willen sich verschaffen soll, die uns nirgends Sicherheit verspricht.

Es bleibt der zweite erst gesetzte Fall, daß der, der den gerechtesten Willen hat, Herrscher werde. Daß sodann die Regie-

---

[25]) Druck: oder　　[26]) Druck: den

rung die beste unter den möglichen sein werde, ist klar; das ist drum die wahre Lösung, und jene erste ist ganz zu verwerfen: wenn nur sie selbst gelöst, d. i. die Möglichkeit ihrer Realisation gezeigt werden könne.

Es ist kein Zweifel, daß beim Fortschritte der Bildung sich Männer erzeugen [27]) werden, die durchaus sittlich, und rechtlich sind, alles, und [28]) das Leben dem Rechte aufzuopfern: und bei denen diese Sittlichkeit auch zu rechter Erkenntnis durchbricht. (Der rechte Wille erleuchtet sich selbst.) [Wenn nun aber solche auch] da sind, [wie sollen sie] zu Herrschern werden.

1.) Die im Besitz [der Herrschaft] sind, selbst wenn sie sie [29]) [an]erkennten, werden ihnen ihren Platz nicht abtreten: wenn sie selbst schlecht sind, [gar] nicht; [aber] auch wenn sie gut sind, nicht. Denn selbst der beste Mensch wird, eben weil er seiner redlichen Absicht sich bewußt ist, die des andern aber nicht in einem solchen unmittelbaren Bewußtsein faßt, kaum dahin zu bringen sein, in einen andern mehr Vertrauen zu setzen, denn [30]) in sich selbst.   2.635

2.) Die Menge wird ihn auch nicht erwählen, und durch ihre Kraft einsetzen. Denn gesetzt sie erkennte ihn — aber nur Gute glauben überhaupt an Gute, und anerkennen sich untereinander, — aber selbst sie erkennen sich nicht, und es könnte unter einer Versammlung der Besten geschehen, daß jeder, bei der göttlichsten Reinheit, dennoch sich selbst am meisten traute, und drum — ohne allen Eigennutz — und aus reiner Liebe zum Guten sich als Herrscher wollte. Solange [aber] die Regierung nicht gut ist, wird die Mehrheit immer schlecht sein, die menschlichen Angelegenheiten sind hier in einem Zirkel befangen. Gute Mehrheit [entsteht] von guter Regierung: drum nicht die gute Regierung von einer guten Mehrheit.

Also, die Aufgabe das Recht zu konstituieren, welche jetzt auf die zurückgeführt worden ist, den Gerechtesten seiner Zeit und Nation zum Herrscher derselben zu machen, ist durch

___

[27] Druck: zeigen   [28]) Druck: selbst   [29]) Druck: dieselben   [30]) Druck: als

menschliche Freiheit nicht zu lösen. Es ist drum eine Aufgabe
an die göttliche Weltregierung. Von der Lösung dieser Aufgabe
aber hängt überhaupt ab die G e r e c h t i g k e i t im Staate; diese
ist drum auch eine Aufgabe der göttlichen Weltregierung.

Irgend einmal wird und muß einer kommen 22 [, der als der
Gerechteste seines Volkes der Herrscher desselben ist]; dieser
wird auch das Mittel finden, eine Sukzession der Besten zu erhalten. (Das ist [dann] ziemlich leicht.) Bis dahin werden die
Regierungen so gut sein, als sie uns Gott giebt. Nur der Fortschritt in Verstand und Sittlichkeit ist das Mittel in den Händen
der Nation, dieselbe [31]) zu zwingen, auch [mit] fortzuschreiten.
Nur in dieser historischen Rücksicht ist der Ursprung der Oberherrschaft unerforschlich: und wir müssen uns unterwerfen: nicht
blind zwar, denn wir sollen allenthalben hell sehen, und ich habe
mich bemüht 22 [Sie auch hierin hell sehend zu machen;] sondern
weil wir einsehen, daß das Widerstreben den ruhigen Fortgang
der Zeiten stört; das Übel, d. i. die Unrechtlichkeit nur gewisser
macht, und drum unsittlich ist. Wenn man aus dem strengen
Rechte [heraus] disputirt, wird man immer Recht behalten [, daß
die gebornen Herrscher kein Recht haben zur Herrschaft]; denn
Recht hätten sie nur, wenn sie nachweisen könnten, daß sie das
Menschgewordne Recht wären, zu welcher Beweisführung ihnen
immer gar viel abgehen wird.

Die Blinden gehen hin in ihrer Blindheit, und es geschieht
ihnen kein Unrecht, da sie das Unrecht nicht einsehen. Dem
Weisen, und Tugendhaften, der für seine Person wohl einer bessern Ordnung der Dinge wert wäre, wird dadurch die Pflicht aufgelegt, aus allen Kräften zu arbeiten um auch alle andern dieser
bessern Ordnung, in der er nur mit ihnen zugleich leben könnte,
würdig und empfänglich zu machen: grade dieser Zustand drum
ist ihm gesetzt durch seine Pflicht, und dieser muß man sich nicht
entziehen wollen. Lebte er in jener bessern Ordnung der Dinge,
so wären alle derselben würdig, und fähig, und er hätte diese
Pflicht nicht, aber er hätte ganz sicher eine andere. Aber das

---

[31]) Druck: die Regierung

Leben des rechten Menschen geht auf in seiner Pflicht um der
Pflicht willen, und er wählt sich nicht seine Pflichten: ein andres
Leben will er nicht, und darum ist jedes Leben ihm recht [32]).

[Dies ist über die Konstitution zu sagen: Die Theorie des
Eigentums- und Staatsbürgervertrages, mithin also auch die
Theorie des Rechts ist geschlossen. Realisierung des Rechts
überhaupt ist der Staat. Man pflegt der Rechtslehre noch ein
Kapitel vom Familienrecht hinzuzufügen. Wir enthalten uns
dieser Untersuchung, weil wir in der Sittenlehre darauf zurück-
kehren. Familien- und Bürgerrecht ist eigentlich Eins; inwiefern
der Staat beides durch Gesetze scheiden muß, davon bei der
Sittenlehre.]

Völkerrecht.
Deduktion.

§ 1. Jeder, der in einer geschlossenen Sphäre mit andern *
lebt, muß ihnen, falls er Recht[e] begehrt, die Sicherheit ihrer
Rechte garantieren, d. h. in Einen Staat mit ihnen treten. [Jeder
Einzelne hat das Recht, Jeden, den er antrifft dazu zu nötigen, 2.637
oder zu fordern, daß er aus seiner Wirkungssphäre entweiche,
denn] in die gemeinschaftliche Wirkungssphäre tritt er [nur]
durch die Einheit des Begriffs. [Ist einer von beiden schon im
Staate und der andere nicht, so zwingt der erstere den andern,
daß er mit seinem Staate sich vereinige. Wäre keiner von beiden
im Staate, so vereinigen sie sich wenigstens zum Anfange eines
Staates.]

Folgerung. [Satz: wer in keinem Staate ist, kann von dem
ersten Staate, der ihn antrifft, rechtlich gezwungen werden, sich
entweder ihm zu unterwerfen, oder aus seiner Nähe zu ent-
weichen.]

[Zufolge dieses Satzes würden allmählich alle Menschen, die
auf der Oberfläche der Erde wohnen, in einem einzigen Staate
vereinigt werden.]

§ 2. Mehrere Staaten. [Aber es wäre eben so wohl möglich,
daß an verschiedenen Orten abgesonderte und von einander nicht

---

[32]) In der Hs. folgen einige abgerissene Notizen.

wissende Menschenhaufen sich in Staaten vereinigten. So würden
auf der Erde mehrere Staaten entstehen. Es ist ein Beweis, daß
der Staat nicht eine willkürliche Erfindung, sondern durch die
Natur und Vernunft geboten sei, wenn an allen Orten, wo Menschen eine Zeit lang bei einander leben, und ein wenig sich bilden, sie einen Staat errichten, ohne zu wissen, daß bei andern
außer ihrem Umkreise dasselbe geschieht, oder geschehen ist.
Da die Oberfläche der Erde zerschnitten ist, durch Meere, Flüsse,
Gebirge, und durch sie die Menschen getrennt, so ward es auch
dadurch notwendig, daß verschiedene Staaten entstunden.]

§ 3. klar. — abgesondert. [Die Menschen in diesen verschiedenen Staaten wissen nichts von einander, sie stehen sonach
in gar keinem eigentlichen Rechtsverhältnisse; da, nach obigem,
die Möglichkeit alles Rechtsverhältnisses bedingt ist durch wirklichen gegenseitigen Einfluß mit Bewußtsein.]

§ 4. Jetzt [kommt] der [eigentliche] Punkt.

Die[1]) Bürger [aus diesen verschiedenen unabhängig von einander gebildeten Staaten] treffen zusammen. [Jeder wird von dem
andern die Garantie seiner Sicherheit neben ihm fordern, zufolge
seines nachgewiesenen vollkommenen Rechts, dadurch, daß der
andere sich mit ihm zugleich seinem Oberherrn unterwerfe.] Sie
fordern mit Recht Einheit des Staats: n a c h w e l c h e m G e -
s e t z e d u m i c h [behandelst], n a c h d e m [behandle] i c h
d i c h. Dein Staat garantiert [nun aber] nur für dich: der meinige
nur für mich. [Ich habe dasselbe Recht, zu fordern, daß du dich
meinem Oberherrn unterwerfest, als du, daß ich mich dem deinen;
denn wir sind jeder in einer rechtlichen Verfassung. Es hat also
keiner Recht, denn ihr Recht hebt sich gegenseitig auf.]

[Nun aber müssen sie sich doch gegenseitig Garantie leisten,
wie könnte dieses geschehen? Sie sollen sich beide einem gemeinschaftlichen Richter unterwerfen; aber jeder hat schon seinen
Richter. Ihre Richter selbst müssen sich also vereinigen, und in
Sachen, die sie beide betreffen, der Eine gemeinschaftlicher Richter beider werden. D. h.] die Staaten stehn gegenseitig[2]) für die

---

[1]) Druck: Zwei   [2]) Druck: ihre Staaten müssen sich gegenseitig anheischig
machen, einzustehen

Unverletztheit der Bürger des andern [Staates] von den ihrigen
[, und die Ungerechtigkeit, die durch einen ihrer Mitbürger einem
Bürger des andern Staates widerfahren wäre, zu bestrafen und
gut zu machen, als ob sie gegen einen eignen Bürger wäre verübt
worden.]

Corollaria.

[1.) Alles Verhältnis der Staaten gründet sich auf das rechtliche Verhältnis ihrer Bürger. Der Staat an sich ist nichts, als
ein abstrakter Begriff: nur die Bürger, als solche, sind wirkliche
Personen. Ferner, dieses Verhältnis gründet sich ganz bestimmt
auf die angezeigte Rechtspflicht ihrer Bürger, einander, wenn sie
in der Sinnenwelt zusammentreffen, die gegenseitige Garantie zu
leisten. Also stehen zunächst nur diejenigen Staaten im Verhältnisse zu einander, die mit einander g r ä n z e n. Wie im Raume
getrennte Staaten dennoch in ein Verhältnis kommen können, werden wir tiefer unten sehen.]

[2.) Dies Verhältnis der Staaten ist höchst einfach, und besteht
darin, daß sie einander gegenseitig die Sicherheit ihrer Bürger,
so wie den Bürgern ihres eignen Staates, garantieren. Die Kon-
traktsformel ist die: ich mache mich verantwortlich für allen
Schaden, den meine Bürger den deinigen zufügen könnten, unter
der Bedingung, daß du gleichfalls verantwortlich seist für allen
Schaden, den deine Bürger den meinigen zufügen könnten.]

3.) a) [Ein solcher Vertrag muß] besonders g e s c h l o s s e n
[werden]: er liegt nicht [schon] im Staats[bürger]vertrage. [Denn]
der Staat ist so groß [3]), [wenn auch alle übrigen Staaten] unbekannt waren [4]). b) [Es muß den Staatsbürgern] durch ein Gesetz [5]) angekündigt [werden, daß er geschlossen sei. Den Bedingungen des Staatsbürgervertrags tut der Bürger schon dadurch
Genüge, daß er nur nicht die Rechte seiner Mitbürger verletzt;
auf Fremde ist dabei nicht gesehen.] Außerdem ist der Be-
leidiger [zwar] unsittlich, und ungerecht, aber nicht strafbar
vom [6]) Gesetze. Er weiß nicht, daß jemand für den Fremden

2.639

---

[3]) Druck: so in sich constituirt [4]) In der Hs: ... das übrige unbekannt
war. [5]) Druck: durch die Gesetzgebung [6]) Druck: nach einem

bürgt. [Erst zufolge dieses Vertrags wird es Gesetz, auch die
Rechte der mit dem Staate im Vertrage stehenden Staaten zu respektieren: und die Verletzung derselben wird nun erst ein straf-
würdiges Vergehen.]

*   [§ 5. Materieller] Inhalt: [des Vertrages. Der Vertrag] erstreckt sich [also] nur auf Eigentums-Rechte, [und gar im mate-
riellen Sinn, daß keinem das Objekt seines Eigentums genommen
werde, und auf die persönliche Sicherheit; die Staaten haben]
rein negativ[e Pflichten gegeneinander], nicht positiv[e] zu irgend
einer Leistung. Eigentlich steht j e d e m sein **eigener** Staat ein
für das Recht. Dieser ersetzt [das Beschädigte,] und hält sich an
den andern Staat.

*   § 5.[7) [In dem beschriebenen Vertrage der Staaten ist es
notwendig, daß] die Garantie als gültig angenommen [werde];
drum die Staaten als rechtlich anerkannt[8). [Dies wird für seine
Möglichkeit vorausgesetzt. Jeder Staat hat sonach das Recht, über
die Legalität eines andern Staates, mit dessen Bürgern die seinigen in Verbindung kommen, zu urteilen, doch erstreckt sich, was
wohl zu merken ist, das Recht dieses Urteils nicht weiter, als
darüber, ob der benachbarte Staat zu einem äußern legalen Verhältnisse tauge. Die innere Verfassung geht keinen das geringste
an. Hierin besteht die gegenseitige U n a b h ä n g i g k e i t   d e r
S t a a t e n.]

2.640   § 6.[9) [Jedes Volk, das nur nicht im Naturstande[10) lebt, sondern eine Obrigkeit hat, sie sei beschaffen, wie sie wolle, hat ein]
Z w a n g s r e c h t auf die A n e r k e n n u n g [durch die benachbarten Staaten], d. i. auf den Vertrag, der da[10) anerkennt. Die
Person hat das Recht [ihrer Anerkennung], von ihrer Natur
wegen. Der Staat hat [freilich] kein solches natürliches Merkmal,
aber er hat es in sich, zufolge des Bürgervertrags: die rechtliche
mystische Persönlichkeit[12). [Der Staat kann den Bürger eines
andern Staates nicht nötigen, sich ihm zu unterwerfen: denn der

---

[7) Im Druck: § 6.   [8) Druck: sich einander als rechtlich anerkennen.
[9) Druck: § 7.   [10) So Fichte Naturrecht 2, 252. Im Druck nachgel. Werke 2, 639:
Naturzustande   [11) Druck: es   [12) Fehlt im Druck.

benachbarte Staat hätte dann dasselbe Recht, welches sich widerspricht. Doch muß er sich Garantie von ihm geben lassen für die
Sicherheit seiner Bürger, und sie ihm geben, dies ist aber nur
möglich unter der Bedingung der Anerkennung.] Er kann es
[nun] freilich nicht wissen, ob der andere fähig genug [13]) sei [, die
Garantie zu leisten, erkennt er ihn nun nicht als solchen an, so erklärt er dadurch die Bürger desselben für solche, die in gar keiner
rechtlichen Verfassung stehen]: daraus aber folgt das Recht des
Krieges [sie sich zu unterwerfen. Die Verweigerung der Anerkennung giebt sonach ein gültiges Recht zum Kriege.]

[Krieg ist ein] Zwang, den der andere Recht finden muß:
d. i. den er selbst auch will, und wollen muß: versagte Anerkennung versetzt in Krieg. ([Es] versteht sich unter den [angeführten]
Bedingungen. Rußland, Frankreich. — Man · mit höchstem
Recht [14]).)

§ 7 [15]). klar. [Auf ein Volk, das keine Obrigkeit hat, sonach
kein Staat ist, hat der benachbarte Staat das Recht, es entweder
sich selbst zu unterwerfen, oder es zu nötigen, daß es sich eine
Verfassung gebe, oder es aus seiner Nachbarschaft zu vertreiben.
Der Grund ist der: wer dem andern nicht Garantie für die Sicherheit seiner Rechte leisten kann, der hat selbst keine. Ein solches
Volk würde sonach völlig rechtslos.]

§ 8 [16]). Eigentum der Bürger und Grenze. [Die benachbarten
Staaten garantieren sich gegenseitig die Eigentumsrechte ihrer
Bürger. Es muß sonach notwendig über die Grenzen dieser Rechte
von ihnen etwas festgesetzt werden. Die Bestimmung dieser
Grenzen ist schon durch den Bürgervertrag jedes Staates mit
seinen eigenen Bürgern geschehen. Der an den Staat B grenzende
Bürger des Staats A hat gegen seinen Staat erklärt, daß er bis so
weit Eigentümer sei, und der Staat hat es zugegeben; eben so der
unmittelbar an den Staat A grenzende Bürger des Staats B mit

2.641

---

[13]) So liest Fichtes Sohn die Handschrift, die wahrscheinlich anders gelesen
werden müßte. [14]) Im Druck: Nicht etwa eine solche Nicht-Anerkennung wie die
Englands von Frankreich; diese ist keine rechtliche.) [15]) Im Druck: § 8. [16]) Im
Druck: § 9.

seinem Staat. Diese Verträge werden jetzt auch durch die benachbarten Staaten, als solche, im Namen ihrer Bürger, und vor ihnen
garantiert. Was anfangs nur die eignen Mitbürger verband, verbindet von nun an auch die Bürger der benachbarten Staaten.
Streitigkeiten darüber werden durch Übereinkunft entschieden,
weil es etwas] rein physisches [ist, und es keine Rechtsgründe
a priori giebt, warum ein Objekt vielmehr diesem als jenem zuge-
hören sollte. Die erste Bedingung des legalen Verhältnisses zwischen Staaten ist sonach die Grenzziehung. Diese muß ganz bestimmt und unzweideutig festgesetzt sein. Es gehört dazu nicht
blos die Grenzbestimmung des Grundes und Bodens, sondern auch
die gewisser Rechte, z. B. der Fischerei, der Jagd, der Schiff-
fahrt usf.] Handel haben sie [die einzelnen Bürger mit einander
in unsrer Verfassung] nicht: dies ließe sich auch gar nicht garantieren. Ist im Bürgervertrag. Klar [17]). [Übrigens gilt hier § 4 [18]).]
Der Vertrag ist rein negativ [, daß] keiner dem andern zu nahe
komme.

§ 9 fällt weg.

§ 10. Dieser Vertrag ist sehr einfach. Der beschädigte Grenz-
bewohner wird Kläger: Der Staat [muß] Genugtuung fordern vom
Beleidiger-Staate [19]). Zur schnellen Beförderung [20]) [wäre es gut,]
Geschäftsträger [in den fremden Staaten zu haben,] Gesandte,
(Unterscheidung zweier Klassen [, wie im Buche S. 256.]) (Wie
falsch ist dort [21]) räsoniert. Da ist in der Stille der Commerz [22]
vorausgesetzt. [Dies] ist ganz falsch.) [*)]

§ 11. Mit Einschränkung. [Die Gesandten] Sie vertreten ihren

*) [Es] kann dazutreten der H a n d e l. Dies ist ein willkür-
licher und auf bloßer Übereinkunft beruhender Vertrag, ohne
höhere Data der Gerechtigkeit. [Es kann nicht als Recht aufgestellt werden: Keiner soll andere] übervorteilen. Laß es aber
nicht [zu, daß du übervorteilt wirst.] Beide sind einander nicht zu

---

[17]) Diese 4 Worte nicht im Druck. [18]) Im Druck: § 5. [19]) Druck: von
dem beleidigt habenden Staate. [20]) Bei einer Wiederholung in der Hs. und da-
nach im Druck: Um dies Alles nun schneller zu besorgen, [21]) Druck: Im Buche
ist falsch

selbständigen, unabhängigen Staat: [Sie stehen] drum nicht unter dem Zwangsgesetze [des Staates, zu dem 'sie gesendet werden; sind also von allen Abgaben desselben] eximiert. § 10. 11. Jedoch [stehen sie allerdings] unter den Polizeigesetzen: denn diese bestimmen die schädlich werden könnenden Personen; schädlich auf vorsätzliche Weise: darauf [gründen sich] die bürgerlichen Gerechtsame. Er kann drum auch keine haben; sonst müßte er sich unterwerfen ²³). [Kein fremder Staat kann das Recht haben, gefährliche Menschen als Gesandte zu brauchen. Welcher Gesandte nicht das tut, wozu er da ist, der kann an seinen Staat zurückgesandt werden, und von dem absendenden Staate ist Genugtuung zu fordern.] Bemerkung wie sehr das abgeschnitten ist.

§ 12. [Ist der Vertrag zwischen beiden Staaten nur klar und fest bestimmt, (welches sehr leicht, da er nie eine große Menge von Gegenständen begreifen kann; und ein Mangel an Bestimmtheit würde schon den bösen Willen verraten, der einen Vorwand zu künftigen Kriegen sucht:) so ist nicht leicht, oder gar nicht eine Ungerechtigkeit aus Irrtum möglich, sondern es läßt sich dann mit hoher Wahrscheinlichkeit auf bösen Willen schließen.] Nur wegen versagter Anerkennung, Verletzung der Grenzen, oder Verletzung eines unmittelbaren Handelsvertrags ist Krieg möglich. [In diesen Fällen zeigt der zu bekriegende Staat, daß mit ihm ein legales Verhältnis nicht möglich ist, er also selbst gar keine Rechte hat.] (Zusammengesetzte Verhältnisse später.)

§ 13. [Der bekriegte hat keine Rechte, weil er die Rechte des andern Staates nicht anerkennen will. Bittet er auch späterhin um

anderm Recht verbunden, wie Bürger, in deren Verbindung die Gerechtigkeit überhaupt dargestellt sein soll. Hier gilt, was man sonst im Handel der Bürger geltend machen will. [Noch] zusammengesetzter [wird] das Verhältnis durch einen tiefer [unten] zu erwähnenden Umstand [: Durch den Krieg wird der gegenseitige Handel abgeschnitten ²²).]

---

²²) Diese Stelle ist in der Hs keine Anmerkung, sondern im Text hinter § 14 zu finden. ²³) Diese Sätze des § 11 sind in der Hs nachträglich ohne Paragraphenbezeichnung gebracht.

Friede, und erbietet er sich, von nun an gerecht zu sein, wie soll
denn der kriegführende Staat überzeugt werden, daß es ihm Ernst
damit sei, und daß er sich nicht blos eine bessere Gelegenheit ersehen wolle, ihn zu unterdrücken? Welche Garantie kann er ihm
dagegen geben? Also der natürliche Zweck des Krieges ist
immer die] Vernichtung [des bekriegten Staates, d. i. die Unterwerfung seiner Bürger.] Es ist mit ihm als Staate kein rechtliches Verhältnis möglich. [Es kann wohl sein, daß zuweilen ein
Friede (eigentlich nur ein Waffenstillstand) geschlossen wird, weil
entweder ein Staat, oder weil beide gegenwärtig entkräftet sind;
aber das gegenseitige Mißtrauen bleibt, und der Zweck der Unterjochung bleibt gleichfalls bei beiden. Also] eine [24]) Kriegserklä-
rung leugnet eigentlich dem andern ab, daß er ein Staat sei.

　§ 14. Nur die bewaffnete Macht. Die andern sollen ja Bürger
werden. [Nur die bewaffnete Macht der kriegenden Staaten führt
den Krieg, nicht der unbewaffnete Bürger, noch wird er gegen
diesen geführt. Derjenige Teil des Staatsgebiets, den die feind-
lichen Truppen nicht mehr bedecken, wird, da ja der Zweck des
Kriegs die Unterwerfung des bekriegten Staats ist, eine Acquisition des Eroberers, und dieser kann ja, ohne völlig zweck- und
vernunftwidrig, also auch (Kriegs-)rechtswidrig zu handeln, seine
neuen Bürger nicht ausplündern oder verheeren [25]).]

　Verletzung des Bürgers des andern Staates verbieten, bestrafen, ersetzen: wie es dem Gesetze der Gerechtigkeit gemäß ist. Diese Einfachheit durch Abschaffung des gegenseitigen
Handels. Geht sehr weit. Das gemeinsame Europa. — Bericht über eine gedruckte Rechtslehre [26]).

　[Der entwaffnete Soldat ist gleichfalls nicht mehr Feind, sondern Untertan. Der Zweck eines Kriegszuges ist gar nicht der, zu
töten, sondern nur der, die Bewaffneten, die den Bürger und sein

---

[24]) Druck: jede　[25]) Im Naturrecht von 1797 S. 259 folgt u. a.: Sobald er die
bewaffneten Verteidiger des Landes vertrieben hat, sind die Unbewaffneten seine
Untertanen.　[26]) Die Worte: „Verletzung ... Rechtslehre" fehlen im Druck. Es
ist zweifelhaft, ob die letzten 5 Worte richtig gelesen sind. Es folgen noch
5 Zeilen Notizen, die nicht zu entziffern sind.

Land bedecken, zu vertreiben, und zu entwaffnen. Im Handgemenge, wo Mann an Mann gerät, tötet einer seinen Gegner, um
nicht von ihm getötet zu werden, zufolge seines eignen Rechts der
Selbsterhaltung, nicht aber zufolge eines ihm von seinem Staate
verliehenen Rechts, tot zu schlagen, welches derselbe nicht hat,
und folglich auch nicht verleihen kann.]

[§ 15. Der verletzte Staat hat, wie wir gesehen haben, das
vollkommene Recht, den ungerechten Staat zu bekriegen, bis er
ihn als für sich bestehenden Staat ausgetilgt, und seine Untertanen mit sich selbst vereinigt hat; und so wäre denn der Krieg
ein sicheres und ganz rechtliches Mittel, die Legalität in dem Verhältnisse der Staaten zu einander festzustellen: wenn man nur ein
Mittel finden könnte, durch welches der, welcher die gerechte
Sache hat, stets der Sieger wäre. Da aber auch unter den Staaten
nicht jeder grade so viel Gewalt hat, als er Recht hat, so dürfte
durch den Krieg das Unrecht eben so sehr oder auch noch mehr
befördert werden, als das Recht.]

[Nun bleibt allerdings der Krieg das einzige Mittel, einen
Staat zu zwingen; es müßte sonach nur darauf gedacht werden,
es so einzurichten, daß in ihm die gerechte Sache stets siegte, und
die mächtigere wäre. Macht entsteht durch die Menge; es müßten 2.644
sonach mehrere Staaten für die Behauptung des rechtlichen Verhältnisses unter ihnen sich v e r b i n d e n , und den ungerechten
mit vereinigter Macht anfallen. Daß dadurch eine stets siegreiche
Macht entstehen würde, daran ist wohl nicht leicht ein Zweifel.
Aber es ist eine höhere Frage: wie kann man es dahin bringen,
daß diese Vereinigung der Staaten stets g e r e c h t spreche?]

[§ 16. Mehrere Staaten vereinigen sich und garantieren sich
selbst unter einander und gegen jeden, der auch nicht mit in der
Verbindung ist, ihre Unabhängigkeit, und die Unverletzlichkeit
des oben beschriebenen Vertrags. Die Formel dieses Bundes
würde diese sein: wir alle versprechen, mit vereinigter Macht denjenigen Staat, stehe er mit im Bunde, oder nicht, auszutilgen,
welcher die Unabhängigkeit eines von uns nicht anerkennen, oder
den zwischen einem von uns und ihm bestehenden Vertrag
brechen wird.]

Unsere Allianzen sind solche B ü n d n i s s e. Und diese geben denn nun die Gelegenheit zum Kriege, teils weil dadurch die Verhältnisse vielseitiger werden, das Recht [aber] streitiger: teils wegen des ungerechten Willens: im V o r r a t u n t e r j o c h e n. Furcht aller vor allen: Glaube an die allgemeine Ungerechtigkeit. Alles, weil die Menschen ungerecht sind [27]).

[Das Beschriebene wäre ein V ö l k e r b u n d, keineswegs ein Völker s t a a t. Der Unterschied gründet sich darauf: in den Staat zu treten, kann jeder Einzelne gezwungen werden, weil außerdem ein rechtliches Verhältnis mit ihm gar nicht möglich ist. Aber kein Staat kann gezwungen werden, diesem Bunde beizutreten, weil er auch außer ihm in einem rechtlichen Verhältnisse sein kann. In dasselbe setzte er sich mit den benachbarten Staaten schon durch Anerkennung und Abschließung des beschriebenen Vertrages; auf positiven Schutz des andern Staates hat keiner ein Zwangsrecht. Es ist also eine freiwillige Verbindung oder B u n d.]

Ein Staatenbund, d. i. die Errichtung einer das Recht in dem Verhältnisse der Staaten ordnenden Zwangsanstalt wird das Recht zwischen ihnen sichern. 1.) sie wird nicht leicht ein ungerechtes Urteil sprechen: 2.) sie wird stets Kraft [?] haben, ihr Urteil auszuführen [28]).

[§ 17.] [Ob ein Staat die Unabhängigkeit des andern anerkannt habe, ergiebt sich daraus, ob er den gegenseitigen Sicherungskontrakt mit ihm abgeschlossen habe oder nicht. Über diesen Umstand also kann sich der Bund in seinem Richterspruche nicht irren. Mit Wissen und Willen aber ein ungerechtes Urteil fällen kann er nicht, ohne daß es alle Welt sehe, daß es ungerecht sei, und auf einige Scham sollte man doch bei ihm rechnen können. Will sich ein Staat dem Bundesgerichte nicht stellen, so giebt er schon dadurch seine Sache auf, und es wäre gegen ihn zu verfahren. Es könnte etwa ein nicht zum Bunde gehöriger Staat sagen: was geht dieses Gericht mich an, es ist nicht mein Richter. Darauf wäre ihm zu antworten: seiner Partei ist er denn doch

2.645

---

[27]) Dieser Absatz fehlt im Druck, vergleiche aber 2, 646 und unten S. 168 „die gewöhnlichen Allianzen ... [28]) Dieser Absatz der Hs fehlt im Druck.

verantwortlich zufolge des Vertrages. Wenn nun diese das Bundesgericht an ihre Stelle setzt, so hat dieses ohne Zweifel das vollkommene Recht.]

[Der Bund erhält die Aufsicht über die Klarheit und Bestimmtheit der Verträge, weil er nach denselben richten soll: dadurch versichert man sich auch seiner eignen Rechtlichkeit; er kann nicht ungerecht richten, ohne daß alle es sehen; auch können diese verschiedenen, in ihren Privatinteressen geteilten Staaten gar kein gemeinschaftliches Interesse haben, ungerecht zu verfahren. Ein ungerechter Richterspruch giebt ein Beispiel gegen sie selbst: nach den Grundsätzen, nach denen sie andre richten, werden sie selbst gerichtet werden.]

[§ 18. Der Bund muß seine Rechtsurteile auch zur Exekution bringen können; dies geschieht durch einen Vernichtungskrieg gegen den verfallenen Staat. Der Bund muß sonach bewaffnet sein, und im Falle des Krieges muß eine Exekutionsarmee aus den Beiträgen der verbündeten Staaten gesammelt werden.]

[§ 19.] Wenn nun allmählich alle Staaten in diesen Bund * träten, entstände der sichere und ewige Friede. Keiner wird es wagen, gegen die bekannten Gesetze des Bundes zu verstoßen, so lieb ihm seine Selbsterhaltung ist. [Der sichere Friede aber ist das einzige rechtmäßige Verhältnis der Staaten: indem der Krieg, wenn er von Staaten, welche Richter in ihrer Sache sind, geführt wird, eben so leicht das Unrecht siegend machen kann, als das Recht; oder wenn er auch unter der Leitung eines gerechten Völkerbundes steht, doch nur das Mittel ist zum letzten Zweck, zur Erhaltung des Friedens, keinesweges aber der letzte Zweck selbst.]

[§ 20.] So [spricht] das Recht, das sich auch ausspricht selbst im Völkerbündnis. [Aber wird man sagen: tue doch nur] einen Blick auf die wirkliche Welt. Wer diese kennt [, wird ein solches Staatenbündnis nicht empfehlen. Denn] 1.) es ist gar nicht unmöglich[29]), daß der Bund [dennoch] ein ungerechtes Urteil spreche. [Diese Unmöglichkeit läßt sich durchaus nicht dartun, so

---

[29]) Druck: möglich

wenig als die Unmöglichkeit eines ungerechten Richterspruches des Regenten, wie wir oben sahen.] 2.) Daß in dem Bunde die Stimmen der Mächtigen obwalten, und nur für das äußere Interesse besorgt sind: die Kräfte des Bundes [also] in den Händen der mächtigen Mitglieder selbst das Mittel werden könnten der [30]) Unterjochung der schwächeren. Also ganz [31]) eigentlich eine Bewaffnung des Unrechts: gegen die wir das jetzige Verhältnis ohne Bund preisen wollen.

Die gewöhnlichen Allianzen (man behält hier recht gut das ausländische Wort [bei]) sind ja dergleichen Bündnisse auf Zeit [32]). Sie garantieren sich die Integrität ihrer Länder, und Rechte. Oft möchte man fragen: wer garantiert sie denn gegen die Garantie . .

Woher kommt dieser Zustand der Dinge? 1.) Aus der Unvollkommenheit des Rechts in den einzelnen Staaten (wie schon angemerkt), Reisen durch [33]) einander, Handel, und allerlei Verbindungen. Dies vervielfältigt die Beziehungen, [und] macht die Rechtsfragen schwerer. 2.) Woher diese [Unvollkommenheit des Rechts] nun wieder: aus der Unrechtlichkeit im Verhältnisse der Staaten [zu einander, aus der Furcht aller vor allen, und dem Glauben an die allgemeine Ungerechtigkeit [34])]: infolge welcher [35]) jeder immerfort zum Kriege gerüstet sein [und im Vorrat zu unterjochen suchen] muß. Daher jeder Profit ergriffen wird, auch nur der scheinbare, und keine Rechnung ist der [36]) Zukunft. Man haut den Baum ab, um nur geschwind zu seiner Frucht zu kommen. [Es ist] keine Kraft für langwierige, erst späterhin den Gewinn versprechende [37]) Operationen: keine für Bildung zur Rechtlichkeit, und Sittlichkeit. [Das] P r i n z i p [ist]: S o v i e l K r a f t a l s m ö g l i c h s i c h z u v e r s c h a f f e n , a u f d e n s i c h e r z u e r w a r t e n d e n A n g r i f f. Diese innere Unrechtlichkeit [zwingt nun] wieder zur äußeren. [Es muß] die ungeordnete Kraft be-

---

[30]) Druck: zur   [31]) Druck: recht   [32]) Im Druck: Zeiten, die grade zu Kriegen Veranlassung geben, teils weil dadurch die Verhältnisse vielseitiger werden, das Recht aber streitiger, teils wegen des ungerechten Willens. Vgl. oben S. 166. [33]) Druck: durch Reisen unter   [34]) Vgl. oben S. 166.   [35]) Druck: weshalb   [36]) Druck: ohne alle Rechnung auf die   [37]) Druck: dem Gewinn entsprechende

schäftigt, den Ausgesogenen ein Mittel gegeben [werden], durch
Raub im Auslande sich wieder zu bereichern. Die Augen der
Nation [müssen] von der Betrachtung der innern Wunden abgezogen [38]) werden auf äußere glänzende Unternehmungen. Wechsel   2.647
der innern und äußern Unrechtlichkeit [39]). Also — die äußere
[wird hervorgebracht] durch die innere, die innere durch die
äußere. [Es ist] ein Zirkel. Wo [soll man denn also] nun [die
Heilung] anfangen? Ich sage, bei der innren. [Strebet] nur erst
[darnach] das Muster eines in sich selbst durchaus gerechten
Staates [zu werden]. Dieser ist teils sehr mächtig, teils wird er
durch den Anblick seines Glücks die Nachbarstaaten reizen, [eben]
so glücklich zu werden wie er.   *

Wie ist dermalen das rechtliche Verhältnis der Staaten zu
einander? 1.) Jeder Staat hat das Recht der Selbsterhaltung als
Staat. Ja, je edler, und gebildeter der Staat ist, desto teurer ist
ihm diese Erhaltung: denn er hat einen bestimmten unendlichen [40])
Plan seiner Fortbildung, den nur er kennt, und der ungestört fortgehen muß, außerdem ist das Frühere verloren. Unterjochte werden in ein ganz neues Feld, und einen ganz neuen Plan hinein-
geworfen.

2.) Diese [Erhaltung] ist ihm nun auf keine Weise garantiert,
außer durch seine eigne Übermacht [41]). Er muß drum, um seines
teuersten Zwecks willen, dieselbe stets zu erreichen suchen, auf
den Vorrat, immer streben um sich herum zu erobern, und sich zu
vergrößern: keine Gelegenheit, wo er es mit Sicherheit tun kann,
ungenutzt vorüberstreichen lassen. — Was haben denn die Regenten von Eroberungen: können sie nun etwa besser essen,
trinken und sich kleiden, hat man gefragt [42]); mit nicht sehr gründ-
lichem Spotte. Die Sache steht so: Einen Angriff auf seine Selbst-
ständigkeit muß jeder erwarten, sobald derselbe möglich sein wird;
und wenn er heute nicht erfolgt, [so geschieht das] darum, weil
sich der andere nicht stark genug fühlt. Es wird sodann besser

---

[38]) Druck: gezogen [39]) So stehet die i. u. ä. U. in Wechselwirkung
[40]) Druck: endlichen [41]) In der Hs nach durchstrichnem „Stärke." [42]) Druck:
gesagt,

sein, wenn e r über die und die Kraft verfügt, als wenn sein Gegner es tut: er muß drum keine Zeit ungenutzt lassen, um sie sich anzueignen. Gesetzt, er läge einst unter [43]), so würde er sich immer den Vorwurf machen müssen, es würde dies nicht erfolgt sein, wenn er die und die Gelegenheit, seine Kraft zu vermehren, sich nicht hätte entgehen lassen. (Es geht auch vielen Staaten so: die Erfahrung zeigt es). Gegen diesen Vorwurf muß er bei Zeiten sich schützen.

2.648   Also — aus dem gewiß vorauszusetzenden Angriff erfolgt es. Hat er denn bei dieser Voraussetzung Recht? Wie könnte er denn [44]) nicht, wenn er nur bedenkt, daß jeder ihm gegenüber stehender [45]) Staat eben grade so denken, und rechnen muß, wie er selbst: und daß er allerdings suchen muß, seine Kräfte sich einzuverleiben, wenn es geht, sei es auch nur, um mit denselben [46]) sich zu rüsten gegen den Angriff eines dritten.

Es folgt drum, daß alle durch das Recht und die Pflicht der Selbsterhaltung genötigt sind, einander immerfort argwöhnisch zu beobachten, stets gerüstet zu sein, keine Gelegenheit sich entgehen zu lassen, wo sie sich verstärken können. Denn jeder versäumte Gewinn kann einst der Grund ihres Unterganges sein.

Alle betrachten drum alle immerfort als rechtslos. Es bindet sie kein Recht, sondern nur die Schwäche. Sie allein bürgt [47]) Frieden. Woher; um des allgemeinen Mißtrauens willen. Woher dieses? Weil keiner dem andern die Gewähr zu leisten vermag. (Meine Rechtstheorie [ist] klar. Wer nicht garantiert, hat in der Tat kein Recht. Nur die Garantie bringt den Rechtszustand zu wege. [Wo diese nicht ist, da ist ein] unaufhörlicher Krieg aller gegen alle, und das von Rechts wegen: in diesem Zustande der
*   Dinge nämlich, weil sie kein sichres Recht haben.)

Ob die Gewalthaber in allen Staaten diese Lage der Dinge so klar eingesehn haben, [das wollen wir] dahingestellt [sein lassen]. Aber, wer konsequent durchdenkt, sieht sie so. Gesagt ist es freilich nicht worden. Denn wenn keiner es erwägt, und alle

---

[43]) Druck: unterläge   [44]) Druck: dann   [45]) Druck: stehende   [46]) Druck: demselben   [47]) Druck: bringt

glauben, auch wir erwägen es nicht, so ist das unser Vorteil. Nur
der Philosoph darf es sagen: der Staatsmann aber muß es ihm von
Amtswegen immer abstreiten.

Daher die Phänomene, besonders der modernen Europäischen
Geschichte. — Gleichgewicht der Macht, um eben dadurch die
Garantie zu ersetzen [, damit] kein Vorteil beim Angriffe [sei].
Das ist nun gut, dem andern zu sagen; siehe, ich kann nichts gegen
dich ausrichten: wenn ers glaubt, wird er sicher, und wir ersehen
uns unsern Vorteil. Warum haben sie sich denn doch angegriffen?
In Hoffnung des Sieges [48]). Sie mußten drum für ihre eigne Person
an das Gleichgewicht nicht sehr fest glauben.

Daher die ungründlichen Kriege. [Ich nehme] nur indessen   2.649
einige [von des andern] Provinzen. Diese sind [49]) mein von nun
an, und nicht des andern. Nun ruhen wir wieder aus, und erholen
uns von dem Schaden, den dieser Gewinn uns freilich gebracht
hat, bis wir die rechte Gelegenheit finden, wieder anzufangen.
So entstand ein Waffenstillstand, aus Ermattung, mit der fortge-
setzten kriegerischen Gesinnung. Denn schließest du wirklich
Frieden, [im] Vertrauen [auf die Garantie deines Gegners,] warum
behältst du denn die eroberten Provinzen? Nur die Staaten, deren
Beherrscher in jedem Zeitraume dieses am lebendigsten eingesehen haben, und keine Gelegenheit [sich zu vergrößern] ver-
säumt, haben sich gehoben: die [aber], die Gelegenheiten ver-
säumt haben, sind gesunken. Man kann sich anheischig machen,
jedem es bestimmt nachzuweisen, wo er gefehlt habe, d. i. nicht
zugegriffen, wo er ohne Gefahr hätte zugreifen können: denn
einen andern Fehler giebts nicht auf diesem Gebiete.

Woher dieses alles. Weil keine Garantie, d. i. kein mit
[Zwangs-]Gewalt versehener rechtlicher Wille [da ist.] Dies nun
der Völkerbund [50]). Das läßt sich [freilich] sagen. Aber wie [soll
man] dazu kommen. [Dies ist] eine unauflösliche Aufgabe an die
göttliche Weltregierung. — Bis dahin [aber ist die Regel]: jeder
Staat hüte sich, und wehre sich, bis auf den letzten Blutstropfen:

------

[48]) Druck: Seins.   [49]) Hs: ist   [50]) Druck: Dieser soll nun im Völkerbunde
errichtet werden.

denn er weiß nicht, was an seine Erhaltung geknüpft sein kann:
Der Staat, sage ich: der Bürger aber gehorche den Verfügungen
seines Staats, denn diese sind für ihn eben die Stimme der Weltregierung. Haben die Herrscher gefehlt, so mögen diese es verantworten.

[Vom] Weltbürgerrecht[e].   [(Angewandt. Naturr. S. 265ff.)]

[§ 21. Jeder Bürger hat das Recht, auf dem ganzen Staatsgebiete, seinen Verrichtungen nachzugehen, als einen Teil des ihm
garantierten Bürgerrechtes. Der Gesandte des fremden Staats hat
ebenfalls zufolge des Vertrags der beiden Staaten das Recht, in
das Land seiner Bestimmung zu kommen, und sich an alle Orte
desselben zu begeben, wohin ihn sein Auftrag ruft. Die unbedingte Abweisung desselben als eines Gesandten überhaupt (wenn
nicht Gründe gegen seine Person Statt finden, und der abweisende
Staat erklärt, daß er eine andere Person gerne aufnehmen wolle,)
würde ein Recht zum Kriege begründen. Privatpersonen des
einen anerkannten und freundschaftlichen Staats verfügen sich in
einen andern, um ihrer Geschäfte willen, oder auch zum Ver-
gnügen. In diesem Falle wird nach dem bestehenden Vertrage
geurteilt. Haben beide Staaten sich die Sicherheit ihrer gegenseitigen Bürger garantiert, auch wenn sie auf das Gebiet des
fremden Staats kommen, so ist der Bürger sicher, zufolge dieses
Vertrags. Daß er aber ein Bürger dieses bestimmten Staats ist, tut
er an der Grenze durch Vorzeigung seines Passes kund.]

[Betritt aber ein Fremder, der von keinem verbündeten Staate
abgesandt, oder durch einen Vertrag mit einem solchen berechtigt
ist, das Staatsgebiet, was ist dann Rechtens? Diese einzige noch
übrige] Rechtsfrage [ist es, die das Weltbürgerrecht zu beantworten hat.]

[§ 22. Alle positiven Rechte, die Rechte auf E t w a s , gründen sich auf einen Vertrag. Nun hat dieser fremde Ankömmling
gar keinen Vertrag mit dem besuchten Staate, für sich; weder daß
er für seine Person einen geschlossen hätte, noch daß er sich auf
einen berufen könnte, den sein Staat für ihn geschlossen, der Vor-

aussetzung nach. Ist er denn also rechtlos, oder hat er doch Rechte, welche, und aus welchem Grunde? Er hat noch das ursprüngliche Menschenrecht, das allen Rechtsverträgen vorausgeht, und sie allein möglich macht: das Recht auf die Voraussetzung aller Menschen, daß dieses vertragsfähig und darum rechtsfähig sei. Dies allein ist das eigentliche Menschenrecht, das dem Menschen als Menschen zukommt, die Möglichkeit sich Rechte zu erwerben. Diese, aber auch nur sie, muß jedem zugestanden werden, der sie nicht ausdrücklich durch seine Handlungen verwirkt hat. Dies wird vielleicht durch den Gegensatz deutlicher. Nämlich derjenige, mit welchem der Staat den Bürgervertrag aufhebt, verliert alle seine dadurch erlangten positiven Rechte; nicht nur aber sie, sondern auch das Recht, sich in dieser Gesellschaft Rechte zu erwerben, weil er die absolute Unmöglich- 2 651 keit, sich mit ihm in ein rechtliches Verhältnis einzulassen, gezeigt hat. Der neue Ankömmling hat eben so wenig positive Rechte, als der erste, aber das Recht hat er, daß man die Möglichkeit annehme, mit ihm in ein rechtliches Verhältnis zu kommen.]

[Aus diesem Rechte folgt sein Recht, das Gebiet des fremden Staats zu betreten; denn wer das Recht zum Zwecke hat, hat es zu dem Mittel, aber er kann den Versuch, in ein rechtliches Verhältnis mit diesem Staate sich zu versetzen, nicht machen, ohne auf sein Gebiet zu ihm zu kommen, und ihm eine Verbindung anzutragen. Dieses Recht, überall auf dem Erdboden frei herum zu gehen, und sich zu einer rechtlichen Verbindung anzutragen, ist das W e l t b ü r g e r r e c h t.]

[§ 23. Der Rechtsgrund des fremden Ankömmlings, das Gebiet eines Staats zu betreten, war sein Recht, einen Umgang mit den Bürgern dieses Staates zu versuchen und anzutragen. Zuförderst hat also der besuchte Staat das Recht, den Fremden zu fragen, was er wolle, und ihn zur Erklärung zu zwingen. Erklärt er sich nicht, so fällt sein Rechtsgrund weg, und er ist von den Grenzen abzuweisen. Wird sein Antrag nicht angenommen, so wird sein Rechtsgrund gleichsam aufgehoben, und er mit Recht über die Grenze gewiesen. Doch muß dieses geschehen unbeschadet seiner Erhaltung, denn es bleibt ihm die Möglichkeit

übrig, sich mit einem andern Staate in Verbindung zu setzen,
nachdem es ihm mit diesem nicht gelang. Diese ist sein voll-
kommenes Recht, und darf ihm nicht geraubt werden.]

[§ 24. Wird sein Antrag angenommen, so steht er von nun an
unmittelbar (für seine Person, ohne Dazwischenkunft eines Staats
von seiner Seite) im Vertrage mit diesem Staate, und die gegenseitigen Rechte beider Parteien werden durch diesen Vertrag
bestimmt. Zuförderst schon dadurch, daß er sich in einen Vertrag eingelassen, hat er den Staat als ein rechtliches Subjekt anerkannt, mithin die Eigentumsrechte seiner einzelnen Bürger zugleich mit anerkannt. Dies braucht er nicht ausdrücklich zu versprechen; es erfolgt unmittelbar aus der Handlung des Vertragens [1]).] Den übrigen Gesetzen des Staates [ist er] unterworfen,
inwiefern sie auf ihn passen. Er [2]) ist kein a k t i v e s Mitglied
[, und es kommt dabei blos auf die Bedingungen des Vertrages an.]

2.652

Ich habe die genetische Frage: wie das Recht darzustellen
sei in der Welt: und über die Kunst dieser Darstellung, beantwortet, ... wie die Grenzen gehen, habe ich angegeben. Ich
schließe drum heut 22 wünsche, daß ich den wissenschaftlich gebildeten [Zuhörern zu ihrer] klaren Einsicht auch dieser [3]) Verhältnisse etwas beigetragen habe[n möge] [4]).

---

[1]) So im Angew. Naturrecht. Druck von 1835: Vertrages.   [2]) Druck: Es
[3]) Druck: in diese   [4]) Es folgt in der Hs: „Ich fasse drum" und auf neuer Zeile:
„Sittenlehre, d. 29. d. M."

Anmerkungen des Herausgebers

Verzeichnis der Abkürzungen s. S. XXXVII. Wenn in den Anmerkungen mit „vgl." auf eine Stelle in Fichtes Schriften verwiesen wird, heißt das, daß sich dort eine nähere oder entferntere Parallele zu Gedanken unseres Textes findet.

S. 1, Z. 18: Zum Begriff „Phänomen" vgl. Hansjürgen Verweyen, ‚Recht und Sittlichkeit in J. G. Fichtes Gesellschaftslehre', Freiburg u. München 1975, S. 261.

S. 2, Z. 4: Zum folgenden vgl. NR I, S. 96 (= WW III, S. 86 = Ak.-Ausg. I,3, S. 385, Z. 4 f.), S. 102 (= WW III, S. 91 = Ak.-Ausg. I,3, S. 388, Z. 14—21), S. 104 ff. (= WW III, S. 92 f. = Ak.-Ausg. I,3, S. 389 f.).

S. 3, Z. 2: Vgl. NR I, Einleitung (ohne Seitenzahlen) II, 4 (= WW III, S. 9 = Ak.-Ausg. I,3, S. 320, Z. 14 f.), S. 100 (= WW III, S. 89 = Ak.-Ausg. I,3, S. 387, Z. 6—11), S. 104 f. (= WW III, S. 92 = Ak.-Ausg. I,3, S. 389, Z. 18—21). Zur grundlegenden Bedeutung des Begriffs der Rechtsgemeinschaft für das NR von 1796/97 und zum Zusammenhang dieses Begriffs mit dem Postulat „reellen Philosophierens" sowie zur zwiegesichtig-medialen Stellung des Rechts zwischen Norm und Faktizität schon 1796 vgl. R. Schottky, ‚Untersuchungen zur Geschichte der staatsphilosophischen Vertragstheorie im 17. und 18. Jahrh.', Diss. München 1962, S. 134.

S. 3, Z. 14: Vgl. NR I, S. 102 (= WW III, S. 91 = Ak.-Ausg. I,3, S. 388, Z. 14—21).

S. 3, Z. 21: Vgl. NR I, S. 100 (= WW III, S. 89 = Ak.-Ausg. I,3, S. 387, Z. 12—21).

S. 3, Z. 31: Vgl. NR I, S. 95 f. (= WW III, S. 86 = Ak.-Ausg. I,3, S. 384, Z. 20—36). Die in unserem Text folgende geschichtsphilosophische Einordnung des Rechts ist im NR von 1796/97 noch nicht zu finden. Zur schon im NR sich abzeichnenden *systematischen* Zwischenstellung des Rechts als „Mittelglied" zwischen „Natur und Freiheit" vgl. Schottky, Untersuchungen, a.a.O., S. 144.

S. 4, Z. 18: Zur Verselbständigung der Rechtslehre gegenüber der Sittenlehre vgl. NR I, Einleitung II,5 (= WW III, S. 10 f. = Ak.-Ausg. I,3 S. 320, Z. 30 — S. 322, Z. 7), S. 51 f. (= WW III, S. 54 f. = Ak.-Ausg. I,3, S. 359, Z. 17 — S. 360, Z. 6), S. 98 (= WW III, S. 87 f. = Ak.-Ausg. I,3,

S. 385, Z. 38 — S. 386, Z. 10). Zum Verhältnis zwischen Recht und Sittlichkeit bei Fichte überhaupt vgl. Verweyen, Recht u. Sittlichkeit, a.a.O. passim; speziell zu 1812: S. 249—278.

S. 4, Z. 23: Die zitierten sittlichen Gebote finden sich als Grundlagen auch der Rechtslehre angeführt in Kants ‚Metaphysik der Sitten‘, die im Text auch mit „Das Buch" gemeint ist. Vgl. Immanuel Kant, ‚Die Metaphysik der Sitten in zwey Theilen, Königsberg bey Friedrich Nicolovius, 1797‘; darin „Metaphysische Anfangsgründe der Rechtslehre", S. 13—18, 25 f., 33—35, 43—52 des Erstdrucks. Vgl. weiter „Metaphysische Anfangsgründe der Tugendlehre" (2. Teil der ‚Metaphysik der Sitten‘), S. 1—4, 7—9, 20—22, 28 f., 31 f., 48 f. des Erstdruckes. Die Formulierungen „neminem laede" und „suum cuique tribue" zitiert Kant unter Berufung auf den römischen Juristen Domitius Ulpianus (ca. 170 bis 228 n. Chr.), von dem sie ursprünglich stammen, a.a.O., S. 44, aus: ‚Corpus Iuris Civilis, Institutiones‘, liber primus, I, 3 u. 4 (533 n. Chr.). — Zu Fichtes Prioritätsanspruch, der im Hinblick auf die ‚Metaphysischen Anfangsgründe der Rechtslehre‘ schon durch das Erscheinungsjahr belegt ist, vgl. NR I, Einleitung III (= WW III, S. 12 = Ak.-Ausg. I, 3, S. 323, Z. 3—10). — Kants Schrift ‚Zum ewigen Frieden‘ (Königsberg 1795) hat Fichte Anfang 1796 rezensiert (WW VIII, S. 427 ff. = Ak.-Ausg. I,3, S. 219—228); in NR I gibt er in Einleitung III eine „Vergleichung der Kantischen Grundsätze über Recht" mit seinen eigenen (WW III, S. 12—14 = Ak.-Ausg. I,3, S. 323, Z. 11 — S. 326, Z. 6).

S. 5, Z. 4: Zur Auseinandersetzung mit dem Begriff „Naturrecht" vgl. Verweyen, Recht und Sittlichkeit, a.a.O., S. 273.

S. 5, Z. 11: Vgl. NR I, S. 50 (= WW III, S. 53 = Ak.-Ausg. I,3, S. 358, Z. 24 ff.).

S. 5, Z. 16: Vgl. NR I, S. 119 (= WW III, S. 103 = Ak.-Ausg. I,3, S. 397, Z. 32 ff.), S. 178 (= WW III, S. 149 = Ak.-Ausg. I,3, S. 432, Z. 19 f.).

S. 5, Z. 23: Vgl. Thomas Hobbes, ‚Elementorum Philosophiae Sectio Tertia De Cive‘ (1642/47) Kap. I, § 12; ders., ‚Leviathan . . .‘ (1651), Kap. 13 (= The English Works . . . , ed. W. Molesworth, London 1839, Bd. III, S. 113).

S. 6, Z. 5: Zur Notwendigkeit des Vertrages vgl. NR I, S. 118 (= WW III, S. 102 = Ak.-Ausg. I,3, S. 397, Z. 9 f.,), S. 123 f. (= WW III, S. 106 f. = Ak.-Ausg. I,3, S. 400, Z. 1 — S. 401, Z. 3); vgl. auch Verweyen, Recht und Sittlichkeit, a.a.O., S. 273. — Zum Gebot des Rechtsgesetzes, den Vertrag zu schließen, vgl. NR I, S. 149—152 (= WW III, S. 126—128 = Ak.-Ausg. I,3, S. 415, Z. 9 — S. 417, Z. 8). — Zur Notwendigkeit des Staates für alles Recht vgl. NR I, S. 178 (= WW III, S. 148 f. = Ak.-Ausg. I,3, S. 432, Z. 1—17); vgl. auch ‚Zum ewigen Frieden. Ein philosophischer Entwurf von Immanuel Kant. Königsberg, bey Friedrich Nicolovius. 1795.‘, S. 18 f. der Erstausgabe, und Fichtes Rezension dieser Kantschrift in: ‚Philoso-

phisches Journal einer Gesellschaft Teutscher Gelehrten', hrsg. von F. I.
Niethammer, Bd. 4, Heft 1, Jena 1796, S. 84 f. (= WW VIII, S. 429 f. =
Ak.-Ausg. I,3, S. 223, Z. 9 – S. 224, Z. 10).

S. 6, Z. 32: Vgl. den analogen Gedankengang in Fichtes SL 1812, WW
XI, S. 3. In NR I ist die Deduktion des Rechtsbegriffs ausdrücklich dargestellt in §§ 1–4, S. 1–54 (= WW III, S. 17–56 = Ak.-Ausg. I,3, S. 329–
360).

S. 7, Z. 3: Zum folgenden vgl. NR I, Einleitung II,3 (= WW III, S. 9
= Ak.-Ausg. I,3, S. 320, Z. 3–15), S. 53 f. (= WW III, S. 55 f. = Ak.-Ausg.
I,3, S. 360, Z. 22–37), S. 94 (= WW III, S. 85 = Ak.-Ausg. I,3, S. 384,
Z. 1 ff.) und SL 1812, WW XI, S. 70 f., 79 f. – Vgl. zur hier beginnenden Deduktion bzw. systematischen „Erörterung" des Rechtsbegriffs auch Gustav Adolf Walz, ‚Die Staatsidee des Rationalismus und der Romantik
und die Staatsphilosophie Fichtes. Zugleich ein Versuch zur Grundlegung
einer allgemeinen Sozialmorphologie‘, Berlin 1928, S. 623 f.

S. 7, Z. 32: Vgl. zum folgenden NR I, Einleitung II,3 (= WW III, S.9 =
Ak.-Ausg. I,3, S. 320, Z. 3–8), S. 95 f. (= WW III, S. 86 = Ak.-Ausg. I,3,
S. 384, Z. 20–33), S. 104 (= WW III, S. 92 = Ak.-Ausg. I,3, S. 389,
Z. 13–16), S. 129 (= WW III, S. 112 = Ak.-Ausg. I,3, S. 404, Z. 3–7).

S. 8, Z. 4: Zum folgenden vgl. SL 1812, WW XI, S. 72–74, 79 f., 85,
und ‚Staatslehre‘, WW IV, S. 584. Vgl. auch die kritischen Bemerkungen
bei Verweyen, Recht und Sittlichkeit, a.a.O., S. 273 f.

S. 8, Z. 16: Zu diesem Satz vgl. ‚Beitrag‘, S. 113 (= WW VI, S. 108 =
Ak.-Ausg. I,1, S. 258, Z. 27 – S. 259, Z. 1).

S. 8, Z. 28: Daß das Rechtsgesetz nur gilt, solange das Sittengesetz
noch nicht allgemein herrscht, und daß die Gültigkeit des Rechtsgesetzes
für alles wirkliche menschliche Leben dadurch bedingt ist, daß die menschliche Gattung zur Sittlichkeit erst „erzogen" werden muß, sagt Fichte
schon in NR I, S. 178 (= WW III, S. 148 = Ak.-Ausg. I,3, S. 432, Z. 3–13).
Der Grund dafür, daß nur *allgemeine* Herrschaft des Sittengesetzes das
Rechtsgesetz überflüssig machen könnte, indem sie dessen Zweck neben-
bei miterfüllte, ist in NR I z. B. S. 100 (= WW III, S. 89 = Ak.-Ausg. I,3,
S. 387, Z. 12–15) ausgesprochen. – Zur Anwendung des Rechtsgesetzes
als Vorbereitung auf den sittlichen Zustand der Gemeinschaft vgl. SL 1812,
WW XI, S. 95 f. In SL 1798 hat Fichte das inhaltliche Verhältnis zwischen
Sittlichkeit und Recht zwar im einzelnen noch anders bestimmt als 1812
(vgl. S. 24 u. Anm. zu S. 24, Z. 25), aber das Recht implizit doch auch
schon als eine notwendige Vorstufe für die Realisierung der Sittlichkeit
aufgefaßt, eine Vorstufe, die bei voller Versittlichung aller wegfiele (vgl.
WW IV, S. 237–240, 253). – Wilhelm Metzger in ‚Gesellschaft, Recht
und Staat in der Ethik des deutschen Idealismus‘, Heidelberg 1917, S. 157,
sagt, Fichte habe in RL 1812 das Verhältnis zwischen Recht und Sittlichkeit „weit tiefer ... gefaßt" als in NR und in SL 1798. Seine kritisch-

analytische Erörterung des problematischen Verhältnisses zwischen Recht und Sittlichkeit bei Fichte (a.a.O., S. 152—158) ist immer noch sehr lesenswert.

S. 9, Z. 9: Zum folgenden vgl. NR I, S. 43 f. (= WW III, S. 48 = Ak.-Ausg. I,3, S. 354, Z. 24 — S. 355, Z. 7), S. 46 (= WW III, S. 50 = Ak.-Ausg. I,3, S. 356, Z. 21—25). — In logischer Spannung zu dem Gedanken, eine praktische Verbindlichkeit des Rechtsgesetzes ergebe sich durch bloße logische Konsequenz aus der theoretischen Erkenntnis, daß alle Mitmenschen „substantialiter" frei seien, stehen in NR I gewisse Ausführungen von § 7, S. 95—98 (= WW III, S. 86—88 = Ak.-Ausg. I,3, S. 384, Z. 20 — S. 386, Z. 10) und S. 99 f. (= WW III, S. 89 = Ak.-Ausg. I,3, S. 387, Z. 3—6). — Zur Problematik des Gedankens, das eigentlich „Verbindende" (also der eigentliche Grund praktischer Gültigkeit) „im Begriff des Rechts" sei „das Denkgesetz" bzw. die „Konsequenz", es handle sich um eine „praktische Gültigkeit des Syllogismus", vgl. Schottky, Untersuchungen, a.a.O., S. 136, 232—237. Dort auch ein Beleg für die Möglichkeit, daß Fichte 1796 mit seiner Verwendung des Begriffs „Konsequenz" Anregungen aus den Schriften Johann Benjamin Erhards (1766—1827) aufgegriffen hat.

S. 10, Z. 21: Vgl. NR I, S. 132 (= WW III, S. 114 = Ak.-Ausg. I,3, S. 405, Z. 20—28) und S. 145 f. (= WW III, S. 123 f. = Ak.-Ausg. I,3, S. 413, Z. 7—24).

S. 11, Z. 11: Vgl. NR I, S. 146—163 (= WW III, S. 124—136 = Ak.-Ausg. I,3, S. 413, Z. 31 — S. 423, Z. 12); NR II, S. 6 (= WW III, S. 195 = Ak.-Ausg. I,4, S. 8, Z. 5—15) und S. 27 f. (= WW III, S. 210 = Ak.-Ausg. I,4, S. 20, Z. 13—22). Vgl. auch GH, S. 10—15 (= WW III, S. 400—402 = PhB 316, S. 14—16).

S. 11, Z. 24: Zum folgenden vgl. NR I, S. 100 (= WW III, S. 89 = Ak.-Ausg. I,3, S. 387, Z. 12—16), S. 102 (= WW III, S. 91 = Ak.-Ausg. I,3, S. 388, Z. 14—21), S. 104 f. (= WW III, S. 92 = Ak.-Ausg. I,3, S. 389, Z. 9—21).

S. 12, Z. 10: Vgl. NR I, S. 167—170 (= WW III, S. 140—143 = Ak.-Ausg. I,3, S. 425, Z. 27 — S. 427, Z. 36).

S. 12, Z. 23: Daß im Rechtszustand nur der „Rechtsbegriff" „das Willen Bewegende" sein solle, ist eine gegenüber 1796/97 neue Aussage. In NR hatte Fichte als Motiv, auf das die Rechtslehre für die Realisierung des Rechts bauen könne, immer wieder den Egoismus, bzw. den Nutzen oder das wohlverstandene Eigeninteresse des Individuums dargestellt; so z. B. NR I, S. 179 (= WW III, S. 150 = Ak.-Ausg. I,3, S. 432, Z. 29 — S. 433, Z. 6) und NR II, S. 114 (= WW III, S. 273 = Ak.-Ausg. I,4, S. 69, Z. 3—14).

S. 13, Z. 3: Zum folgenden vgl. NR I, S. 120 (= WW III, S. 104 = Ak.-Ausg. I,3, S. 398, Z. 9—20), S. 141 f. (= WW III, S. 121 = Ak.-Ausg. I,3,

S. 411, Z. 9–22) und NR II, S. 95 f. (= WW III, S. 260 = Ak.-Ausg. I,4, S. 59, Z. 3–16).

S. 13, Z. 26: Vgl. zum folgenden NR I, S. 101 (= WW III, S. 90 = Ak.-Ausg. I,3, S. 387, Z. 32 − S. 388, Z. 1); NR II, S. 122 (= WW III, S. 278 f. = Ak.-Ausg. I,4, S. 73, Z. 5–25); SL 1798, WW IV, S. 311; SL 1812, WW XI, S. 94).

S. 15, Z. 8: Zum folgenden vgl. S. 10 f. und Anm. zu S. 11, Z. 11.

S. 16, Z. 32:   Den Gedanken, die Gründung eines (notwendig staatsförmigen) Rechtszustandes müsse die gegenseitige Anerkennung des schon gegebenen, vorstaatlichen Besitzstandes aller Vertragschließenden implizieren und so den provisorischen Besitz jedes einzelnen zum vollgültigen Eigentum erheben, hatte Fichte z. B. bei Johann Benjamin Erhard gefunden, und zwar in dessen Rezension zu Fichtes ‚Beitrag‘ in Niethammers Philosophischem Journal, 2. Bd. 1795, S. 70–74. (Vgl. den Neudruck der Rezension in: Johann Benjamin Erhard, ‚Über das Recht des Volks zu einer Revolution und andere Schriften‘, hrsg. von Hellmut G. Haasis, München ²1970, Reihe Hanser 36, S. 154–158). Dem genannten Gedanken hat Fichte schon 1796/97 sein Postulat einer gleichheitlichen Eigentumsverteilung durch den Gesetzgeber entgegengesetzt. Vgl. zum Verhältnis zwischen Fichtes Eigentumslehre in NR und Erhards Eigentumslehre Schottky, Untersuchungen, a.a.O., S. 217–225.

S. 17, Z. 2: Daß Fichte schon 1796 eine gleichheitlich-gerechte Verteilung des Eigentums durch den Staatsvertrag fordert, zeigt z. B. NR I, S. 123–125 (= WW III, S. 106 f. = Ak.-Ausg. I,3, S. 400, Z. 11 − S. 401, Z. 15). Eine sehr prägnante Formulierung derselben Forderung dann in GH, S. 9 f. (= WW III, S. 399 = PhB 316, S. 13). Vgl. auch ‚Grundzüge‘, WW VII, S. 150–152, 157 f., 209 f.

S. 17, Z. 14: Zum folgenden vgl. NR I, S. 145 f. (= WW III, S. 123 f. = Ak.-Ausg. I,3, S. 413, Z. 5–30), S. 161 f. (= WW III, S. 135 f. = Ak.-Ausg. I,3, S. 422, Z. 21–30); und NR II, S. 76 f.(= WW III, S. 246 = Ak.-Ausg. I,4, S. 48, Z. 15–25).

S. 18, Z. 12: Zum folgenden vgl. NR I, S. 163–165 (= WW III, S. 137–139 = Ak.-Ausg. I,3, S. 423, Z. 16 − S. 424, Z. 34).

S. 18, Z. 24: Zum folgenden vgl. NR I, S. 115 f.(= WW III, S. 100 = Ak.-Ausg. I,3, S. 395, Z. 16–36), S. 122–124 (= WW III, S. 105–107 = Ak.-Ausg. I,3, S. 399, Z. 18 − S. 401, Z. 3), S. 166–169 (= WW III, S. 139–142 = Ak.-Ausg. I,3, S. 425, Z. 11 − S. 427, Z. 16), S. 174 f. (= WW III, S. 146 = Ak.-Ausg. I,3, S. 430, Z. 2–17), S. 177 (= WW III, S. 148 = Ak.-Ausg. I,3, S. 431, Z. 27–35), S. 180 f. (= WW III, S. 151 f. = Ak.-Ausg. I,3, S. 433, Z. 17 − S. 434, Z. 5), S. 183 f. (= WW III, S. 153 f. = Ak.-Ausg. I,3, S. 435, Z. 5–33), S. 118 (= WW III, S. 102 f. = Ak.-Ausg. I,3, S. 397, Z. 4–21). Vgl. auch Fichtes Rezension zu I. Kant,

‚Zum ewigen Frieden', a.a.O., S. 85 (= WW VIII, S. 430 = Ak.-Ausg. I,3,
S. 224, Z. 4—10).

S. 21, Z. 1: Zum folgenden vgl. NR I, S. 118—120 (= WW III, S. 102—
104 = Ak.-Ausg. I,3, S. 397, Z. 4 — S. 398, Z. 17), S. 123 f. (= WW III,
S. 106 f. = Ak.-Ausg. I,3, S. 400, Z. 12—21); die Frage nach dem Motiv,
das Recht zu wollen, wird an diesen Stellen aus NR allerdings nicht ins
Spiel gebracht. Sie wird in NR anders beantwortet als 1812 in unserem
Text; vgl. Anm. zu S. 12, Z. 10.

S. 22, Z. 12: Zum folgenden vgl. NR I, S. 115—122 (= WW III, S. 100—
105 = Ak.-Ausg. I,3, S. 395, Z. 30 — S. 399, Z. 20), S. 163 f. (= WW III,
S. 137 f. = Ak.-Ausg. I,3, S. 423, Z. 16 — S. 424, Z. 19); und NR II, S. 9 f.
(= WW III, S. 197 = Ak.-Ausg. I,4, S. 9, Z. 37 — S. 10, Z. 11), S. 11 (= WW
III, S. 198 f. = Ak.-Ausg. I,4, S. 11, Z. 1—7), S. 14 f. (= WW III, S. 200—
202 = Ak.-Ausg. I,4, S. 12, Z. 21 — S. 13, Z. 18). In NR II, § 17, gilt der
Eigentumsvertrag als Teil des staatsbegründenden Vertrages. Zwischen Eigentumsvertrag und Staatsbürgervertrag (der dort „Vereinigungsvertrag“
heißt), ist dort noch ein „Schutzvertrag“ eingeschoben. Dieser ist systematisch überflüssig, läßt sich am ehesten verstehen als Restbestand der Fichte-
schen Konzeption von 1793; die Art von staatsbegründendem Vertrag
nämlich, wie sie Fichte im „Beitrag“ entworfen hatte, entspricht inhaltlich
genau dem „Schutzvertrag“ von 1797 (während der Eigentumsvertrag das-
jenige betrifft, was Fichte 1793 als ohnehin durch das unstaatliche Naturrecht geregelt sah, und der „Vereinigungsvertrag“ von Fichte 1793 ver-
nachlässigte Momente der Staatlichkeit — Exekutiv-Autorität und Herr-
schaftsmacht — konstituiert). Systematisch ist die Zweiteilung von 1812
(in „Eigentumsvertrag“ und „Staatsbürgervertrag“) weit überzeugender
als die Dreiteilung von 1797 (NR II). — Daß in RL 1812 der Staat wieder
auf einen Vertrag gegründet wird, ist insofern auffällig, als Fichte in den
„Grundzügen“ (1805) und in den "Reden“ (1808) unterdes einen Staats-
begriff entwickelt hat, der in starker Spannung zum Kontraktualismus
steht. Vgl. z. B. WW VII, S. 146. Vgl. dazu auch Verweyen, Recht und
Sittlichkeit, S. 191, 198 ff.

S. 24, Z. 20: Vgl. zu diesem Abschnitt NR I, Einleitung II (= III,
S. 10 f. = Ak.-Ausg. I,3, S. 321, Z. 3 — S. 322, Z. 2).

S. 24, Z. 25: Vgl. oben S. 8. Der Verweis auf die eigene, von der
gegenwärtigen abweichende, frühere Überzeugung bezieht sich wohl auf
SL 1798; vgl. Z. B. WW IV, S. 237 f., 258, 291 f. — Zu der folgenden
Formulierung über die Weise, wie das Sittengesetz jeden Vertrag überflüssig
mache, vgl. „Staatslehre“, WW IV, S. 584; vgl. auch die kritischen Bemerkungen bei Verweyen, Recht und Sittlichkeit, a.a.O., S. 273 f.

S. 25, Z. 4: Zum folgenden vgl. oben S. 8 und Anm. zu S. 8, Z. 28.
Vgl. auch NR II, S. 29 f. (= WW III, S. 211 f. = Ak.-Ausg. I,4, S. 21,
Z. 20 — S. 22, Z. 6), S. 21 (= WW III, S. 206 = Ak.-Ausg. I,4, S. 17,

Z. 11–13). Eine entferntere Parallel in SL 1812, WW XI, S. 95 f. Kritik an dem Gedanken, daß das Sittengesetz sich nur an den „von allen äußeren Zwecken befreiten ... Willen" wende, üben Verweyen, Recht und Sittlichkeit, a.a.O., S. 267, und Hans Hirsch, Einleitung zu: Johann Gottlieb Fichte, ‚Der geschloßne Handelsstaat', Hamburg 1979 (PhB 316), S. 47* f.

S. 27, Z. 14: Zu dem ethischen Prinzip, aus dem hier gefolgert wird, vgl. SL 1798, WW IV, z. B. S. 232 f., 253, 275–281. Zur speziellen Frage, wieweit „unter der Herrschaft des Sittengesetzes ein Vertrag möglich" ist, sagt SL 1798, WW IV, S. 285, etwas wesentlich anderes als unser Text; es ist in SL 1798 allerdings von einseitigen Versprechungen die Rede, nicht ausdrücklich von Verträgen.

S. 28, Z. 16: Zum folgenden vgl. NR II, S. 1 (= WW III, S. 191 = Ak.-Ausg. I,4, S. 5, Z. 7–9), S. 3 f. (= WW III, S. 192 f. = Ak.-Ausg. I, 4, S. 6, Z. 15–36); und NR I, S. 149–153 (= WW III, S. 126–129 = Ak.-Ausg. I,3, S. 415, Z. 9 – S. 417, Z. 27), S. 163 f. (= WW III, S. 137 f. = Ak.-Ausg. I,3, S. 423, Z. 16 – S. 424, Z. 19), S. 115 (= WW III, S. 100 = Ak.-Ausg. I,3, S. 395, Z. 30–33).

S. 29, Z. 11: Zu dem im folgenden immer wieder eingeschärften Grundsatz, nur materialiter rechtliche Verträge könnten formale Rechtsgültigkeit haben, vgl. die Kritik von Hans Hirsch, nach der ein solcher Grundsatz notwendig jede Rechtssicherheit zerstören müßte: Einleitung zu GH, PhB, 316, a.a.O., S. 59*, und Anm. 97, S. 75* f. – Zu dem Gedanken, daß „in concreto" die Entscheidung der Frage, ob ein Vertrag rechtsgültig ist, der Staatsautorität anheimfällt, weil als Entscheidungskriterium die Konformität des Vertrages mit den staatlichen Gesetzen ausschlaggebend ist, vgl. NR II, S. 61 (= WW III, S. 235 = Ak.-Ausg. I,4, S. 39, Z. 26 – S. 40, Z. 2).

S. 30, Z. 23: Zum Stichwort „negativer Unterlassungsvertrag" vgl. NR II, S. 4, 7, 10, 13 (= WW III, S. 193 f., 196, 198, 200 = Ak.-Ausg. I,4, S. 7, Z. 4–10; S. 8, Z. 34–36; S. 10, Z. 20–24; S. 12, Z. 10–20); und GH, S. 10 ff. (= WW III, S. 400 = PhB 316, S. 14 f.).

S. 30, Z. 29: Der „positive Leistungsvertrag" ist der „Vereinigungsvertrag" von 1797 (NR II), der nun den damaligen „Schutzvertrag" in sich aufgesogen hat; vgl. NR II, S. 9–11 (= WW III, S. 197 f. = Ak.-Ausg. I,4, S. 9, Z. 37 – S. 10, Z. 33), S. 14 f., 18, 22 (= WW III, S. 201 f., 203 f., 207 = Ak.-Ausg. I,4, S. 12, Z. 30 – S. 13, Z. 18; S. 14, Z. 32 – S. 15, Z. 15; S. 17, Z. 34 – S. 18, Z. 8).

S. 31, Z. 31: Zur Begriffsbestimmung von „Eigentum" vgl. oben S. 11 f. und GH, S. 14 f. (= WW III, S. 401 f. = PhB 316, S. 15 f.).

S. 33, Z. 24: Siehe unten S. 71–82.

S. 33, Z. 26: Soweit man aus den kurzen Andeutungen sehen kann, wollte Fichte in diesem „Zweiten Kapitel" tatsächlich ganz seiner Darstellung des „Urrechts" in NR I, §§ 10 und 11 folgen; insofern ist die ziemlich wörtliche Übernahme des dortigen Textes durch I. H. Fichte in diesem Fall wohl als Konjektur zulässig. Die beiden §§, soweit im Text wiedergegeben, stehen in NR I, S. 130–139 (= WW III, S. 112–119 = Ak.-Ausg. I,3, S. 404–409).

S. 38, Z. 24: Zum folgenden vgl. NR II, S. 27 (= WW III, S. 210 = Ak.-Ausg. I,4, S. 20, Z. 13–17).

S. 39, Z. 13: Vgl. NR I, S. 53 f. (= WW III, S. 55 f. = Ak.-Ausg. I,3, S. 360, Z. 7–37) und GH, S. 10 (= WW III, S. 400 = PhB 316, S. 14).

S. 39, Z. 27: Vgl. NR II, S. 27 f. (= WW III, S. 210 f. = Ak.-Ausg. I,4, S. 20, Z. 20 – S. 21, Z. 4) und GH, S. 14 f. (= WW III, S. 401 = PhB 316, S. 15 f.). Zur Kritik an dieser Grundbestimmung von Fichtes Eigentumsbegriff vgl. H. Hirsch, Einleitung zu GH, PhB 316, a.a.O., S. 55* f., und Schottky, Untersuchungen, a.a.O., S. 167 f. Vgl. zu Fichtes Eigentumsauffassung von 1812 auch Metzger, Gesellschaft, Recht und Staat, a.a.O., S. 174–176.

S. 40, Z. 4: Zum folgenden vgl. GH, S. 9 f. (= WW III, S. 399. = PhB 316, S. 13), S. 16–18 (= WW III, S. 402 f. = PhB 316, S. 16 f.). In NR ist der Gedanke, daß der Eigentumsvertrag jedem für alle Zeit „das Seinige" im Sinne idealer (gleichheitlich gedachter) Gerechtigkeit zu sichern habe, daß er also den Staat zu ständiger hoheitlicher Anpassung der tatsächlichen Eigentumsverhältnisse an den Wandel der Lebensumstände verpflichte, noch nicht ausgearbeitet. Ein Ansatz zu diesem Gedanken findet sich aber in NR I, S. 124 f. (= WW III, S. 107 = Ak.-Ausg. I,3, S. 401 Z. 4–15).

S. 41, Z. 3: Zum folgenden vgl. NR II, S. 28–30 (= WW III, S. 211 f. = Ak.-Ausg. I,4, S. 21, Z. 5 – S. 22, Z. 14) und GH, S. 16 (= WW III, S. 402 = PhB 316, S. 16).

S. 42, Z. 10: Zum folgenden vgl. NR II, S. 30–32 (= WW III, S. 212–214 = Ak.-Ausg. I,4, S. 22, Z. 15 – S. 23, Z. 22) und GH, S. 122–126 (= WW III, S. 445–447 = PhB 316, S. 59–61). Zu dem Gedanken, daß nicht nur eine bestimmte Tätigkeit und die dazugehörige Benutzung von Objekten zugesichert sei, sondern darüber hinaus ein bestimmter wirtschaftlicher Erfolg dieser Tätigkeit (hier noch minimalisiert zum Leben-Können, später ausgeweitet) vgl. Metzger, Gesellschaft, Recht und Staat, a.a.O., S. 181; vgl. auch die Kritik bei H. Hirsch, Einleitung zu GH, a.a.O., S. 54* f., und bei Schottky, Untersuchungen, a.a.O., S. 168–173.

S. 42, Z. 33: Zum folgenden vgl. NR II, S. 32–34 (= WW III, S. 213–215 = Ak.-Ausg. I,4, S. 23, Z. 7 – S. 24, Z. 9). Vgl. auch H. Hirsch, Einleitung zu GH, a.a.O., S. 14* und S. 54* f., sowie Schottky, Untersuchungen, a.a.O., S. 173 f. – Angesichts der folgenden Absätze, die so deutliche Hinweise auf den unfreien Charakter der Arbeit in dem von Fichte entworfenen sozialistischen Staat enthalten, wirkt es verblüffend, wenn

Heinrich Rickert in seinem vielzitierten Aufsatz ‚Die philosophischen Grundlagen von Fichtes Sozialismus‘, Logos XI, 1922/23 schreibt: „Schon der ontologische Gedanke, der das Individuum negativ vom Zwange des Kausalzusammenhanges befreit und so die Persönlichkeit als Subjekt in einen Gegensatz zum bloß natürlichen Sein bringt, schließt aus, daß den sinnlichen Antrieben des wirtschaftlichen Lebens die Regelung der Arbeitsverhältnisse und des Rechts auf Eigentum, wie Fichte es verstand, überlassen bleibt. Es wäre der sonderbarste Zufall, wenn auf diesem Wege eine Übereinstimmung mit dem zustande käme, was dem Individualisten als Ideal freier Arbeit vorschwebt." (S. 176) „Im natürlichen Spiel der ökonomischen Interessen war das Individuum in keiner Weise, d. h. nicht einmal negativ, frei. Daß der positiv ethische oder autonome und nicht minder endlich der geschichtliche Individualismus Fichtes zum wirtschaftlichen Sozialismus führen mußte, liegt ebenfalls auf der Hand. Wer das sittliche Individuum als individuelles Glied im Zusammenhang der Kulturarbeit frei erhalten will, muß dem Staat als Form der menschlichen Gemeinschaft die Aufgabe zuweisen, das Wirtschaftsleben so zu organisieren, daß jedes Individuum, wenn es nach eigenem Gewissen sich zur Mitwirkung an der Kultur des Menschengeschlechtes autonom bestimmen will, als sinnliches Individuum frei der Ausbildung seiner Individualität und damit der Erfüllung seiner individuellen Bestimmung leben kann." (S. 176 f.) Freie Selbstbestimmung des Individuums — in einem Wirtschaftssystem, wo jedem Bürger sein Beruf vom Staat zugewiesen, sein Produktionsquantum diktiert, der Verkauf der Produkte an ein bestimmtes staatliches Handelskontor vorgeschrieben wird? Wo die Staatsverwaltung jeden beaufsichtigt, ob er seiner rechtsverbindlichen Arbeitspflicht nachkommt? Fichte selbst sieht es, gerade 1812, viel illusionsloser: „Also . . . giebt der Eigentumsvertrag eine durch Natur und Staat aufgedrungene Tätigkeit . . . Auch Regulierung" (S. 43) und später: „Nun wird der ganze Eigentumsvertrag geschlossen . . . lediglich um der Freiheit willen. Aber durch die Vorkehrungen, die wir treffen, sie zu schützen, sehen wir das gerade Gegenteil erfolgen, ihre Vernichtung." (S. 46) Soweit er Glied des planwirtschaftlichen Mechanismus ist, hat der Mensch also, das sagt Fichte deutlich, gerade keine Freiheit. Freiheit kann hier eigentlich nur in der „Muße" gedeihen, die dem Menschen nach Ableistung seiner Arbeitspflicht, als der eigentliche Arbeitsertrag, zukommt. Insofern engte ein anderer, nicht-planwirtschaftlicher Wirtschaftsmechanismus, falls er dem Individuum nur ein angemessenes Quantum „Muße" gewährte, die individuelle menschliche Freiheit insgesamt keineswegs stärker ein als die sozialistische Planwirtschaft. Daß der wenig überzeugende Gedanke, eine liberale Marktwirtschaft könne immer nur von „sinnlichen Antrieben" in Gang gehalten und gelenkt werden (als ob es beim individuell wirtschaftenden Menschen in einer vom Staat nicht gelenkten Wirtschaft kein Ver-

antwortungsgefühl für die notwendige Versorgung der Mitmenschen geben
könnte und keine anderen leitenden Motive „unsinnlicher" Art) für die
Begründung von Fichtes Sozialismus keine Bedeutung hat, wird ja schon
daraus offenkundig, daß Fichte selbst in NR und GH aufgeklärten Eigennutz zu demjenigen Motiv erklärt, das für das Funktionieren des rechtsstaatlichen Sozial- und Wirtschaftsmechanismus das hinreichende und
eigentliche maßgebende ist. Vgl. NR II, S. 29 f. (= WW III, S. 212 = Ak.-
Ausg. I,4, S. 21, Z. 34 — S. 22, Z. 4), S. 114 (= WW III, S. 273 = Ak.-
Ausg. I,4, S. 69, Z. 3—7). Genau entsprechend heißt es in der ‚Aszetik'
von 1798, WW XI, S. 123: „Die Staatskunst hat es nämlich nicht mit
dem eigentlich freien Willen des Menschen zu tun, sondern mit diesem
Willen, inwiefern er durch Bewegungsgründe aus der Natur angetrieben
werden kann; inwiefern er gleichsam ein Theil in der Kette des Natur-
mechanismus ist." Und auch 1812 sagt Fichte, wo er „Vom Vertrag
überhaupt" redet: „hier das Wesen des Vertrags um zu kommen zu seinem
Rechte: also nur aus einem eigennützigen Grunde: . . ." (S. 30) Das gilt
ja nun wohl auch für den Eigentumsvertrag und den durch ihn begründeten sozialistischen Wirtschaftsmechanismus: beides ist durch Eigennutz
motiviert; wenn Fichte 1812 an anderer Stelle von einem „Wollen des
Rechts um des Rechts willen" (S. 12, 21) spricht, meint er ein überindivi-
duelles Wollen.

S. 44, Z. 23: Zum folgenden vgl. NR II, S. 21, 23 (= WW III, S. 206 f.
= Ak.-Ausg. I,4, S. 17, Z. 15—22, S. 18, Z. 13—19) und GH, S. 71 f.
(= WW III, 424 f. = PhB 316, S. 38 f.). Zur Formulierung des Gleichheits-
grundsatzes im folgenden vgl. BdM, WW II, S. 273. Vgl. zur Gleichheits-Frage
auch H. Hirsch, Einleitung zu GH, a.a.O., S. 56* f.

S. 45, Z. 22: Im folgenden entwickelt Fichte einen in seiner Rechtstheorie relativ neuen Gedanken, daß nämlich um der Freiheit willen für
jeden Staatsbürger aus dem Bereich staatlich reglementierter Wirtschafts-
tätigkeit ein Freiraum der „Muße" ausgespart werden müsse, in dem er
rein individueller Selbstbestimmung überlassen bleibe. Eine Vorform zu
diesem Gedanken findet sich in NR II, S. 20 f. (= WW III, S. 205 f. = Ak.-
Ausg. I,4, S. 16, Z. 1 — S. 17, 13), wo allerdings das Verhältnis der ab-
strakt geforderten individuellen Restfreiheit (nach Ableistung des „Beitrags") zum staatlich reglementierten Arbeitsprozeß noch nicht geklärt
ist. Eine andere Vorform desselben Gedankens enthält GH, S. 63—68
(= WW III, S. 421 ff. = PhB 316, S. 35 ff.). Dort ist die Forderung nach
einem individuellen Freiraum der Muße noch in das allgemeine Postulat
integriert, die rechtliche Staats- und Wirtschaftsverfassung müsse so beschaffen sein, daß sie den Bürgern den (bei Autarkie) höchstmöglichen
Lebensstandard sichere. In anderem Zusammenhang wird das Postulat
der Muße auch in ‚Grundzüge', WW VII, S. 163 f., angedeutet. Vgl. zum
folgenden: Gustav Adolf Walz, ‚Die Staatidee des Rationalismus und der

Romantik und die Staatsphilosophie Fichtes. Zugleich ein Versuch zur Grundlegung einer allgemeinen Sozialmorphologie', Berlin 1928, S. 634 f.; H. Hirsch, Einleitung zu GH, a.a.O., S. 46*–48* u. S. 13* mit Anm. 11; Karl Hahn, ,Staat, Erziehung und Wissenschaft bei J. G. Fichte', München 1969, S. 137–140.

S. 50, Z. 24: Vgl. SL 1798, WW IV, S. 230–233.

S. 50, Z. 33: Wieweit diese Stelle noch mit der Bestimmung des Verhältnisses zwischen Recht und Sittlichkeit vereinbar ist, die Fichte früher in NR und SL 1798 gegeben hatte, ist mir fraglich. Zwar ist klar, daß auch 1798 der Staat letztlich von dem Zweck legitimiert war, Sittlichkeit zu ermöglichen. Aber er sollte sie ermöglichen durch Sicherung formeller Freiheit für alle Individuen, und deren Versittlichung wurde dann ihnen selbst bzw. der unstaatlichen, staatsfreien gesellschaftlichen Interaktion der Individuen überlassen. Der Staat erfüllte also, nach der damaligen Konzeption, seinen höheren sittlichen Zweck ganz von selbst, wenn er nur die formale Rechtsstaatlichkeit zur Vollendung brachte; die „rechtliche Form" eines Staates bewies also damals sehr wohl etwas für seine Rechtlichkeit, weil sie zugleich Garantie für die Erfüllung seiner einzig möglichen (gleichsam negativen) Funktion im Dienste der Sittlichkeit war. Daß der Staat, über seine rechtliche Form hinaus, sich die Sittlichkeit zum positiven, unmittelbaren Zweck machen solle, war im damaligen Begriffsgefüge kein sinnvoller Gedanke. Hier in unserem Text aber scheint nun doch gemeint zu sein, der Staat als Staat müsse es sich zur Aufgabe machen, durch hoheitliche Maßnahmen (?) seine Bürger zu versittlichen. Vgl. Hahn, a.a.O., S. 110–114, und Verweyen, a.a.O., S. 265–267.

S. 51, Z. 14: Hier sucht Fichte einen Ausgleich herzustellen zwischen dem positiven Versittlichungsauftrag des Staates und dem Postulat formeller Freiheit für den einzelnen. Der Übergang zur *sittlichen* Freiheit kann sich in jedem Individuum nur selbst machen, aber diese individuelle Selbstschöpfung der Sittlichkeit kann nicht stattfinden, ohne daß der Staat eine notwendige Bedingung bereitstellt, nämlich öffentliche „Bildungsanstalten zur Freiheit" für alle. Der Staat hat, insofern er solche Bildungsanstalten bereitstellen muß, „sittliche Freiheit" zum positiven Zweck; aber sie werden dem einzelnen, ebenso wie die Muße, sie zu benutzen, nur angeboten; ob er sie wirklich benutzt, steht in seiner eigenen Entscheidung: „Er kann sich bilden, er muß nicht; Anweisung, Unterricht, soviel man will, nur keine Zwangsanstalt" (S. 47). – Nico Wallner, ,Fichte als politischer Denker. Werden und Wesen seiner Gedanken über den Staat', Halle/Saale 1926, S. 225–229, weist mit Recht darauf hin, daß hier die Idee des Kultur- und Erziehungsstaates aus den ,Grundzügen' und den ,Reden', die Fichte ursprünglich in Distanz von der Rechtstheorie und der naturrechtlich-kontraktualistischen Staatstheorie neu entwickelt hatte, mit den naturrechtlichen Beständen von 1796/97 zur Synthese ge-

bracht wird. Ein entsprechender Hinweis bei Verweyen, Recht und Sittlichkeit, a.a.O., S. 265; dort auf S. 266 f. dann kritische Bemerkungen zu
der Art, *wie* Fichte hier die Autonomie des Menschen mit dem Zwangs-
apparat staatlich reglementierter Arbeit verbinden will; weiterhin S. 267 ff.
Hinweise auf Fortschritte, die nach Verweyens Meinung Fichte 1813
(‚Staatslehre‘, ‚Exkurse zur Staatslehre‘) in der tragfähigen Konstruktion
der angestrebten Synthese gemacht hat. — Zu den früheren Ausformun-
gen von Fichtes Idee des Kulturstaats und der Nationalerziehung vgl.
z. B. ‚Grundzüge‘, WW VII, S. 145—148. Wallner (a.a.O., S. 229) betont,
daß die Vorstellung vom „absoluten Staat“ und seiner Bildungsaufgabe,
die Fichte dort 1804/05 entwickelt hat, sehr viel „zentralistischer“, nicht
so „liberal“ sei wie die Vorstellungen von 1812. In den ‚Grundzügen‘ heißt
es in der Tat ausdrücklich, der Staat müsse „alle Kräfte der Individuen für
den Staatszweck in Anspruch“ nehmen (WW VII, S. 147), und es solle „im
vollkommenen Staate durchaus kein gerechter individueller Zweck stattfinden, der nicht in die Berechnung des Ganzen eingegangen und für
dessen Erreichung durch das Ganze nicht gesorgt sey.“ ... „Bildung ist
daher selbst Staatszweck, und der vollkommene Staat wird dessen Beförderung, jedem nach seinem Maasse, schon ohnedies in Anschlag gebracht haben.“ (WW VII, S. 148) Vgl. dazu Wallner, a.a.O., S. 153—160.
Es ist aber zu bedenken, daß, in Spannung zu den gerade zitierten Aussagen, Fichte gleich darauf (WW VII, S. 164—170) Religion, Wissenschaft
und Tugend aus den möglichen Zwecken des Staates ausschließt, die Erhebung in deren Sphären also einerseits der Kirche, andererseits der privaten Selbsttätigkeit der Individuen anheimstellt, während es in den staatlichen Bildungseinrichtungen von 1812 gerade um die Erhebung des Menschen zu sittlicher Freiheit (also zu Tugend und Religion) gehen soll, eine
Erhebung, die ohne „Wissenschaft“ in Fichtes Sinne sich schwerlich vollenden kann. Bei Verweyen vgl. zum Kulturstaat im Sinne der ‚Grundzüge‘, a.a.O., S. 187 f., 192 ff. — In den ‚Reden‘, wo bekanntlich eine
„Nationalerziehung“ vorgeschlagen wird, die alle Kinder und Jugendlichen
in Internaten zusammenfaßt, sie also dem Kontakt mit ihren Eltern entzieht, scheut Fichte nicht zurück vor der beziehungsreich zugespitzten
Formulierung: „der Staat, als ... der ... allein verantwortliche Vormund
der Unmündigen, habe das vollkommene Recht, die letzteren zu ihrem
Heile auch zu zwingen.“ (WW VII, S. 436, vgl. S. 435 f., 441) Freilich ist
zu bedenken, daß es sich in den „Reden“ nur um Kinder und Jugendliche
handelt, die der Staat ihren Eltern entziehen und in seinen staatlichen Bildungseinrichtungen — notfalls zwangsweise — zusammenfassen soll. Die
„Bildungsanstalten“ unseres Textes dagegen, die der Staat — viel liberaler
— nur anbieten soll, sind für Erwachsene, für die „Muße“-Zeiten der arbeitenden Bevölkerung bestimmt. Von der Regelung der Erziehung der Jugend ist in RL 1812 nicht die Rede. — Besondere Bedeutsamkeit für

Fichtes Gesamtkonzeption erhalten die staatlichen Bildungsanstalten dann 1813 in ‚Staatslehre‘ (vgl. WW IV, S. 435—438, 445, 450 ff). Dort gibt Fichte der Synthese des formalrechtlichen Zwangsstaats mit dem Zweck persönlicher Einsicht und Freiheit für alle Menschen eine neue Wendung; er sieht hier in der Funktion des Kulturstaates, alle seine Glieder zur Sittlichkeit, damit zur Einsicht in die Notwendigkeit aller staatlichen Normen und gerade dadurch zu gänzlich freier Selbsteinfügung in die Gemeinschaft zu erziehen, die Lösung auch des Verfassungsproblems, das in RL 1812 zur Aporie führt (S. 155 f.). Vgl. dazu Verweyen, Recht und Sittlichkeit, a.a.O., S. 276 ff, 278 ff.

S. 53, Z. 11: Vgl. ‚Beitrag‘, S. 100 ff. (= WW VI, S. 101 ff. = Ak.-Ausg. I,1, S. 252, Z. 26 — S. 254, Z. 19) und „Bestimmung“, S. 33 (= WW VI, S. 306 = Ak.-Ausg. I,3, S. 37, Z. 16—21).

S. 55, Z. 20: Vgl. GH, S. 66—70 (= WW III, S. 422—424 = PhB 316, S. 36—38); dort wird dem Staat zwar noch nicht ausdrücklich die möglichst günstige Gestaltung des Verhältnisses zwischen Arbeit und Muße zum Zweck gemacht, aber die möglichst vollständige Befriedigung aller denkbaren Bedürfnisse („die menschlichsten Genüsse“) bei „mindest schwerer, und anhaltender Arbeit“; als Mittel schon dort die Arbeitsteilung betont.

S. 56, Z. 16: Zum folgenden vgl. NR II, S. 30; 35 f. (= WW III, S. 212; 216 f. = Ak.-Ausg. I,4, S. 22, Z. 13 f.; S. 24, Z. 32 — S. 25, Z. 21).

S. 57, Z. 9: Zum folgenden vgl. GH, S. 30 f. (= WW III, S. 408 = PhB 316, S. 22).

S. 58, Z. 4: Zum folgenden vgl. NR II, S. 37 f. (= WW III, S. 217 f. = Ak.-Ausg. I,4, S. 26, Z. 3—24) und GH, S. 111—117 (= WW III, S. 441—443 = PhB 316, S. 55—57).

S. 58, Z. 21: Im folgenden wendet Fichte sich gegen die Verfechter des Ständestaates, die die erblichen Privilegien der Adelsfamilien und die Erbuntertänigkeit der auf den Rittergütern ansässigen Bauern verteidigten. Die These, nur die Vorfahren der Adligen seien, als ursprüngliche Grundbesitzer, Partner im staatsbegründenden Vertrag gewesen, nur die Adligen seien deshalb, durch Erbrecht, vollberechtigte selbständige Glieder des Staates, war z. B. in folgenden, Fichte bekannten, Schriften formuliert: August Wilhelm Rehberg, ‚Untersuchungen über die Französische Revolution nebst kritischen Nachrichten von den merkwürdigsten Schriften welche darüber in Frankreich erschienen sind, Erster Theil‘, Hannover und Osnabrück 1793, S. 45 ff, 58 ff., 62 f.; Theodor Schmalz, ‚Das natürliche Staatsrecht‘, Frankfurt und Leipzig 1794, §§ 48 (S. 37), 51—54 (S. 38 ff.), 67 (S. 49). Vgl. zum folgenden auch Fichtes Auseinandersetzung mit der Problematik von Adel und Großgrundbesitz in ‚Beitrag‘, 4. und 5. Kapitel. Diese Auseinandersetzung, z. T. unmittelbar auf Rehberg bezogen, berührt sich mit den Aussagen unseres Textes allerdings

nur stellenweise; vgl. dort zu den ungleichen Verträgen insbesondere
S. 201 ff. (= WW VI, S. 157 f. = Ak.-Ausg. I,1, S. 299 f.); zu dem Satz
„Macht . . . giebt durchaus kein Recht": S. 62 (= WW VI, S. 81 = Ak.-
Ausg. I,1, S. 236, Z. 6 f.) und S. 216 f. (= WW VI, S. 165 f. = Ak.-Ausg.
I,1, S. 305, Z. 18—30). — Vgl. zum folgenden weiter GH, S. 111 f.
(= WW III, S. 441 = PhB 316, S. 55) und dazu die Anm. von H. Hirsch,
S. 127 f. in PhB 316.

S. 60, Z. 11: Vgl. zu 1.) die im einzelnen abweichende Darstellung in
‚Beitrag', S. 279—281 (= WW VI, S. 200 f. = Ak.-Ausg. I,1, S. 333, Z. 20
— S. 334, Z. 15) und S. 296 (= WW VI, S. 209 = Ak.-Ausg. I,1, S. 342,
Z. 22—24). Vgl. zu 2.) SL 1798, WW IV, S. 238—240, und Fichtes ‚Asze-
tik als Anhang zur Moral' (1798), WW XI, S. 124 f. Vgl. zu 3.) NR II,
S. 37 (= WW III, S. 217 f. = Ak.-Ausg. I,4, S. 26, Z. 5—15).

S. 62, Z. 3: A,B,C,D bezeichnen in NR II thematisch analoge Teile
von § 19. Abschnitt B entspricht inhaltlich NR II, S. 42 f. (= WW III,
S. 221 f. = Ak.-Ausg. I,4, S. 29, Z. 18 — S. 30, Z. 3). Abschnitt C ent-
spricht NR II, S. 45 ff. (= WW III, S. 223 ff. = Ak.-Ausg. I,4, S. 31 ff.).
Abschnitt D entspricht NR II, S. 56 (= WW III, S. 231 = Ak.-Ausg. I,4,
S. 37, Z. 1—8). Vgl. zu D und dem folgenden auch oben S. 57.

S. 63, Z. 23: Vgl. zum folgenden GH, S. 20 (= WW III, S. 403 = PhB
316, S. 17) und S. 63—70 (= WW III, S. 421—424 = PhB 316, S. 35—38);
NR II, S. 58 f. (= WW III, S. 233 = Ak.-Ausg. I,4, S. 38, Z. 8—29).

S. 64, Z. 27: Vgl. zum folgenden GH, S. 30 f. (= WW III, S. 408 =
PhB 316, S. 22).

S. 65, Z. 28: Vgl. zum folgenden GH, S. 19 f. (= WW III, S. 403 f. =
PhB 316, S. 17 f.) und S. 21 f. (= WW III, S. 404 f. = PhB 316, S. 18 f.).

S. 66, Z. 9: Zu diesem Absatz vgl. NR II, S. 58 (= WW III, S. 233 =
Ak.-Ausg. I,4, S. 38, Z. 8—12).

S. 66, Z. 10: Parallelstelle zum folgenden, mit z. T. wörtlichen Anklängen: GH, S. 124—127 (= WW III, S. 446 f. = PhB 316, S. 60 f.). Vgl.
außerdem GH, S. 189—191 (= WW III, S. 471 = PhB 316, S. 85) und NR
II, S. 30 f. (= WW III, S. 212 f. = Ak.-Ausg. I,4, S. 22, Z. 15—21).

S. 67, Z. 28: Vgl. GH, S. 28 (= WW III, S. 407 = PhB 316, S. 21).

S. 68, Z. 6: Zum folgenden vgl. NR II, S. 59 f. (= WW III, S. 233 f.
= Ak.-Ausg. I,4, S. 38 f., insbesondere, mit wörtlichen Anklängen, S. 38,
Z. 20—29 und S. 39, Z. 11 f.). Vgl. zum folgenden weiter GH, S. 35 f.
(= WW III, S. 410 = PhB 316, S. 24). Zur Stellung des Begriffs „Zunft" in
Fichtes wirtschaftstheoretischem System vgl. H. Hirsch, Einleitung zu
GH, PhB 316, S. 22* f.

S. 69, Z. 1: Zum folgenden (Kaufmanns-Stand) vgl. NR II, S. 60
(= WW III, S. 234 f. = Ak.-Ausg. I,4, S. 39, Z. 19—23) und GH, S. 23 f.;
S. 37—39 (= WW III, S. 405; 411 = PhB 316, S. 19, 25).

S. 70, Z. 1: Vgl. zum folgenden GH, S. 39–41 (= WW III, S. 412 = PhB 316, S. 26).

S. 71, Z. 23: Zu Fichtes im folgenden ausführlich entwickelter Wert- und Preislehre vgl. die in vielem abweichende Darstellung desselben Themenkomplexes in GH, S. 47–58 (= WW III, S. 415–419 = PhB 316, S. 29–33). Dazu und gerade auch zu dem noch 1812 sich durchhaltenden Grundansatz der Wert- und Preislehre vgl., vom Gesichtspunkt der Volkswirtschaftslehre aus, H. Hirsch, Einleitung zu GH, PhB 316, S. 33*–42*.

S. 73, Z. 35: Zu dieser in den weiteren Ausführungen Fichtes vorausgesetzten Definition des rechtlichen Eigentums, nach der ein bestimmter wirtschaftlicher Erfolg der vom Staat dem einzelnen zugewiesenen wirtschaftlichen Tätigkeit im Eigentumsbegriff impliziert ist, vgl. Kritik bei H. Hirsch, Einleitung zu GH, PhB 316, S. 54* f. Zum Gleichheitspostulat, das im folgenden ebenfalls immer wieder auftaucht, vgl. H. Hirsch, a.a.O., S. 56* f.

S. 78, Z. 5: Zum folgenden (Besteuerung) vgl. GH, S. 71–78 (= WW III, S. 424–427 = PhB 316, S. 38–41). Von wem unmittelbar die Abgaben an den Staat abgeführt werden sollen, ließ Fichte in GH noch offen.

S. 81, Z. 1: Siehe oben S. 78 und Anm. dazu.

S. 82, Z. 21: Vgl. GH, S. 55–57 (= WW III, S. 418 f. = PhB 316, S. 32 f.). Die von Fichte im folgenden gezogene Konsequenz, daß der gesamte Handel durch Beamte auf Rechnung des Staates besorgt werden müsse, ist gegenüber den Vorstellungen in GH hier neu. Vgl. dazu H. Hirsch, Einleitung zu GH, PhB 316, S. 16*.

S. 83, Z. 17: Anders als im folgenden fordert Fichte in NR II, S. 67 f. (= WW III, S. 239 f = Ak.-Ausg. I,4, S. 43, Z. 14–20) noch, daß der Bürger seine Abgaben immer auch in Geld müsse leisten können.

S. 84, Z. 17: Vgl. zum folgenden NR II, S. 66 f. (= WW III, S. 239 = Ak.- Ausg. I,4, S. 42, Z. 26 – S. 43, Z. 10). Dort beurteilt Fichte die Sicherungsmöglichkeit gegen inflationäre Geldvermehrung durch den Staat noch etwas anders als 1812, weil er noch mit dem freien Welthandel rechnet. Auch empfiehlt Fichte 1797 noch Gold als Geld-Material. Zur Pflicht des Staates, jederzeit jede auf seinem Territorium produzierte Ware gegen Geld zu verkaufen, vgl. NR II, S. 65 (= WW III, S. 238 = Ak.- Ausg. I,4, S. 42, Z. 7–14). Vgl. zu folgenden weiter GH, S. 89–102 (= WW III, S. 432–437 = PhB 316, S. 46–51), S. 228–233 (= WW III, S. 487 f. = PhB 316, S. 101 f.), S. 244 f. (= WW III, 493 f. = PhB 316, S. 107 f.) und S. 279 f. (= WW III, S. 508 = PhB 316, S. 122). Für die Weiterentwicklung, die Fichtes Gedanken über das Geld zwischen NR II und GH durchmachten, ist aufschlußreich sein neuerdings erstmalig veröffentlichtes Manuskript ‚Über Staatswirtschaft‘, zu finden in der Neu-Edition von GH, PhB 316 (Hrsg. Hans Hirsch), S. 129 ff.; Berührungen mit unserem Text dort vor allem S. 132 f. Als volkswirtschaftlichen Kom-

mentar zu Fichtes Geldtheorie insgesamt vgl. H. Hirsch, Einleitung zu
GH, PhB 316, S. 30*—33*.

S. 90, Z. 12: Vgl. GH, S. 150 f. (= WW III, S. 455 f. = PhB 316, S.
69 f.); zum folgenden finden sich entferntere Parallelen in GH, S. 154 —
158 (= WW III, S. 457 f. = PhB 316, S. 71 f.).

S. 91, Z. 7: Zum folgenden vgl. GH, S. 160 (= WW III, S. 459 = PhB
316, S. 73). Die in unserem Text sich anschließende Polemik gegen ,,Frei-
heit des Handels`` und ,,der Gewerbe`` richtet sich gegen den starken Einfluß, den in der Entstehungszeit von RL 1812 Adam Smith ('An Inquiry
into the Nature and Causes of the Wealth of Nations‘, London 1776) in
Europa ausübte. Gerade auch in den Kreisen der Reformer, die seit 1807
den preußischen Staat zu modernisieren und in freiheitlichem Geiste umzu-
gestalten suchten, war dieser Einfluß stark, besonders z. B. auch bei dem
mit Fichte in seinen Studienjahren befreundeten Kantianer Theodor von
Schön. — Ein scharfes Verdikt gegen die Gewerbefreiheit findet sich schon
in NR II, S. 58 (= WW III, S. 233 = Ak.-Ausg. I,4, S. 38, Z. 6 f.).

S. 93, Z. 23: Kapital und Zins werden 1812 erstmalig zum Gegenstand
thematischer Erörterungen bei Fichte. Vgl. zum folgenden H. Hirsch, Einleitung zu GH, PhB 316, S. 39* und Anm. 53 auf S. 72*.

S. 95, Z. 21: Die konstante Lebensform von Bibern und Bienen ver-
wendet Fichte als Kontrastfolie zur Verdeutlichung der wesensmäßigen
Fortschritts-Bezogenheit der Gattung Mensch schon im ,Beitrag‘, S. 104
(= WW VI, S. 103 = Ak.-Ausg. I,1, S. 254, Z. 26—30) — dort allerdings
geht es, anders als in unserem Text, um die Notwendigkeit des geistigen
bzw. sittlichen Fortschritts der Menschheit. In ähnlichem Sinne tauchte
der Topos schon bei I. Kant (,Ideen zu einer allgemeinen Geschichte in
weltbürgerlicher Absicht‘, 1784, Einleitung, Ak.-Ausg. Bd. VIII, S. 17),
hinsichtlich der Bienen auch bei J. G. Herder (,Abhandlung vom Ursprung
der Sprache‘, 1772, Werke, hrsg. von Suphan, Bd. V, S. 97 f.) auf.

S. 99, Z. 4: Zum folgenden vgl. oben S. 66 und Anm. zu S. 66, Z. 9.

S. 101, Z. 22: Vgl. GH, S. 32 f. (= WW III, S. 408 f. = PhB 316,
S. 22 f.).

S. 102, Z. 29: Vgl. GH, S. 277 f. (= WW III, S. 507 f. = PhB 316,
S. 121 f.).

S. 102, Z. 30: Zum Thema Außenhandel vgl. GH, S. 58—62 (= WW
III, S. 419—421 = PhB 316, S. 33—35), S. 186—189 (= WW III, S. 470 f.
= PhB 316, S. 84 f.) und S. 271—273 (= WW III, S. 505 = PhB 316,
S. 119). Bekanntlich hat Fichte in GH für den Vernunftstaat den Außen-
handel grundsätzlich abschaffen, nur für Ausnahmefälle einen staatlichen
Tauschhandel als unwesentliche Randerscheinung zulassen wollen. Vgl.
dazu H. Hirsch, Einleitung zu GH, PhB 316, S. 17*. Der Ausdruck ,,Be-
geisterung`` in unserem Text, S. 104, bezieht sich auf die freihändlerische

Schule der Nationalökonomie, die vor allem an Gedankengänge von Adam Smith anknüpfte (s. o. Anm. zu S. 91).

S. 106, Z. 21: Der im folgenden (bis zur nächsten Zwischenüberschrift) von Fichte nur angedeutete Gedankengang dient in NR dazu, den Begriff des Geldes einzuführen bzw. als rechtsnotwendig zu deduzieren. Vgl. NR II, S. 64 f.; S. 68 (= WW III, S. 237 f.; S. 240 = Ak.-Ausg. I,4, S. 41, Z. 9 – S. 42 Z. 6; S. 43, Z. 25–32). An diese Abschnitte von NR II hat sich auch I. H. Fichte mit seinen Ergänzungen (mit geringfügigen Änderungen des Wortlauts) gehalten. Anregungen zu dem Deduktions-Gedankengang hatte Fichte wahrscheinlich von Johann Benjamin Erhard empfangen; vgl. dessen Buch ‚Über das Recht des Volks auf eine Revolution‘, Jena 1794, S. 130, Anm. (in der Ausgabe von H. G. Haasis, München 1970, S. 69 f.).

S. 107, Z. 30: Die folgenden Stichworte J. G. Fichtes ergänzt I. H. Fichte nach NR II, S. 69–71 (= WW III, S. 240–242 = Ak.-Ausg. I,4, S. 44 f.) (Wortlaut stellenweise verändert).

S. 109, Z. 25: Im folgenden gibt I. H. Fichte zur Ergänzung der wenigen Stichworte des Manuskripts eine gekürzte Paraphrase von NR II, S. 76–81 (= WW III, S. 246–249 = Ak.-Ausg. I,4, S. 48, Z. 15 – S. 50, Z. 32).

S. 111, Z. 4: Zum folgenden (Selbstverteidigung) vgl. NR II, S. 82– 85 (= WW III, S. 250–252 = Ak.-Ausg. I,4, S. 51, Z. 12 – S. 53, Z. 14).

S. 116, Z. 31: Die Seitenangaben hinsichtlich NR II sind in den Fußnoten von H. Schulz in diesem Abschnitt ungenau. S. 90 von NR II beginnt z. B. schon hier. In WW III stehen die Abschnitte über „Acquisition", „Schenkung" und „Erbe" auf S. 255–259, in Ak.-Ausg. I,4 auf S. 55–58. In der Behandlung des Erbrechts gibt es zwischen NR und RL 1812 Unterschiede; vor allem kennt NR II noch nicht den Gedanken des Gesamteigentums der Familie.

S. 123, Z. 4: Zum Thema Strafgesetz insgesamt vgl. Verweyen, Recht und Sittlichkeit, a.a.O., S. 126–132; m. E. sind dort die Unterschiede zwischen NR und RL allerdings größer dargestellt, als sie in Wahrheit sind. – Zum unmittelbar folgenden (1.–4.) vgl. oben S. 13, 14, 18–23. Vgl. weiterhin NR II, S. 95 f. (= WW III, S. 260 = Ak.-Ausg. I,4, S. 59, Z. 1–25) und NR I, S. 167–170 (= WW III, S. 140–142 = Ak.-Ausg. I,3, S. 426, Z. 5 – S. 427, Z. 24).

S. 126, Z. 11: Zum folgenden vgl. NR I, S. 168 f. (= WW III, S. 141 f. = Ak.-Ausg. I,3, S. 426, Z. 14 – S. 427, Z. 16).

S. 127, Z. 13: Vgl. NR I, S. 167 (= WW III, S. 140 = Ak.-Ausg. I,3, S. 425, Z. 25–32).

S. 127, Z. 22: Zum folgenden vgl. NR I, S. 170; S. 179 (= WW III, S. 142 f.: 150 = Ak.-Ausg. I,3, S. 427, Z. 25–36; S. 432, Z. 29 – S. 433, Z. 6) und NR II, S. 114 f. (= WW III, S. 273 f. = Ak.-Ausg. I,4, S. 69, Z. 3–18).

S. 129, Z. 2: Vgl. NR II, S. 21 (= WW III, S. 206 = Ak.-Ausg. I,4, S. 17, Z. 11–13).

S. 129, Z. 21: Zum folgenden (einschließlich 5.) vgl. NR II, S. 98 f.; S. 152 (= WW III, S. 262 f.; S. 300 = Ak.-Ausg. I,4, S. 60, Z. 30 – S. 61, Z. 16; S. 91, Z. 13–15).

S. 130, Z. 29: Die Theorie eines absoluten Strafrechts, die Fichte im folgenden kritisiert, findet er bei I. Kant in ,Metaphysik der Sitten, Königsberg 1797, Erster Theil. Metaphysische Anfangsgründe der Rechtslehre‘, S. 196–203 der Erstausgabe. Vgl. zur Auseinandersetzung mit Kants Strafrechts-Theorie NR II S. 127–129 (= WW III, S. 282–284 = Ak.-Ausg. I,4, S. 76, Z. 9 – S. 78, Z. 8); zur Stützung seiner Ablehnung der Todestrafe bezieht sich Fichte dort auf den von Kant kritisierten Cesare Bonesano de Beccaria (vgl. dessen Buch ,Dei delitti e delle pene‘, [Livorno] 1764, S. 61 f.). Ähnlich wie in NR urteilt Fichte, in anderem Gedankenzusammenhang. über die Todestrafe auch in ,Grundzügen‘ (vgl. WW VII, S. 218 f.).

S. 132, Z. 7: Vgl. NR II, S. 114 (= WW III, S. 273 = Ak.-Ausg. I,4, S. 68, Z. 39 – S. 69, Z. 3). Zum folgenden (4. und 5.) vgl. NR II, S. 99–102 (= WW III, S. 262–264 = Ak.-Ausg. I,4, S. 61, Z. 5 – S. 62, Z. 21); aus dieser Passage nimmt auch I. H. Fichte seine Ergänzungen.

S. 133, Z. 12: Zum folgenden vgl. NR II, S. 111 f.)= WW III, S. 271 f. = Ak.-Ausg. I,4, S. 67, Z. 28 – S. 68, Z. 5); dorther stammen auch die Ergänzungen I. H. Fichtes.

S. 134, Z. 7: Zum folgenden vgl. NR II, S. 102 f. (= WW III, S. 264 f. = Ak.- Ausg. I,4, S. 62, Z. 31 -- S. 63, Z. 10). Die kurzen Sätze des Manuskripts berühren sich thematisch mit diesen Stellen aus NR, ohne daß man genau sehen kann, wieweit Fichte 1812 inhaltlich dasselbe vertreten wollte wie im Buch von 1797. I. H. Fichte hat die längere in diesem Abschnitt von ihm hinzugefügte Passage aus NR II, S. 102 f. genommen.

S. 135, Z. 7: Zum folgenden vgl. NR II, S. 114 f. (= WW III, S. 273 f. = Ak.-Ausg. I,4, S. 69, Z. 3–22).

S. 135, Z. 25: Der mit 7. beginnende Absatz entspricht NR II, S. 95 f. (= WW III, S. 260 = Ak.-Ausg. I,4, S. 59, Z. 3–25); dorther nimmt auch I. H. Fichte seine Ergänzungen und den nächsten, vollständig von ihm eingefügten Absatz.

S. 136, Z. 22: Die folgenden 5 Absätze, die I. H. Fichte eingefügt hat, entsprechen NR II, S. 96–98 (= III, S. 260–262 = Ak.-Ausg. I,4, S. 59, Z. 26 – S. 60, Z. 28).

S. 137, Z. 26: Diese Ergänzung I. H. Fichtes ist irreführend. Der von J. G. Fichte gemeinte „erste Fall“ ist gerade nicht der von ihm mit dem Ausdruck „Unbesonnenheit“ gekennzeichnete, sondern der des „material bösen Willens“; vgl. NR II, S. 101 (= WW III, S. 263 = Ak.-Ausg. I,4, S. 61, Z. 39). Die folgenden, im Manuskript enthaltenen Sätze fassen zunächst

ganz kurz Gedankengänge zusammen, die in NR II auf S. 97—101 (= WW
III, S. 260—263 = Ak.-Ausg. I,4, S. 59, Z. 29 — S. 62, Z. 1) stehen.

Die Bemerkungen des Manuskripts zum „zweiten Fall", die in unserem
Text bis S. 140 abgedruckt sind, finden ihre Parallelen in NR II, S. 102—
111 (= WW III, S. 264—271 = Ak.-Ausg. I,4, S. 62, Z. 22 — S. 67, Z. 23).
Es bestehen aber zwischen NR und RL erhebliche inhaltliche Unterschiede:
z. B. nimmt Fichte 1812 von vornherein Fälle fehlenden Willens (Unbesonnenheit) mit Fällen formal bösen Willens zusammen. Neu ist ebenso
der Gedanke, es könne mit der Ausschließung vom Staat die Strafe des
„gleichen Verlustes" verbunden werden; neu auch der Vorschlag, körperliche Mißhandlungen anderer mit dem öffentlichen Vollzug der gleichen
Mißhandlungen am Verbrecher zu bestrafen.

S. 140, Z. 26: Vgl. zu diesem Satz NR II, S. 96 f. (= WW III, S. 260 =
Ak.-Ausg. I,4, S. 59, Z. 26—28), S. 113 (= WW III, S. 273 = Ak.-Ausg.I,4,
S. 68, Z. 28—31), S. 122 f. (= WW III, S. 278—280 = Ak.-Ausg. I,4, S. 73,
Z. 5—17 und S. 74, Z. 1—6). Zu den folgenden Sätzen (über „ein rein
menschliches Recht") vgl. NR II, S. 125 f. (= WW III, S. 281 f. = Ak.-
Ausg. I,4, S. 75, Z. 6—25), SL 1798, WW IV, S. 278 f., SL 1812, WW XI,
S. 94 f.

S. 141, Z. 13: Zum folgenden vgl. NR II, S. 122 f. (= WW III, S. 278 ff.
= Ak.-Ausg. I,4, S. 73, Z. 5—39), S. 125 f. (= WW III S. 281 = Ak.-Ausg.
I,4, S. 75, Z. 6—17); SL 1798, WW IV, S. 278 f.; SL 1812, WW XI, S. 94 f.

S. 142, Z. 10: Vgl. zu dem Grundsatz, daß der Verbrecher in Isola-
tion von der Gesellschaft gebessert werden müsse, NR II, S. 113—116
(= WW III, S. 273 f. = Ak.-Ausg. I,4, S. 68, Z. 11 bis S. 69, Z. 37) und
S. 118 f. (= WW III, S. 276 f. = Ak.-Ausg. I,4, S. 71, Z. 9—33).

S. 142, Z. 30: Vgl. oben S. 130 f. und Anm. zu S. 130. Die folgende
Argumentation gegen die Todestrafe bzw. gegen eine Befugnis des Staates,
Mörder oder andere Schwerverbrecher zu töten, geht über die in NR II
(S. 122—129) erheblich hinaus.

S. 144, Z. 17: Zu diesem Absatz vgl. NR II, S. 120 f. (= WW III, S. 277 f.
= Ak.-Ausg. I,4, S. 72, Z. 8—25). Dort hat Fichte es nur als eine Möglichkeit dargestellt, daß auch Mörder in Besserungsanstalten aufbewahrt
werden; er machte diese Möglichkeit davon abhängig, ob sich Freiwillige
finden, die, in privaten Gesellschaften organisiert, die Mörder zu beauf-
sichtigen und zu erziehen bereit seien; eine Pflicht des Staates, Besserungsanstalten auch für Mörder zu unterhalten und das Personal für sie bereit-
zustellen, hat Fichte damals noch nicht statuiert. Vielmehr hat er für
manche Fälle, in denen der Staat sich nicht anders gegen den Verbrecher
zu schützen weiß, damals dessen Tötung durch den Staat noch zugelassen.
Vgl. dazu NR II, S. 123 f. (= WW III, S. 280 = Ak.-Ausg. I,4, S. 74, Z. 1—19)
und S. 126 (= WW III, S. 281 f. = Ak.-Ausg. I,4, S. 75, Z. 16—22). Die
folgenden drei, von I. H. Fichte eingeschobenen, Absätze (ab 11.) ent-

sprechen (mit Änderungen im Wortlaut) NR II, S. 113 f. (= WW III, S. 272 f.
= Ak.-Ausg. I,4, S. 68, Z. 11 — S. 69, Z. 10).

S. 145, Z. 15: Zum folgenden vgl. NR II, S. 116 f. (= WW III, S. 275
= Ak.-Ausg. I,4, S. 70, Z. 13—33).

S. 146, Z. 2: Die folgenden Ergänzungen hat I. H. Fichte (mit Änderungen des Wortlauts) entnommen aus NR II, S. 103—106 (= WW III,
S. 265—267 = Ak.-Ausg. I,4, S. 63, Z. 11 — S. 64, Z. 28).

S. 147, Z. 8: 1796 hat Fichte das Problem der Konstitution behandelt in NR I, S. 120—128 (= WW III, S. 104—110 = Ak.-Ausg. I,3, S. 398,
Z. 27 — S. 403, Z. 3) und S. 179—229 (= WW III, S. 150—187 = Ak.-Ausg.
I,3, S. 432—460). Im einzelnen gibt es zwischen den dort entwickelten
Gedankengängen und denen unseres Textes sowohl enge Berührungen wie
erhebliche Unterschiede. (Vgl. zu Fichtes Verfassungs-Konstruktion von
1796/97 insgesamt Schottky, Untersuchungen, a.a.O., S. 159—163, 180—
187). Die These, es sei notwendig, „das Recht in einen lebendigen unfehlbaren Willen" zu verwandeln, hat Fichte schon in NR I, S. 122, formuliert;
aber dort wird diese These, anders als 1812, über das Postulat abgeleitet,
das Gesetz müsse eine Macht werden; und dort wird als derjenige Wille,
der als einziger mit dem Recht identisch sein könne und auch notwendig
sei, die volonté générale, als Träger dieses Willens also die Volksgesamtheit,
identifiziert. Dieser an Rousseau anknüpfende Gedanke, daß der eigentliche Souverän von Recht wegen das Volk sei und daß die Amtsbefugnis
der Regenten aus (rechtsnotwendiger) Übertragung seitens des souveränen
Volkes stamme, fehlt 1812 — eine deutliche Abschwächung der ursprünglichen demokratischen Grundtendenz. — Einzelne Parallelen zwischen
NR I und RL markiere ich in den folgenden Anmerkungen, ohne auf die
Unterschiede im Kontext bzw. in der Gesamtkonstruktion jedesmal einzugehen.

S. 148, Z. 6: Diesen Satz hat I. H. Fichte aus NR I, S. 229 (= WW III,
187 = Ak.-Ausg. I,3, S. 460, Z. 24 f.), wo er in einem ganz anderen Zusammenhang steht.

S. 148, Z. 13: Vgl. NR I, S. 183 (= WW III, 153 = Ak.-Ausg. I,3,
S. 435, Z. 5—7). Im folgenden Absatz stammt der Zusatz I. H. Fichtes
aus NR I, S. 180 (=.WW III, 151 = Ak.-Ausg. I,3, S. 433, Z. 21—23);
der Begriff „gemeinsamer Wille", der auf Rousseau und auf seine Volks-
souveränitätslehre hindeutet, steht im Manuskript von RL 1812 nicht.
Den unter 2.) angeschlossenen Gedanken, daß die unmittelbare Demokratie keine rechtmäßige Staatsform sei, der Staat vielmehr repräsentativ
organisiert sein, die Staatslenkung also an bestimmte Personen übertragen werden müsse, betont Fichte, allerdings mit anders akzentuierter Begründung, schon in NR I, Einleitung (= WW III, 14 = Ak.-Ausg. I,3, S. 325,
Z. 5—8) und NR I, S. 192 (= WW III, 159 f. = Ak.-Ausg. I,3, S. 439,
Z. 33 — S. 440, Z. 13).

S. 149, Z. 6: Zum folgenden vgl. NR I, S. 118 f. (= WW III, 102 f. = Ak.-Ausg. I,3, S. 397, Z. 15—28), S. 120 (= WW III, S. 104 = Ak.-Ausg. I,3, S. 398, Z. 27—30), S. 122 (= WW III, 105 = Ak.-Ausg. I,3, S. 399, Z. 30 f.), S. 180 (= WW III, 151 = Ak.-Ausg. I,3, S. 433, Z. 11—23) und S. 201 (= WW III, S. 166 = Ak.-Ausg. I,3, S. 445, Z. 3—5).

S. 150, Z. 11: Zur Frage der Souveränität vgl. den analogen Gedankengang in ‚Reden‘, WW VII, S. 363 ff.

S. 150, Z. 14: Zum folgenden vgl. NR I, S. 201 f. (= WW III, S. 166 f. = Ak.-Ausg. I,3, S. 445, Z. 14—21), S. 197 (= WW III, S. 163 = Ak.-Ausg. I,3, S. 442, Z. 32 — S. 443, Z. 2) und S. 203 (= WW III, S. 168 = Ak.-Ausg. I,3, S. 446, Z. 7—9).

S. 151, Z. 10: Zur kritischen Auseinandersetzung mit dem Prinzip der Gewaltenteilung vgl. NR I, Einleitung (= WW III, S. 14—16 = Ak.-Ausg. I,3, S. 326, Z. 1 — S. 328, Z. 7) und S. 193 f. (= WW III, S. 160 f. = Ak.-Ausg. I,3, S. 440, Z. 21 — S. 441, Z. 20).

S. 152, Z. 20: Zum folgenden vgl. NR I, S. 207—229 (= WW III, S. 170—187 = Ak.-Ausg. I,3, S. 448, Z. 15 — S. 460). Zur Frage des Ephorats und der Gewaltenteilung vgl. auch Schottky, Untersuchungen, a.a.O., S. 180—184.

S. 153, Z. 16: In NR I sagt Fichte noch ohne Einschränkung, das Urteil des Volkes werde „notwendig gerecht, d.i. dem ursprünglichen gemeinsamen Willen gemäß sein" (S. 211 f. = WW III, S. 174 = Ak.-Ausg. I,3, S. 450, Z. 33 — S. 451, Z. 9); er meint dort offenbar auch: „material" gerecht. Einige Seiten weiter stellt er klar, daß das Volk, weil souverän und nur Gott verantwortlich, sobald es vollständig, ohne Ausnahme, zusammentritt, „die höchste Gewalt" — und d. h. zugleich: der höchste Richter — ist. (S. 222 = WW III, S. 182 = Ak.-Ausg. I,3, S. 456, Z. 36 — S. 457, Z. 7). Erst im völkerrechtlichen „Zweiten Anhang" zu NR II gibt Fichte dann ausdrücklich zu, daß „im Staatsrechte sich die absolute Unmöglichkeit eines ungerechten Richterspruchs des versammelten Volks" nicht aufweisen läßt (S. 264 = WW III, S. 382 = Ak.-Ausg. I,4, S. 162, Z. 6—13), hält aber gleichzeitig an der Notwendigkeit fest, das versammelte Volk als höchsten Richter zu betrachten, dessen Urteil juridisch letztgültig ist, also juridisch als „gerecht" zu gelten hat. Hier ist offenbar schon die Unterscheidung zwischen formaler Rechtlichkeit und materialer Gerechtigkeit eines Urteils gedacht. Explizit mit diesen Termini hat Fichte das Problem in einem Brief an K. L. Reinhold vom 4. Juli 1797 behandelt (Schulz I, S. 565 = Ak.-Ausg. III, 3, S. 72); er hält dort an seiner Lösung aus NR fest, indem er dem Volk das Recht zugesteht, im schlimmsten Fall sein Urteil, auch wenn es materialiter ungerecht sein sollte, „der Entscheidung der reinen Vernunft gleichzusetzen". Vgl. zu dem Problemkomplex Verweyen, Recht und Sittlichkeit, a.a.O., S. 274—278. Die Stelle, auf die Fichte zu Beginn des nächsten Absatzes anspielt, ist in der

Fußnote richtig angegeben: NR I, S. 221 f. (= WW III, S. 181 f. = Ak.-
Ausg. I,3, S. 456, Z. 17 — S. 457, Z. 10).

S. 154, Z. 23: 1793 hatte Fichte in ,Beitrag' ein Plädoyer für die Revolution gehalten. Freilich kein uneingeschränktes: Schon damals warnte
er davor, die ,Grundsätze', aus denen er die Französische Revolution als
rechtmäßig erweist, mißzuverstehen als Anweisung, sich nun auch in
Deutschland gegen die bestehenden Staaten bzw. deren Herrschaftsfor-
men zu erheben (S. VII f., XVII f. = WW VI, S. 40 f. u. 44 = Ak.-Ausg.
I, 1, S. 204, Z. 18—34 u. S. 207, Z. 17—29). Vgl. auch „Zurückforderung", S. 11—15 (= WW VI, S. 5 f. = Ak.-Ausg. I,1, S. 169, Z. 11 — S. 170,
Z. 16). Und schon damals wertete er als den sichereren und besseren Weg in
eine hellere Zukunft die allmähliche innere — intellektuelle und moralische
— Vervollkommnung der Menschen. Trotzdem sieht er 1793 in der Revolution, dort wo sie geschehen ist, nämlich in Frankreich, einen großen
Sprung nach vorn (vgl. z. B. ,Beitrag', S. 102 f. = WW VI, S. 102 f. = Ak.-
Ausg. I,1, S. 254, Z. 1—11). Ins insgesamt Negative umgeschlagen ist
Fichtes Beurteilung der Französischen Revolution, nachdem Napoleon I.
sich hatte zum Kaiser krönen lassen und einen neuen Absolutismus eta-
bliert hatte; darauf spielt in unserem Text der Satz über den „Regent[en]
einer Nation, die revolutioniert hat" an. Vgl. kritische Bemerkungen zur
Französischen Revolution z. B. in ,Staatslehre' 1813, WW IV, S. 429, 436.

S. 154, Z. 33: Zum folgenden vgl. ,Staatslehre', WW IV, S. 440—452;
dort hat Fichte den Gedanken, Herrscher müsse werden, wer den gerechtesten Willen habe, weiterentwickelt; er kommt dort in einer ausführlichen Problemerörterung zu dem Ergebnis, Herrscher sein müsse „der
höchste menschliche Verstand seiner Zeit und seines Volkes" (S. 444),
und diesen habe der „Lehrerstand" aus seiner Mitte zu bestimmen. Insofern sich dieser höchste Verstand rein faktisch durch seine Erfolge in
wissenschaftlicher Forschung und Lehre ausweise, sei gerade damit die
„Ernennung des Oberherrn ... über alle menschliche Willkür hinweg wieder dahin gewiesen, wohin sie gehört, in den unerforschlichen Rathschluss
Gottes ..." Darin liegt eine Berührung mit „Aufgabe an die göttliche
Weltregierung" in unserem Text, S. 156; nur klingt diese Bestimmung
hier in RL 1812 höchst resignativ, während die „Staatslehre' demselben
Gedanken eine positive Wendung gibt.

S. 157, Z. 15: Die folgenden §§ 1—4 entsprechen den §§ 1—4 von
,Grundriss des Völker- und Weltbürgerrechts, (als zweiter Anhang des Naturrechts.)', NR II, S. 248—251 (= WW III, S. 369—371 = Ak.-Ausg. I,4,
S. 151 — S. 153). Fichtes Manuskript enthält unter den einzelnen Para-
graphen z. T. nur knappe Andeutungen. Soweit diese Aufschluß geben,
liegen keine inhaltlichen Abweichungen vom zweiten Anhang zu NR II
vor, auch keine neuen Gedanken. I. H. Fichte hat seine Zusätze alle aus

den betreffenden §§ des zweiten Anhangs von NR II entnommen, mit
unerheblichen Änderungen des Wortlauts.

S. 160, Z. 5: Der folgende Absatz ist gegenüber dem zweiten Anhang
von NR II neu. Sein Inhalt widerspricht freilich dem Völkerrecht von
1797 nicht, betont nur einen bestimmten Aspekt über das 1797 Gesagte
hinaus. — I. H. Fichte hat diesem neu eingeschobenen Absatz eine eigene
Paragraphennummer gegeben und dann die folgenden §§ jeweils mit einer
um eins höheren Zahl bezeichnet, als sie sie im zweiten Anhang von NR II
tragen. H. Schulz hat das rückgängig gemacht, deshalb taucht in unserem
Text die Paragraphennummer 5 zweimal auf, einmal in eckigen Klammern,
als Zusatz I. H. Fichtes, einmal dort, wo sie im Manuskript steht.

S. 160, Z. 13: Der folgende § 5 entspricht inhaltlich dem § 5 im zweiten Anhang von NR II. § 6 enthält im Manuskript gegenüber dem § 6 des
zweiten Anhangs von NR II zwei Erweiterungen. I. H. Fichtes Zusatz in
§ 7 ist wortgleich mit dem ersten Absatz des § 7 im zweiten Anhang von
NR II. § 8 entspricht inhaltlich genau dem § 8 im zweiten Anhang von
NR II; nur was in unserem Text in den letzten fünf Zeilen steht, ist gegenüber dem zweiten Anhang von NR II neu.

S. 162, Z. 19: § 10 berührt sich thematisch mit dem § 10 des zweiten
Anhangs zu NR II, sein Inhalt ist aber großenteils neu, ebenso neu ist die
im Text als Fußnote gedruckte Passage. Diese Abweichungen gegenüber
1797 sind dadurch bedingt, daß Fichte 1797 noch mit einem privaten
internationalen Handelsverkehr gerechnet hat, dies aber 1812 nicht mehr
tut. § 11 entspricht thematisch dem § 11 des zweiten Anhangs von NR II,
weicht aber inhaltlich erheblich ab. § 12 entspricht ohne wesentliche Abweichungen dem § 12 des zweiten Anhangs von NR II. § 13 entspricht
gleichfalls dem § 13 des zweiten Anhangs von NR II, das Manuskript greift
aber mit dem Wortlaut des ersten vollständigen Satzes auf § 12 des zweiten Anhangs von NR II zurück.

S. 164, Z. 14: § 14 entspricht in seinem ersten Absatz ohne inhaltliche Abweichung dem ersten Absatz in § 14 des zweiten Anhangs von
NR II. Der zweite Absatz von § 14 ist gegenüber NR II ganz neu, er paßt
thematisch nicht an diese Stelle. Den dritten Absatz von § 14 hat I. H.
Fichte unter Abwandlung des Wortlauts und unter erheblichen Kürzungen
aus dem zweiten und dritten Absatz von § 14 des zweiten Anhangs von
NR II entnommen. § 15 und den ersten Absatz von § 16 hat I. H. Fichte
eingeschoben, sie decken sich im Wortlaut mit § 15 und § 16, 1. Absatz,
im zweiten Anhang von NR II. Den dritten Absatz von § 16 hat I. H.
Fichte, unter Abwandlung des Wortlauts, ebenfalls aus dem § 16 des zweiten Anhangs von NR II übernommen (dort 2. Absatz). Der zweite Absatz
von § 16 ist ganz neu. Der vierte Absatz ist dem Wortlaut nach ebenfalls
neu, entspricht aber dem Sinn nach den §§ 16 ff. des zweiten Anhangs zu
NR II. § 17, von I. H. Fichte eingefügt, entspricht dem § 17 des zweiten

Anhangs von NR II (gekürzt und im Wortlaut verändert). Das gleiche gilt für § 18. — Den in §§ 16—19 erörterten Völkerbundsgedanken hat Fichte 1797 unter dem Einfluß Kants entwickelt bzw. von Kant übernommen. Vgl. ‚Zum ewigen Frieden. Ein philosophischer Entwurf von Immanuel Kant. Königsberg, bey Friedrich Nicolovius. 1795.‘, insbesondere S. 29 — 39 der Erstausgabe. Vgl. weiter Fichtes Rezension dieser Kant-Schrift, a.a.O., vor allem S. 88 f. (= WW VIII, S. 433 = Ak.-Ausg. I,3, S. 226, Z. 10—25).

S. 167, Z. 18: Der von I. H. Fichte so bezifferte § 19 knüpft im Manuskript sinngerecht an den letzten Absatz von § 16 an. Inhaltlich entsprechen die beiden Sätze des Manuskripts dem § 20 des zweiten Anhangs von NR II. Den Zusatz hat I. H. Fichte gleichfalls dem § 20 des zweiten Anhangs von NR II entnommen. — Der von I.H. Fichte so bezifferte § 20 steht inhaltlich in Widerspruch zum zweiten Anhang von NR II, insofern er ja die Idee des Völkerbundes als Garanten eines realen Rechtsverhältnisses zwischen selbständigen Staaten verwirft. Der Satz, der im Manuskript mit 1.) eingeleitet ist, berührt sich aber, isoliert genommen, mit einem Satz aus § 19 des zweiten Anhangs von NR II; deshalb hat I. H. Fichte dann nach ihm einen weiteren Satz aus dem zweiten Anhang von NR II eingefügt. Die nächsten Absätze, die I. H. Fichte zu § 20 rechnet, problematisieren, in mehreren Schüben, die Völkerbunds-Idee und die Möglichkeit von Völkerrecht überhaupt noch radikaler. Vgl. dazu Fritz Medicus, ‚J. G. Fichte als Anhänger und Kritiker des Völkerbundgedankens‘ in: Zeitschrift für Völkerrecht 11 (1919), S. 141—154. Und R. Schottky, ‚Internationale Beziehungen als ethisches und juridisches Problem bei Fichte‘ in: Klaus Hammacher (Hrsg.), ‚Der transzendentale Gedanke‘, Hamburg 1980, S. 264 ff.

S. 168, Z. 27: Zu diesem „Prinzip" vgl. J. G. Fichte, ‚Machiavell‘ (1807), WW XI, S. 423 ff.

S. 169, Z. 12: Vgl. zu dem Gedanken, daß die Vervollkommnung der inneren Staatsverfassung auch zur Stabilisierung eines zwischenstaatlichen Rechtszustandes führen werde, Fichtes Rezension zu Kants „Zum ewigen Frieden‘, a.a.O., S. 91 f. (= WW VIII, S. 435 f. = Ak.-Ausg. I,3, S. 228, Z. 2—31). Vgl. auch BdM, S. 235—242 (= WW II, S. 273—275). — Im folgenden Absatz setzt ein ganz neuer Gedankengang ein. Vgl. zu den nächsten fünf Absätzen die Parallelen in Fichtes ‚Machiavell‘, WW XI, S. 426 f. und 422—424. Zu dem im Text unter 1.) anklingenden nationalen Gedanken vgl. auch ‚Reden‘, WW VII, S. 381 und 384.

S. 170, Z. 29: Vgl. oben S. 18 f., 22 ff. Vgl. weiter NR I, S. 113—116; S. 165 f. (= WW III, S. 98—101; 138 f. = Ak.-Ausg. I,3, S. 394, Z. 12 — S. 396, Z. 16; S. 424, Z. 21 — S. 425, Z. 9). Zu den folgenden Absätzen finden sich Parallelen auch in ‚Grundzügen‘, WW VII, S. 203 f.

S. 172, Z. 1: Vgl. ‚Machiavell‘, WW XI, S. 424—428.

S. 172, Z. 6: §§ 21—24, größtenteils von I. H. Fichte eingefügt, entsprechen inhaltlich genau den §§ 21—24 des zweiten Anhangs von NR II, der Wortlaut ist stellenweise abgewandelt.

Sachregister

Abbüßungsvertrag 137, 144
Abgaben 45
Ackerbauschulen 101
Allianzen 166, 168
Arbeit 43, 45, 106
Arbeitshaus 134, 145
Arbeitsteilung 55
Ausgedinge 117
Ausschließung 143, 144
Ausstoßung 144
Ausübende Gewalt 151

Bergbau 61, 62, 88
Besitz 16
Besserung des Verbrechers 144, 145
Besserungsanstalten 142, 145
Biber 95
Bienen 95
Bildung 51
Bildungsanstalten 52
Bürgerrecht 140
Bürgervertrag 135, 136

Culpa 134

Despotie 53
dolus 134

Eigentum 10, 15, 109, 116
Eigentumserwerbung 116
Eigentumsrecht 15

Eigentumsvertrag 15, 38
Ephorat 152, 153, 154
Erbe 118
Erziehung zur Freiheit 142, 143

Familienrecht 120, 157
Feste 48
Forstwirtschaft 62
Freiheit 3, 4, 12, 46, 48, 126, 142
Friede, ewiger 4, 167

Geld 72, 84, 89, 95, 107
Gemeine, die 20
Gemeinschaft 54
Germanien 5
Gesandtschaften 162, 163
Gesetz 125, 128
Gesetzgebende Gewalt 151
Gleichgewicht der Macht 171
Grenze der Staaten 162
Grenzstein 61
Grundeigentum 58, 60

Handel 71, 91
—, auswärtiger 102, 162
Haus 107, 109
Hausrecht 109
Hobbes 5
Hochverrat 139
Hülfeschrei 112, 113

Industrie 102

Kant 4, 72, 74
Kapital 87, 93
Kaufmannsstand 69
Kinder 6
Klage 110
Körper, menschlicher 10
Konstitution 147
Krieg 161, 163, 164, 165
Künstler (Verfertiger von Kunstprodukten) 63

Landesgeld 100
Ledergeld 84
Legate 122
Leib, menschlicher 35

Macht 59, 165
Mehrheit 153, 154, 155
Menschengestalt 140
Menschenrecht 140, 141, 173
Metallgeld 88, 95, 99
modifizieren 36
Monarchie 150
Moralität 134
Müßiggang 43
Muße 53, 54, 73, 89

Nationalreichtum 75, 82, 87, 94, 95, 96, 104
Naturrecht 5, 6
Notrecht 114

Papiergeld 84
Paß 172
Person 34
Preis 72, 76
Prometheus 95, 96
Psychologische Phäno-
mene 143
Publizität 150

Rebellion 139
Rechtsbegriff 5
Rechtszustand 13
Religion 143
Revolution 154, 156
Richterliche Gewalt 151

Schenkung 118, 120
Schleichhandel 105
Selbstverteidigung 111
Sittengesetz 13, 14
Sittenlehre 4, 174
Sittliches Gebot 7

Sittlichkeit 126, 127, 128,
143
Sonntagsfeier 47, 48
Souveränität 148, 149,
152
Staat 44, 54, 124
Staatsbeamte 44, 69, 73
Staatsbürgervertrag 23,
123
Staatsrecht 6
Strafe 129, 130, 146, 147
Südsee-Insulaner 5

Tat 124
Tauschhandel 103
Testament 120
Todesstrafe 140, 142, 143
Trennung der Gewalten
151

Unabhängigkeit der Staa-
ten 160

Unternehmer 99 ff.
Unterstützungsanstalt 44
Unverletzlichkeit 109
Urrecht 34

Verbrecher 142, 143
Vernunftrecht 5
Viehzucht 62
Völkerbund 165, 166 ff.,
171
Völkerrecht 157

Weltbürgerrecht 172
Weltgeld 88
Weltwohlstand 104
Wert 71, 77, 80
Wille 12, 124, 125
Wohlsein 125, 126

Zins 96
Zweck 50